SCHOKOLADE

Der zarte Genuß

CHRISTINE McFADDEN · CHRISTINE FRANCE

SCHOKOLADE

Der zarte Genuß

Faszinierende Geschichte
Köstliche Vielfalt
Verführerische Rezepte

BECHTERMÜNZ VERLAG

Originalverlag: Lorenz Books,
an imprint of Anness Publishing Limited
Originaltitel: The Ultimate Encyclopedia of Chocolate

Deutsche Erstausgabe

Text: Christine McFadden
Rezepte: Christine France
Spezialfotografie: Don Last
Übersetzung: Regina van Treeck
Produktion: Neumann & Nürnberger, Leipzig
Umschlaggestaltung: Atelier Höpfner-Thoma, München
Umschlagmotiv: StockFood/S. & P. Eising
Gesamtherstellung: Mohndruck Grafische Betriebe, Gütersloh
Printed in Germany

ISBN 3-86047-704-8

Im Rezeptteil ab Seite 65 sind einige wenige Begriffe enthalten, die einer Erläuterung bedürfen:
Muskovade: unraffinierter (ungereinigter) Rohrzucker
Demererazucker: grobkristalliner brauner Rohzucker
Double Cream: extrafette Sahne

Autoren und Verlag danken folgenden Personen für zusätzliche Rezepte: Catherine Atkinson, Alex Barber, Carla Capalbo, Maxine Clark, Frances Cleary, Carole Clements, Roz Denny, Nicola Diggins, Joanne Farrow, Silvana Franco, Sarah Gates, Shirley Gill, Patricia Lousada, Norma MacMillan, Sue Maggs, Sarah Maxwell, Janice Murfitt, Annie Nichols, Angela Nilsen, Louise Pickford, Katherine Richmond, Hilaire Walden, Laura Washburn, Steven Wheeler, Judy Williams, Elizabeth Wolf-Cohen.

Zusätzliche Fotografien stammen von:
Karl Adamson, Edward Allwright, David Armstrong, Steve Baxter, James Duncan, Michelle Garrett, Amanda Heywood, Tim Hill, David Jordan.

INHALT

EINFÜHRUNG

Einer der größten Schätze, die jemals entdeckt wurden, sind die Samen des Baumes *Theobroma cacao*, die Kakaobohnen, die eigentliche Quelle der Schokolade. Mit ihrer glatten, geschmeidigen Textur, mit ihrem intensiven Geschmack, dem feinen Duft und dem Hauch von Eleganz ist Schokolade stets von neuem ein Vergnügen für unsere Sinne, und fast jedermann schwärmt deshalb für sie.

Dieses Buch ist eine Huldigung an eine göttliche Speise – und göttlich ist sie wirklich: *theobroma*, aus dem Griechischen übersetzt, bedeutet wörtlich „Speise der Götter". Das erste Kapitel verfolgt den Weg der Schokolade aus dem Land der Maya in Mittelamerika nach Spanien und dem übrigen Europa und über den Atlantischen Ozean zurück in die Vereinigten Staaten von Amerika. Dabei wird deutlich, daß die Schokolade seit den frühesten Tagen ihrer Entdeckung in allen gesellschaftlichen Bereichen – auf nationaler, kultureller, sozialer, wirtschaftlicher und kirchlicher Ebene – nur schwer zu entwirrende Verbindungen zwischen den Menschen geknüpft hat. Schokolade hat die Menschen nie unbeeindruckt gelassen und Vertreter der Kirche, des Ärztestandes und der Wissenschaft, Sozialreformer ebenso wie das Königshaus zu Kommentaren veranlaßt. Schokolade wurde über die Jahrhunderte hinweg in allen Schichten der Gesellschaft in der einen oder anderen Form mit Leidenschaft verzehrt.

Das Kapitel über die Kultivierung und Verarbeitung von Kakao gibt Auskunft darüber, wo und wie der Kakaobaum angebaut und seine Samen geerntet werden und beschreibt die unterschiedlichen Zuchtformen des Gewächses. Im Anschluß daran wird der Weg der Kakaobohne bis zum Kakaogetränk, von da zu Schokoladenkonfekt und Konditoreierzeugnissen beschrieben und die Entwicklung eines ganzen Industriezweiges nachgezeichnet. Die Gründer der kakaoverarbeitenden Industrie, von den Quäkerfamilien in Großbritannien – den Frys, Terrys, Cadburys und Rowntrees –, der schillernden Persönlichkeit des Domingo Ghirardelli in San Francisco bis zu dem hartnäckigen niederländischen Chemiker Coenraad Van Houten erkannten alle den Reiz von Kakao und Schokolade und somit das wirtschaftliche Potential dieses Nahrungs- und Genußmittels und gründeten immer neue Firmen, die in den meisten Fällen noch heute existieren und die ganze Welt mit Schokolade beliefern.

Um Geschmack und Qualität geht es, wenn wir uns die besondere Welt der Edelschokolade anschauen und Begriffe wie Kuvertüre, Kakaobestandteile, Praliné und Canache von ihrem Mythos befreien. Dieses Kapitel bietet auch eine Anleitung zum richtigen Verkosten von Schokolade – ähnlich der, die es auch für Weinprüfer gibt – da man auch hier nur durch die Praxis lernen kann, die Art und Qualität der Ausgangsstoffe und ihre Verwandlung zu Schokolade im Verlaufe des Herstellungsprozesses richtig einzuschätzen und zu verstehen.

Auch die internationale Welt der Schokolade mit ihren nationalen Besonderheiten soll hier näher betrachtet werden. Aroma und Süße der Schokolade können verschieden sein; was die Sorten jedoch gemeinsam haben, das ist die geschmeidige, die Sinne anregende Beschaffenheit einer auf der Zunge zergehenden Schokolade, der zu widerstehen so schwer und so töricht ist. In einem der darauffolgenden Kapitel geht es um die physiologischen und psychologischen Aspekte der Schokolade; dabei stehen Gesichtspunkte der Ernährung, krankhafte Begierde und Sucht, Leidenschaft und Vergnügen im Vordergrund. Mit dieser Fülle an Hintergrundwissen soll es dann an die Zubereitung von Kakao- und Schokoladenspeisen gehen. Im Rezeptteil des Buches werden wichtige Küchentechniken vorgestellt, die Ihnen helfen werden, die folgenden zweihundert verführerischen Rezepte mit besten Ergebnissen auszuprobieren. Sie werden hier Vorschläge für jede nur erdenkliche Art von Kakaokuchen finden – vom einfachen Walnußkuchen mit Schokoladensplittern bis zur verführerischen Weißen Schokolade-Cappuchino-Torte. Ein Kapitel über umwerfende warme Desserts wird Sie mit Schokolade-Zabaglione, Mokka-Rum-Soufflés und Schokolade-Pie mit Pekannüssen beeindrucken. Zu den Rezepten für Schokoladentorten und kalte Desserts gehören Klassiker wie der köstliche Mississippi Mud Pie und die Tiramisu; außerdem gibt es eine Menge Rezepte für Kekse und Kleingebäck. Sie erfahren auch, wie man Schokolade und Trüffelkonfekt selbst herstellt und die herrlichsten Kakaogetränke zubereitet. Der Rezeptteil des Buches endet mit einem Abschnitt über Saucen, Füllungen und Glasuren.

Dieses enzyklopädische Buch ist nicht allein eine Huldigung an diese wunderbare Speise; es wird Sie darüber hinaus faszinieren und Ihnen Kenntnisse über Geschichte und Herstellung dieses einzigartigen gastronomischen Schatzes vermitteln. Lassen sie sich von dieser Augenweide verwöhnen und wehren Sie sich nicht dagegen, daß – falls dies noch nicht der Fall ist – Kakao und Schokolade von nun an einen festen Platz in Ihrem Leben haben werden.

Die Geschichte der Schokolade

Der Trank der Götter

Die Quellen der festen, die Sinne anregenden und mitunter süchtig machenden Substanz, die wir als Kakao kennen, liegen in der prähistorischen Neuen Welt im geheimnisvollen Reich der Olmeken und der Maya verborgen. Diesen alten mesoamerikanischen Zivilisationen, die am Äquator, im Herzen Mittelamerikas lebten, ist es zu verdanken, daß der Baum, der den Menschen den Schokoladenrohstoff liefert, kultiviert wurde.

Die Olmeken

Vor dreitausend Jahren besiedelte das Volk der Olmeken, eine der frühesten mesoamerikanischen Hochkulturen, ein südlich von Veracruz am Golf von Mexiko liegendes Gebiet in den tropischen Regenwäldern. Der modernen Linguistik ist es gelungen, den Wortschatz der alten olmekischen Sprache zu rekonstruieren; dabei stieß man auch auf das Wort „cacao“. Da der Kakaobaum zum Gedeihen Wärme, Feuchtigkeit und Schatten braucht – Bedingungen, wie sie im Gebiet der Olmeken anzutreffen waren, sind viele Historiker sicher, daß der Baum zuerst von den Olmeken und nicht, wie allgemein angenommen, von den Azteken kultiviert wurde.

Die Maya

Etwa vierhundert Jahre n. Chr., einige Jahrhunderte nach dem Untergang der Olmeken, hatten sich die Maya in einem Gebiet niedergelassen, das südlich des heutigen Mexiko lag und sich von der Halbinsel Yucatán in Mittelamerika durch Chiapas, den südlichsten Bundesstaat Mexikos, bis zur Pazifikküste des heutigen Guatemala erstreckte. Das feuchte Klima, das dort herrschte, war ideal für den Kakaobaum, der im Schatten von Urwaldbäumen prächtig gedieh.

Die Maya nannten den Baum *cacahuaquchtl* – „Baum“, da nach ihrer Auffassung kein anderer Baum eines Namens überhaupt würdig war. Sie glaubten, daß dieses Gewächs den Göttern gehöre und die Früchte, die direkt aus dem Stamm wuchsen, ein Gabe dieser Götter an die Menschen sei.

Die Zeit um 300 n. Chr., bekannt als die Periode der klassischen

Links: Die Maya schrieben ihre Bücher auf Faltafeln aus Rindenpapier. Diese zwei Seiten zeigen einen schwarzgesichtigen Händler-Gott mit Kakaopflanzern.

Unten: Steinerne Aztekenfigur mit einer Kakaofrucht (15. Jahrhundert).

Oben: Darstellung eines Theobroma cacao mit Früchten, der in einer mit Erde aufgefüllten Senke wächst (präkolumbischer Kodex).

Mayakultur, war eine Epoche großartiger künstlerischer, geistiger und religiöser Entwicklung. Die Maya errichteten prachtvolle steinerne Paläste und Tempel, an deren Wänden Darstellungen von Kakaofrüchten – für die Bewohner des Reiches das Symbol für Leben und Fruchtbarkeit – eingeschnitten waren.

Die Maya, bekannt als das Volk des Buches, entwickelten unter anderem ein System von Hieroglyphen, die auf zerbrechliche Blätter aus Baumrindenpapier geschrieben wurden. Heute sind nur noch vier Maya-Bücher erhalten, die jedoch alle aus der nachklassischen Periode stammen. Sie zeigen bildliche Darstellungen von Göttern, die verschiedene religiöse Rituale ausführen, bei denen häufig auch die Früchte des Kakaobaumes vorkommen; in den Texten wird Schokolade oft als die Speise der Götter bezeichnet.

Die Maya waren die Erfinder eines bitteren Trankes, der aus Kakaobohnen hergestellt wurde. Er war ein Luxusgetränk für Könige und Adlige, und man verwendete ihn bei der Ausübung heiliger Rituale. In ihren Büchern beschreiben die Maya verschiedene Arten, das Gebräu herzustellen und zu würzen. Je nach Zubereitung reichten die Ergebnisse von einem mit Maismehl angedickten Brei bis zu einer flüssigeren Mischung zum Trinken. Auf einer frühen Darstellung ist zu sehen, wie die dunkelbraune Flüssigkeit von einem Gefäß in ein anderes gegossen wird, um den begehrten Kakaoschaum zu erzeugen. Zum Aromatisieren setzte man verschiedene Gewürze, vorzugsweise scharfen Chili zu.

Weitere Beweise dafür, daß die Maya Kakao verwendeten, sind auf den zahlreichen bemalten Gefäßen erhalten, die aus alten Begräbnisstätten geborgen wurden. Ein Grab, das in Guatemala entdeckt und im Jahre 1984 geöffnet wurde, enthielt mehrere Gefäße, die man früher offenbar als Trinkgeschirr für Schokolade benutzt hatte.

– Der *Theobroma cacao* –

Der schwedische Naturforscher Carl von Linné (1707–1778), der das Klassifikationssystem mit binären lateinischen Bezeichnungen für Pflanzen und Tiere eingeführt hatte, leitete den Namen des Baumes vom griechischen *theos* (Gott) und *broma* (Trank) ab und nannte ihn *Theobroma cacao*, was „Trank der Götter" bedeutete. Nach seinem Empfinden stand dem Baum ein Name zu, der den Glauben der Maya, daß er den Göttern gehöre, besser widerspiegelte als die in der Neuen Welt gebräuchliche Bezeichnung Kakao- oder Schokoladenbaum.

Die Tolteken

Nach dem rätselhaften Untergang des Maya-Reiches um das Jahr 900 n. Chr., besiedelten die begabten und hochzivilisierten Tolteken, denen später die Azteken aus Mexiko folgten, das vormals von den Maya bewohnte Gebiet. Quetzalcóatl, der Herrscher der Tolteken, wurde für einen Gott der Lüfte gehalten, dessen Auftrag es sei, die Samen des Kakaobaumes vom Paradies zu den Menschen zu bringen und die Sterblichen den Anbau verschiedener Nutzpflanzen zu lehren.

Wegen politischer Aufstände verließen Quetzalcóatl und seine Anhänger die Hauptstadt und flohen in den Süden nach der Halbinsel Yucatán. Als Quetzalcóatl über längere Zeit an irgendeiner Krankheit litt, ließ er sich dazu überreden, einen geheimnisvollen Trank zu sich zu nehmen, der ihm Heilung bringen sollte, ihn in Wirklichkeit jedoch wahnsinnig machte. Von der Vorstellung getrieben, er müsse sein Reich verlassen, segelte Quetzalcóatl auf einem kleinen Floß davon, nachdem er versprochen hatte, nach einer gewissen, vorherbestimmten Zeit zurückzukehren und sein Königreich wieder in Besitz zu nehmen. Die Legende von seinem Exil wurde zum Teil zur aztekischen Mythologie, und die Astrologen sagten damals voraus, daß im Jahr 1519 ein weißer König zurückkehren und sein Volk befreien werde. Diese Prophezeiung sollte, wie sich später zeigte, entscheidend für die Zukunft der Neuen Welt sein.

Rechts: Azteken begrüßen die weißhäutigen Ankömmlinge an der Küste von Tabasco.

Die spanischen Abenteurer

Obwohl man im allgemeinen den Spanier Hernán Cortés für den ersten Europäer hält, der das in der aztekischen Schokolade verborgene Potential erkannte, gebührt der Verdienst der Entdeckung Christoph Kolumbus. Auf seiner vierten und letzten Fahrt in die Karibik erreichte Kolumbus im Jahre 1502 die Insel Guanaja vor der Küste des heutigen Honduras. Man erzählt sich, daß er von Azteken begrüßt wurde, die ihm einen Sack voll von etwas, das aussah wie große Mandeln, zum Tausch gegen einige seiner Handelswaren anboten. Da sie seine Verwirrung bemerkten, erklärten sie, daß man aus diesen Bohnen ein ganz besonderes Getränk – *tchocolatl* (oder *xocolatl*) – herstellen könne. Zur Veranschaulichung ließ ihr Anführer seine Diener auf der Stelle einen solchen Trank zubereiten. Kolumbus und seine Schiffsmannschaft fanden das dunkle und bittere Gebräu zwar abscheulich, nahmen dennoch aber einige Kakaobohnen als Kuriosität mit nach Spanien, ohne sich ihres zukünftigen wirtschaftlichen Wertes bewußt zu sein.

Oben: Hernán Cortés, der Konquistador.

Kakao als Zahlungsmittel

Als Hernán Cortés siebzehn Jahre später in der Neuen Welt ankam, glaubte Moctezuma II., der damalige Herrscher der Azteken, in ihm die Reinkarnation Quetzalcóatls, des geflohenen toltekischen Gott-Königs zu erkennen, dessen Rückkehr für eben jenes Jahr prophezeit worden war. Dieser Irrtum erleichterte Cortés den Zugang zu Tenochtitlán, der aztekischen Hauptstadt, wo Moctezuma ihn und seine Begleiter mit königlichen Ehren empfing. Der Herrscher bot ihnen zahlreiche Geschenke dar, darunter auch eine Kakaoplantage, und man bereitete ein großes Bankett zu Ehren der Ankömmlinge vor.

Nach dem überwältigenden Empfang für den vermeintlichen Toltekenherrscher erkannte Moctezuma schließlich, daß er einen Fehler begangen und den Spanier fälschlicherweise für einen anderen gehalten hatte. Cortés, der seine unsichere Lage sofort erkannte, gewann einige wohlgesinnte Eingeborene, mit deren Hilfe es ihm gelang, Moctezuma gefangenzunehmen. Nur zwei oder drei Jahren später hatte er das Aztekenreich in den Untergang getrieben. Anders als Kolumbus, erkannte Cortés rasch den ungeheuren Wert der Kakaobohne als Nahrungs- und Zahlungsmittel. Ein Zeitgenosse Cortés' berichtete, daß man einen Sklaven für einhundert, die Dienste einer Prostituierten für zehn und ein Kaninchen für vier Kakaobohnen kaufen konnte. Der Jesuit Pedro Martyre de Angleria nannte die Bohnen „Geldmandeln" und bezeichnete sie als „gesegnetes Geld, das seine Besitzer von Habsucht

Oben: Moctezuma empfängt Cortés mit königlichen Ehren.

Rechts: Azteken begrüßen Kolumbus und seine Flotte mit Willkommensgaben bei seiner Landung auf der Insel Guanaja.

befreit, da es nicht gehortet oder in der Erde vergraben werden kann". Wahrscheinlich spielte er damit auf die Tatsache an, daß die Kakaobohnen nicht lange gelagert werden konnten, ohne zu verderben.

Die Schriften des englischen Dominikanermönchs Thomas Gage, der im 17. Jahrhundert lebte, sind eine reiche Quelle für Informationen über die Schokolade. Von seinem Besuch in der Stadt Mexiko berichtet Gage, wie die Kakaobohne als Nahrungs- und Zahlungsmittel gleichermaßen verwendet wird. Ausgehend vom Wechselkurs des spanischen Real, der zu dieser Zeit (1625) einen Sixpence ($2\frac{1}{2}$ neue Pence) wert war, erklärt er, daß 200 kleine Kakaobohnen den Wert von einem spanischen Real hätten, und daß die Indianer Früchte und andere Dinge, die sie brauchten, für fünf, ja sogar für zwei Kakaobohnen kauften, was einen sehr kleinen Bruchteil eines Real ausmache.

Die Kakaoplantagen

Als Cortés sich auf den Weg in die Neue Welt machte, war sein ursprüngliches Ziel gewesen, das sagenhafte Goldland Eldorado und das Aztekengold zu finden. Nachdem es ihm nicht gelungen war, die erträumten Reichtümer und Schätze zu heben, wurde er auf die Kakaobohnen aufmerksam. Er hatte gesehen, wie man sie als Zahlungsmittel verwendete und welche Bedeutung sie besaßen und begriff schnell, daß man hier Geld buchstäblich auf Bäumen wachsen lassen konnte. Cortés widmete die folgenden Jahre der Ausbeutung des wirtschaftlichen Potentials dieses „flüssigen Goldes", indem er rund um die Karibik Kakaopflanzungen anlegen ließ.

Der Anbau von Kakao kostete nicht viel und war recht einträglich, und die Aussicht auf schnellen Reichtum lockte viele spanische Kolonisten an. Bald hatten die Spanier in Mexiko, Ecuador, Venezuela, Peru sowie auf Jamaika und Hispaniola (heute Haiti und Dominikanische Republik) Plantagen angelegt. Kakao wird seitdem in vielen Gebieten der Erde angebaut, aber die am höchsten geschätzten und teuersten Kakaosorten liefern noch heute die Pflanzungen in den Ursprungsgebieten des Baumes.

Das Geheimnis der Spanier

Die spanischen Kolonisten hatten versucht, das Geheimis des Anbaus und der Herstellung von Kakao für sich zu behalten, und das mit gutem Grund: Sie erwirtschafteten üppige Gewinne, indem sie die Kakaobohnen, bevor sie per Schiff nach Europa gebracht wurden, in Lateinamerika verarbeiteten. Die Kolonisten blieben jedoch nicht ewig im alleinigen Besitz ihres Geheimnisses. 1580 wurde in Spanien die erste kakaoverarbeitende

Links: Zum Trocknen ausgelegte Kakaofrüchte. Im Vordergrund ein Kakaobaum, der unter einem schattenspendenden „Mutterbaum" wächst (alte Illustration).

Oben: Ernte der Kakaobohnen. Lithographie (Empire Marketing Board).

Fabrik der Welt gegründet. Von da an wurde die Schokolade nach und nach in den übrigen Ländern Europas bekannt und beliebt. Diese wiederum ließen selbst Kakaoplantagen anlegen, bauten Handelswege und eine eigene Verarbeitungsindustrie auf.

Die Niederländer brachten den Kakaobaum zu Beginn des 17. Jahrhunderts nach ihren ostindischen Besitzungen Java und Sumatra; von dort gelangte er auf die Philippinen, nach Neuguinea, Samoa und Indonesien, wo die Ausbeutung Hunderter und Tausender von afrikanischen Sklaven den wirtschaftlichen Erfolg der Kakaopflanzer ermöglichte. 1660 kolonisierten die Franzosen die Insel Martinique und besiedelten 1677 zusammen mit den Portugiesen Brasilien. Niederländer, Franzosen und Briten kämpften jahrelang um Trinidad, das 1802 schließlich an Großbritannien fiel. Zu Beginn des 19. Jahrhunderts gelang es den Portugiesen, brasilianische Kakaosetzlinge auf der Insel Sao Tomé vor der afrikanischen Küste und später auf Fernando Poo (heute Bioko) und in Westafrika heimisch zu machen. Gegen Ende des 19. Jahrhunderts hatten die Deutschen Kamerun, die Briten Ceylon kolonisiert. Von da aus kam der Kakaobaum nach Südostasien und wurde dort in Plantagen angebaut. Das in dieser Region gelegene Malaysia gehört heute zu den führenden Kakaoproduzenten der Welt.

– Kakaofieber –

Es war eine schwere Arbeit für die ersten Pflanzer, den Urwald zu roden, aber sie ließen sich immer wieder von ihrer leidenschaftlichen Entschlossenheit anspornen. Der brasilianische Schriftsteller Jorge Amado hat die Vision dieser vom „Kakaofieber" gepackten Pflanzer so beschrieben: „Er sah nicht mehr den blitzdurchzuckten Wald vor sich ..., sah nicht mehr die hundertjährigen Bäume, um die sich Lianen schlangen, sah nicht mehr die Zuflucht der Raubtiere und Gespenster. Bebautes Land erblickte er, gleichmäßige Reihen von Kakaobäumen, mit reifen, goldenen Früchten beladen. Wo vorher Wald war, sah er Pflanzungen stehen."

Die Macht der Schokolade

Für die Azteken war der Kakaotrank eine Quelle der Weisheit, gewaltiger Energie und gesteigerter sexueller Potenz. Eheleute schätzten ihn als Mittel zur Steigerung des geschlechtlichen Verlangens, und so war Schokolade, wie man sich vorstellen kann, das bevorzugte Getränk bei Hochzeitsfesten. Kaiser Moctezuma stand in dem Ruf, täglich fünfzig Kannen Kakao zu verbrauchen und sich vor jedem Besuch in seinem Harem mit einer Tasse dieses Getränks zu stärken.

Obwohl man sie täglich trank, wurde Schokolade dennoch als exotischer Luxus betrachtet und in erster Linie von Königen, Adligen und höheren Priestern genossen. (Manche Historiker sind der Meinung, Priester hätten keinen Kakao zu sich genommen, denn das sei etwa dasselbe, als würde ein Geistlicher von heute täglich und nicht zu knapp Champagner trinken.)

Wegen ihrer berühmten energiesteigernden Eigenschaften wurde Schokolade auch den aztekischen Kriegern verabreicht, um sie auf ihren Feldzügen zu stärken. Der Kakao wurde zu diesem Zweck zu kleinen, platzsparenden Tafeln und Oblaten gepreßt. Vielleicht als eine Art Anreiz erließ man ein besonderes Gesetz, das einem Krieger – wenn er nicht in den Kampf zog – verbot, Schokolade zu trinken, luxuriöse Speisen zu essen oder Baumwollkleidung zu tragen, sich mit Blumen und Feder zu schmücken, als sei er ein Prinz oder ein Adliger.

Auch die spanischen Kolonisten ließen sich von dem geheimnisvollen Nimbus der Schokolade betören. Nachdem sie sich an das seltsame Getränk gewöhnt hatten, verfielen sie ihm regelrecht. Der Jesuit José de Acosta schrieb, daß die Spanier – gleich, ob Mann oder Frau –, die sich an das Land gewöhnt hätten, ganz begierig auf diese Schokolade seien. Man habe ihm erklärt, daß sie verschiedene Arten heißer und kalter Getränke daraus machten und diese mit viel Chili würzten.

Cortés, dem der Wert des Kakaos als Stärkungsmittel immer deutlicher bewußt wurde, überzeugte Carlos I. von Spanien von den Qualitäten dieses Nahrungsmittels aus der Neuen Welt mit den Worten: „... ein Göttertrank, der die Widerstandskraft stärkt und die Müdigkeit bekämpft. Eine Tasse dieses kostbaren Getränks läßt einen Mann den ganzen Tag lang ohne Essen marschieren."

Auch Thomas Gage war stark abhängig von dem Kakaotrank. Er schrieb: „Zwei oder drei Stunden nach einem guten Mahl, aus drei oder vier Gerichten bestehend, mit Fleisch vom Hammel, Kalb oder Rind, von einem Zicklein, vom Truthahn oder von anderem Geflügel, fühlten sich unsere Mägen für gewöhnlich schwach, und so waren wir geneigt, sie mit einer Tasse Schokolade zu stärken."

– Schokolade und Gold –

Man hat Schokolade stets mit Gold in Verbindung gebracht – eine Assoziation, die möglicherweise von einem Ritual herrührte, bei dem Moctezuma Schokolade aus einem goldenen Pokal trank, der unmittelbar nach dem Gebrauch in den See am Palast geworfen wurde. Dieser See war später für die spanischen Eroberer im wahrsten Sinne des Wortes eine Goldgrube. Auch bei den Schokoladenfabrikanten der heutigen Zeit ist diese Verbindung noch gegenwärtig – besonders bei den schweizerischen, die Goldbarrenimitate und in Goldfolie gehüllte Münzen aus Schokolade herstellen.

Rechte, Rituale und Zeremonien

Die Aufzeichnungen der Reisenden, die die Neue Welt besuchten, vermitteln uns faszinierende Einblicke in fremde und mitunter grausame Riten und Zeremonien, die mit den Samen des Kakaobaumes zu tun hatten und mit dem Genuß des Schokoladentranks verbunden waren.

Die verschiedenen Phasen des Kakaoanbaus waren in der Vergangenheit stets von religiösen Kulthandlungen begleitet. Die Maya feierten zu Ehren der Götter ein Pflanzfest, bei dem ein Hund mit einem kakaobraunen Fleck im Fell geopfert wurde. Ein anderes Ritual, das ein gewisses Maß an Enthusiasmus forderte, verlangte von den Pflanzern eine vierzehn Nächte währende sexuelle Enthaltsamkeit. In der vierzehnten

Links: Auf ihren Feldzügen tranken die Aztekenkrieger stets Schokolade; sie verhalf ihnen jedoch nicht zum Sieg über die Spanier.

Rechts: Ein Azteke mit Schokoladengefäß und molinillo. *Der* molinillo *hat ein besonders geformtes Ende, mit dem das Getränk schaumig geschlagen wird.*

– Kakao und Kochkunst –

Im Gegensatz zu dem, was einige Verfasser von Kochbüchern uns glauben machen wollen, haben die Azteken Kakao nicht als Zutat beim Kochen verwendet. So etwas hätte man damals als Sakrileg betrachtet; es wäre mit dem Verhalten eines frommen Christen zu vergleichen, der den Wein für das heilige Abendmahl zweckentfremdet. Was hier möglicherweise für Verwirrung sorgt, ist das klassische mexikanische Rezept *Mole Poblano* für Truthahn oder Huhn in Chilisauce mit Schokolade. Man hält es oft für ein aztekisches Rezept; es schreibt jedoch verschiedene Zutaten vor – Zwiebeln, Tomaten und Knoblauch, die die Azteken damals noch nicht kannten. Hier ist es:

8 getrocknete Mulato-Chilis; 4 getrocknete Ancho-Chilis; 4 getrocknete Pasilla-Chilis; 2 getrocknete Chipotle-Chilis; 1 kleiner Truthahn; 50 g Schweineschmalz (oder Pflanzenöl); 60 ml Sesamsamen; 115 g blanchierte Mandeln; 1 Maistortilla; 2 zerdrückte Knoblauchzehen; 1 gehackte Zwiebel; je ¼ TL gemahlene Nelken, Zimt und Anis; 6 schwarze Pfefferkörner; 50 g Rosinen; 3 gehäutete Tomaten; 1 TL Salz; 50 g ungesüßte Schokolade; Hühner- oder Truthahnbrühe

Die getrockneten Chilis in einer Schicht auf einem Backblech auslegen und im heißen Backofen in 3–4 Minuten weich werden lassen und darauf achten, daß sie nicht anbrennen. Die Stiele und Samen entfernen und die Chilis in eine Schüssel legen. Mit knapp siedendem Wasser bedecken. 20–30 Minuten weichen lassen.

Den Truthahn in Portionen teilen. Schweineschmalz oder Öl in einer schweren feuerfesten Kasserolle erhitzen und das Truthahnfleisch darin goldbraun braten. Die Truthahnportionen mit einem Schaumlöffel aus der Kasserolle heben und beiseite stellen.

Sesamsamen und Mandeln in einer ungefetteten Pfanne bei mittlerer Hitze goldgelb rösten. Aus der Pfanne nehmen. Die Tortilla in Streifen schneiden und diese in der Pfanne erhitzen, bis sie zerbröckeln.

Mandeln, Tortilla und Sesamsamen (hiervon vorher 1 TL abnehmen) zusammen mit Knoblauch, Zwiebel, Gewürzen, Rosinen, Tomaten und Salz in die Küchenmaschine geben. Die abgetropften Chilis (Weichflüssigkeit aufbewahren) hinzufügen und alles zu einer glatten Masse pürieren; bei Bedarf etwas Weichflüssigkeit zugeben. Das Püree zu dem in der Kasserolle verbliebenen Fett geben. 5 Minuten lang unter ständigem Rühren leicht braten lassen.

Das Truthahnfleisch wieder in die Kasserolle legen, Schokolade zugeben und mit Brühe knapp bedecken. Zum Kochen bringen, danach die Hitze reduzieren, die Kasserolle zudecken und das Ganze 45–60 Minuten köcheln lassen, bis die Truthahnstücke mürbe und durchgekocht sind und die Soße eingedickt ist. Mit den zurückbehaltenen Sesamsamen bestreuen und mit Reis und Tortillas servieren.

Anmerkung: Wenn Sie Schwierigkeiten haben, getrocknete mexikanische Chilis zu finden, dann nehmen Sie 115 g frische grüne Chilis und zwei kleine getrocknete rote Chilis, die nicht im Ofen vorgebacken werden. Entfernen Sie nur die Samen, schneiden Sie die Schoten in Stücke und weichen Sie sie ein wie oben beschrieben.

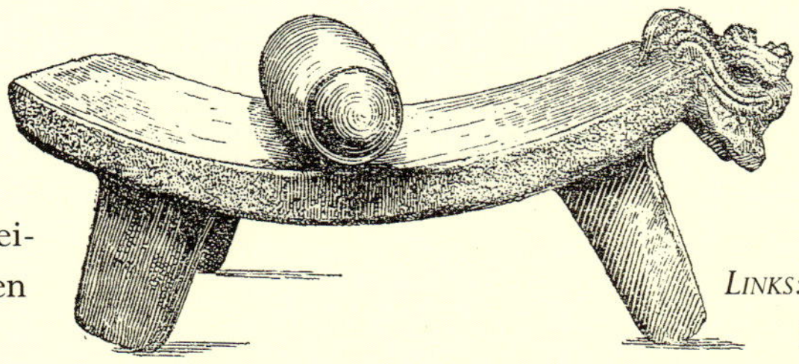

Links: *Mexikanischer* metate, *mit dem Kakaobohnen zu einer Paste zerrieben wurden.*

Links: *Quetzalcóatl, Toltekenkönig und Gott, der der Sage zufolge den Menschen die Kakaobohne schenkte (Mosaik).*

Nacht durften die Männer zu ihren Frauen zurückkehren, und danach wurden die Kakaobohnen ausgesät. Eine weitere, blutige Pflanzzeremonie bestand darin, die Kakaosamen in kleine Gefäße zu legen und dann geheime Riten vor einem Götzenbild auszuführen. Man nahm Blut aus verschiedenen Teilen des menschlichen Körpers und bestrich das Götzenbild damit. In anderen Fällen wurde das Land vor der Aussaat mit dem Blut geschlachteter Hühner besprengt.

Es gab auch Berichte, in denen von rasenden Tänzen, orgiastischen Ritualen und blutigen Opferungen die Rede war. Der Historiker und Reisende G. Benzoni, der im Italien des 16. Jahrhunderts lebte, berichtete, daß die Feiernden während der Feste „den ganzen Tag und die halbe Nacht hindurch zu tanzen pflegten und sich in dieser Zeit nur von Kakao ernährten." Eine andere Überlieferung erzählt, wie der Sieger in einer Art Ballspiel zur Belohnung geopfert wurde. Man fütterte den unglücklichen Mann zunächst mit gewaltigen Mengen von Schokolade, um „sein Blut zu färben", schnitt ihm dann das Herz aus der Brust und bot es den Göttern dar, denen man mit dem kakaoreichen Blut Ehre zu erweisen glaubte.

Schokolade wurde auch als Farbe benutzt, mit der die Azteken bei religiösen Zeremonien sich schmückten. In der Frühzeit des Kakaoanbaus glaubten selbst die spanischen Pflanzer, daß für eine gute Ernte geheime Riten nötig seien, und hielten deshalb Pflanzzeremonien ab.

Unten: *Kakaofrüchte, zum Trocknen auf Blättern der Kochbanane ausgelegt.*

Von der Kakaobohne zum Getränk

Oben: *Phantasieszene auf einer Plantage: Azteken bei der Kakaoernte, beim Bearbeiten der Bohnen und Zubereiten des Schokoladentranks (Lithographie, 17. Jh.).*

Der aztekische Kakaotrank hatte wenig Ähnlichkeit mit dem wohlschmeckenden, sanften, reichhaltigen und cremigen Getränk, das wir heute kennen; er war bitter, schmeckte fettig und wurde kalt aufgetragen. Reisende der damaligen Zeit geben unterschiedliche Berichte darüber, wie er zubereitet wurde. Der italienische Botaniker G. Benzoni beschrieb die in ländlichen Gegenden übliche Methode: „Sie nehmen so viele Bohnen, wie sie brauchen, legen sie in einen irdenen Topf und trocknen sie über dem Feuer. Dann brechen sie sie zwischen zwei Steinen und zerreiben sie zu Pulver, wie sie es tun, wenn sie Brot backen wollen. Dann schütten sie das Pulver in Gefäße, die aus halbierten Flaschenkürbissen gemacht sind ..., feuchten das Kakaomehl allmählich mit Wasser an und fügen ihren ‚Langpfeffer' [Chili] dazu."

Um bei den Ingredienzien zu bleiben – Thomas Gage nennt außer Chili auch andere Zutaten: „Die ärmeren unter dem Volk wie die Mohren und die Indianer tun gewöhnlich nichts hinein außer Kakao, Achote, Mais und ein paar Chilischoten mit etwas Anis." Mais wurde verwendet, um die auf der Flüssigkeit schwimmende Kakaobutter aufzunehmen und auch, um das Getränk zu binden und anzudicken.

Der Mahlstein oder *metate* war wahrscheinlich ein wichtiges Element bei der Zubereitung von Schokolade. Ein zeitgenössischer Autor beschreibt ihn etwas genauer: „Zu diesem Zweck haben sie einen breiten, glatten Stein, der schön poliert ist und sehr hart glasiert, und derart zurechtgemacht für seinen Gebrauch, zerreiben sie die Kakaobohnen darauf sehr fein, und wenn das so getan ist, haben sie einen anderen Stein bereit, unter dem ein schwaches Feuer brennt." Wegen der primitiven Verarbeitungsmethode verblieben unerwünschte grobe Teile und Bruchstücke aller Art – Schalen, Hülsen und weißes Fruchtmark – in der entstandenen Flüssigkeit. Benzonis Urteil darüber lautete: „Dieses Gemisch scheint eher für die Schweine denn als Trank für die Menschen gemacht ."

Ein schäumendes Gebräu

Der Jesuit José de Acosta schrieb: „Dieser Kakao wird in der Hauptsache in einem Trancke verwendet, welchen sie Chocolaté nennen und hochschätzen in närrischer Art und ohne Ursache: denn er ist abscheulich für jene, die ihn nicht kennen, und ist mit einer Schicht von Fett oder Schaum bedeckt, welchselbige unangenehm für den Geschmack ist, wenn man davon nicht eine Vorstellung hat."

Für Maya und Azteken war der Schaum das Allerwichtigste und Schmackhafteste an dem Getränk. Ein Historiker wies darauf hin, daß es beim Trinken von Schokolade wichtig sei, „den Mund weit zu öffnen, um das Schlucken zu erleichtern, so daß der Schaum sich nach und nach auflösen und gewissermaßen unmerklich in den Magen gelangen kann." Die Maya erzeugten den Kakaoschaum, indem sie den Trank von oben aus einem Gefäß in ein anderes gossen. Die Azteken erfanden später ein Gerät, das die Spanier *molinillo* nannten – einen hölzernen Quirl mit besonders geformten, schaufelähnlichen Teilen an einem Ende, der genau durch die Öffnung im Deckel eines Schokoladengefäßes paßte. Pater Jean-Baptiste Labat, ein Missionar aus dem 18. Jahrhundert, beschrieb diesen unentbehrlichen Gegenstand in einem seiner Bücher: „Der Stab ragt etwa 30 cm aus dem Schokoladentopf heraus, so daß man ihn bequem zwischen den Handflächen hin- und herbewegen kann." Der einfache hölzerne Rührstab, dessen Form unverändert geblieben ist, wird noch heute benutzt und in Lateinamerika in jedem Laden und auf jedem Markt verkauft. Daneben findet man auch schöne antike Gefäße und Quirle aus Silber und anderen dekorativen Materialien, die inzwischen zu Liebhaberstücken für Sammler geworden sind.

Es gibt Hinweise darauf, daß außer den von Thomas Gage erwähnten Ingredienzien noch weitere Zutaten verwendet wurden.

Rechts: *Aztekische Ausrüstung zum Zubereiten des Schokoladentranks: Schokoladengefäß, Trinkpokal, Rührbesen und Rolle.*

– Champurrado (Schokoladen-Atole) –

Die Zugabe von Mais verwandelte das aztekische Getränk in eine dünne Schleimsuppe oder Grütze, die unter dem Namen *atole* bekannt ist. Es handelt sich um eine Art angereichertes Getränk, das nicht in jedem Fall mit Schokolade aromatisiert wird. Man reicht es noch immer zu den Mahlzeiten, und die Landarbeiter in Lateinamerika nehmen es noch heute als Stärkungsmittel zu sich. Die Schokolade-Version wird als *champurrado* bezeichnet, was von *champurrar* – ein Getränk mit einem anderen mischen – abgeleitet ist.

65 g masa harina (behandeltes Maismehl) oder fein zerkleinerte Tortillas zusammen mit 750 ml Wasser in eine große Pfanne geben. Bei geringer Hitze bis zum Eindicken rühren. Vom Feuer nehmen und 175 g hellbraunen Zucker (oder nach Geschmack) sowie 750 ml Milch unterrühren. 25 g ungesüßte Schokolade raspeln und in die Pfanne geben. Mit einem Molinillo kräftig schlagen. Dampfend heiß und schaumig servieren.

– Mexikanisches Rezept für selbstgemachte Schokolade –

Benötigt werden 2,75 kg Kakaobohnen guter Qualität (mindestens drei verschiedene Sorten zu gleichen Teilen). In einer Pfanne mit Lochboden rösten, bis die Bohnen Öl absondern. Darauf achten, daß die Kakaobohnen nicht zu zeitig vom Feuer genommen werden; ansonsten erhält die Schokolade nicht die gewünschte Farbe und wird ungenießbar. Läßt man die Bohnen anbrennen, wird die Schokolade bitter.

Die gerösteten Bohnen durch ein feines Haarsieb streichen, um die Schalen zu entfernen. Dann den Metate (Mahlstein) auf eine flache Pfanne mit glühender Kohle stellen. Mit dem Zerreiben der Kakaomasse beginnen, wenn der Stein warm ist.

Die Masse zusammen mit 1,75–2,75 kg Zucker (je nach gewünschter Süße) durch Schläge mit einem großen Klopfholz zermahlen.

Die fertige Paste nach Belieben zu runden, sechseckigen oder rechteckigen Täfelchen formen und auf einem Gestell zum Trocknen auslegen. In die Schokoladenstücke nach Wunsch mit der Spitze eines scharfen Messers Teilungslinien ritzen.

Oben: Zur Erzeugung von Kakaoschaum gossen die Azteken das Schokoladengetränk von oben in ein anderes Gefäß.

Der spanische Historiker Sahagún beschreibt eine Folge von Schokoladengetränken, die hohen Herren serviert wurde, und zu der „rötlicher Kakao, leuchtend roter Kakao, oranger Kakao, schwarzer Kakao und weißer Kakao" gehörten. Viele der sehr frühen Zubereitungsvorschriften für Schokoladengetränke verlangen die gleichen Zutaten, und wir wissen daher, daß diese beeindruckende Auswahl als Gewürze und andere Zutaten wahrscheinlich Chili, Piment, Nelken, Vanille, eine schwarze Pfefferart, Blütenblätter verschiedener Blumen, Nüsse und Annattofarbstoff enthielt.

Unten: Schokoladengefäß, Rührbesen und Schokolade aus dem heutigen Kolumbien. Die Form des Rührbesens hat sich seit der Zeit der Azteken nicht geändert.

Zucker wurde dem Getränk erst viel später hinzugefügt. Damals sollen die Nonnen von Oaxaca, einer bis 1522 spanisch besetzten Aztekenstadt – der Vorliebe der Spanier für Süßes folgend – neue Rezepte entwickelt haben. Sie gaben Zucker und süße Gewürze wie Zimt und Anis zu, und aus dem bitteren Aztekentrank begann sich so allmählich das köstliche Getränk zu entwickeln, das wir heute kennen.

Die spanische Variante

Im Jahre 1701 berichtete ein Engländer, der Spanien bereist hatte, ausführlich über das von den Spaniern entwickelte Herstellungsverfahren für das Schokoladengetränk. Nachdem man die Kakaobohnen geröstet, von den Schalen befreit und gebrochen hatte, wurde die Kakaosubstanz zusammen mit reichlich Zucker, Zimt, Vanille, Muskat und Annatto zu einer feinen Paste zermahlen. Diese Masse wurde wie die heutige Blockschokolade zu Blöcken geformt, aus denen man vorerst allerdings nur das Schokoladengetränk und kein Konfekt herstellte.

Soviel wir heute wissen, handelt es sich hierbei um das Rezept, nach dem man in ganz Spanien und im übrigen Europa Schokolade herstellte, bis das Verfahren im 19. Jahrhundert durch die technologischen Verbesserungen des Niederländers Van Houten revolutioniert wurde.

Vom Getränk zum Konfekt

Oben: *Plakat mit einem Hintergrund aus Kakaofrüchten und -blättern (1893).*

Oben: *Eine der ersten Werbeanzeigen für Van Houtens Kakaopulver, „die beste Trinkschokolade".*

Van Houtens Kakaopresse

In ihren frühen Tagen war Schokolade ein sehr gehaltvolles Getränk. Sie enthielt eine fettige Substanz, die Kakaobutter, die an die Oberfläche der Flüssigkeit stieg und dort unappetitliche Fettlachen bildete. Den Schokoladenherstellern gelang es, diese Erscheinung bis zu einem gewissen Grad zu mildern, indem sie stärkehaltige Substanzen zugaben, die das Fett absorbierten – ein Verfahren, das der aztekischen Tradition, dem Kakaotrank gemahlenen Mais zuzusetzen, ähnelte.

Auch hatten die Hersteller jahrelang vergeblich auf eine Möglichkeit gesonnen, die fettige Kakaobutter von der gemahlenen Masse abzuscheiden. Der Durchbruch gelang 1828, als ein niederländischer Chemiker namens Coenraad Van Houten nach Jahren des Probierens seine neuartige und außerordentlich effektive hydraulische Kakaopresse patentieren ließ. Die Maschine konnte etwa fünfzig Prozent der Kakaobutter, die in der beim Mahlen entstehenden Kakaopaste enthalten ist, extrahieren. Zurück blieb ein fettarmer, bröckeliger Rückstand – der Preßkuchen –, der sich zu einem feinen Pulver zermahlen ließ.

Damit noch nicht zufrieden, ging Van Houten einen Schritt weiter. Er behandelte das Rohpulver mit Alkalisalzen, um dessen Benetzbarkeit zu verbessern. Der Prozeß, den man dann als „Pottaschierung" bezeichnete, ließ die Farbe der Schokolade dunkler und das Aroma milder werden – eine seltsame Anomalie, denn man glaubt gewöhnlich, daß die dunklere Schokolade auch einen kräftigeren Geschmack besitzt. Heute meinen viele Schokoladengenießer, daß sie die holländische Schokolade wegen ihres kräftigen Aromas kaufen, aber es ist vielleicht einfach nur deren Farbe, die ihnen gefällt.

Van Houtens unermüdliche Ausdauer und das Ergebnis seiner Arbeit revolutionierten die kakaoverarbeitende Industrie. Nun war die Herstellung von Kakaopulver, das man zu Van Houtens Zeit „Kakaoessenz" nannte, möglich geworden, und der Industriezweig erlebte eine allgemeine Erneuerung und Vervollkommnung. Zehn Jahre nach der Patentierung verkaufte Van Houten seine Rechte, und die Kakaopresse wurde nun überall eingesetzt. Zu den ersten Kunden gehörten die Unternehmen der Familien Fry und Cadbury, die begierig darauf waren, einander zu übertreffen. Schnell brachten beide Firmen die Kakaoessenz auf den Markt und warben emsig für die Reinheit und die Leichtigkeit der Zubereitung des Produkts. Die stärkehaltigen Erzeugnisse von früher wurden als verfälscht klassifiziert, was zu heftigen rechtlichen Auseinandersetzungen mit anderen Unternehmen führte. Van Houtens Erfindung gab auch den Anstoß zum nächsten Schritt – zur Großproduktion von Schokoladenkonfekt.

Rechts: *Im Jugendstil gestaltete Verpackung.*

Speiseschokolade

Nachdem es nun gelungen war, den Kakao zu entölen, stand die Industrie vor der Frage, was mit der Kakaobutter anzufangen sei, denn sie war sicher zu wertvoll, um sie einfach zu vertun. So geschah es, daß einer der Kakaofabrikanten – und hier erheben mehrere Anspruch darauf, der erste gewesen zu sein – auf den Gedanken kam, die Kakaobutter zu schmelzen und dazu eine Mischung aus Kakaomasse und Zucker zu geben. Daraus entstand eine weiche und geschmeidige Paste, die den zugefügten Zucker aufnahm, ohne körnig zu werden; die Butter hatte geholfen, ihn aufzulösen. Die Masse war

Oben: Bezauberndes Plakat für Bovrils nahrhafte Schokoladentafeln. Der Aufdruck auf der Verpackung nennt sie „die vollendete Kost".

auch dünnflüssig genug, um sich zu einer Form gießen zu lassen. Diese Idee war der Ausgangspunkt für die Entwicklung und Herstellung der Speiseschokolade.

Die Unternehmerfamilie Fry behauptete von sich, das neue Produkt als erste auf den Markt gebracht zu haben. Der damaligen Beliebtheit von Produkten im französischen Stil folgend, nannten sie ihre Schokoladentafeln „Chocolat Délicieux à Manger" und stellten sie unter diesem Namen 1849 auf einer Handelsmesse in Birmingham aus. Die Tafeln waren ein großer Erfolg, und die Speiseschokolade setzte sich in großem Stil durch. Um mithalten zu können, brachten die Cadburys die erste Packung mit kleinen Schokoladenkonfektstücken auf den Markt, der eine Geschenkpackung zum Valentinstag folgte. Auch andere Unternehmen wie Bovril begannen mit der Herstellung von Speiseschokolade, und damit hatte sich das neue Konfekt seinen Platz gesichert.

Rechts: 1907 kamen Hersheys berühmte kleine Baisers auf den Markt.

Diese Neuheit auf dem Schokoladenmarkt ließ den Preis für Kakaobutter in die Höhe schnellen, und Schokolade wurde deshalb zu einem teuren, begehrten und bei der Elite der Gesellschaft beliebten Produkt. Für die Allgemeinheit indessen blieb das Kakaogetränk.

In den USA begann die Herstellung von Schokoladentafeln wenig später. Nach einer schwierigen Zeit des Experimentierens mit Sahne und Schokolade – die Mixtur brannte immer wieder an oder wurde nicht fest – kamen Milton Hersheys Milchschokoladentafeln im Jahr 1900 schließlich auf den Markt. 1907 folgten die weltberühmten Baisers „Hershey's Kisses". Ghirardelli an der Westküste benutzte die neue Technologie zum Formen von Schokolade, und bald gehörten Tafelschokolade auch zu seiner Produktpalette. Überall im Lande wurden Schokoladenfachgeschäfte eröffnet, und jede Stadt besaß mindestens ein angesehenes Unternehmen, das Schokolade in Handarbeit herstellte. Die Firmen aus den Anfangszeiten der Schokoladenfabrikation waren zu klein, um selbst Kakaobohnen zu importieren oder in eine teure Produktionsausrüstung zu investieren. Sie kauften stattdessen zu größeren Blöcken geformte Überzugmasse bei Großunternehmen wie Guittard und schmolzen sie, um sie als Kuvertüre für ihren handgetauchten Konfekt zu verwenden. Alice Bradley widmete in ihrem 1917 in Amerika erschienen *Candy Cook Book* den „Assorted Chocolates" (Gemischtes Schokoladenkonfekt) ein ganzes Kapitel mit über sechzig Rezepten für Konfektfüllungen. Frau Bradley behauptete: „In den Preislisten einiger Hersteller kann man über hundert verschiedene Schokoladensorten finden." Ihren größten Zuwachs erlebte die amerikanische Schokoladenindustrie während des zweiten Weltkrieges, als die amerikanischen Streitkräfte in Europa mit Millionen von Schokoladentafeln beliefert wurden. Zu dieser Zeit hatten Ghirardelli und Hershey eine genügend große Produktionskapazität, um die Versorgung der Armee übernehmen zu können.

Oben: Moderne Verpackung in altmodischem Gewand.

Oben: Ghirardellis erste Schokoladentafeln waren „voll von gerösteten Mandeln".

Die Schokolade erobert die Welt

Die Kolonialisten beuteten ihre Entdeckungen in der Neuen Welt nach Kräften aus, und so begann im 16. Jahrhundert die Schokolade ihre Reise nach den Ländern Europas. Sie kam zuerst nach Spanien, folgte dann den Handelswegen nach Nordeuropa und Großbritannien und kehrte schließlich über den Atlantischen Ozean zurück nach Nordamerika.

Spanien

Wahrscheinlich waren es die Handelsleute und auch die Kontakte zwischen den Klöstern der Neuen Welt und den entsprechenden Einrichtungen in Spanien, die der Schokolade den Weg nach Europa bahnten.

Nachdem im Jahre 1585 die erste große Schiffsladung Kakaobohnen aus Veracruz gelöscht und die offiziellen Handelswege eingerichtet worden waren, entwickelte sich die Schokolade rasch – und besonders bei der Elite der Gesellschaft – zu einem Bestandteil der spanischen Lebensart. Unbeeindruckt zeigte sich hingegen eine französische Adlige, die Spanien besuchte. Sie sagte über das Kakaogetränk: „Sie trinken es mit soviel Pfeffer und so vielen Gewürzen, daß sie eigentlich daran verbrennen müßten." Auch über die Zahnpflege und die Gewohnheiten der Spanier hatte sie keine positive Meinung: „Sie haben gute Zähne, die bei etwas Pflege auch weiß sein könnten, aber sie kümmern sich nicht darum. Außer Zucker und Schokolade, die die Zähne verderben, haben Männer wie Frauen die schlechte Gewohnheit, ihre Zähne mit einem Zahnstocher zu reinigen, ganz gleich, in welcher Gesellschaft sie sich befinden."

In allen Städten des Landes eröffnete man *chocolaterías*, und es wurde Mode, nachmittags die Schokoladehäuser zu besuchen, um eine Tasse von dem schaumigen, duftenden Gebräu zu trinken und zum Eintunken *picatoste*, geröstetes Brot, zu bestellen. Auch heute noch frönt man in Spanien der Gewohnheit des Kakaotrinkens, und die Zahl

Rechts: Das Zimmermädchen, das Modell für „Das Schokoladenmädchen" gestanden hatte, heiratete einen wohlhabenden Aristokraten und konnte es sich nun selbst leisten, Schokolade zu trinken.

Unten: Herren servieren ihren Damen Schokolade (Kachelpaneel, frühes 18. Jahrhundert).

Die Spanier lieben ihren Schokoladentrank dick – so dick, daß der Löffel darin steht; man kann ihn schon eher den Speisen als den Getränken zuordnen. Als Dickungsmittel werden Maismehl und mitunter auch Eier verwendet, die das Getränk praktisch in eine Schokoladencremespeise verwandeln.

– Spanische Eierschokolade –

In einem Wasserbadtopf 50 g ungesüßte Schokolade in 475 ml Milch schmelzen. Unter Rühren 115 g Zucker, eine Prise Salz, 2 TL gemahlenen Zimt und 1 TL Vanilleessenz zugeben. 1 Ei in einer Tasse mit dem molinillo *schlagen, über die heiße Schokoladenmixtur gießen, das Ganze schaumig schlagen und sofort servieren.*

Oben: Stilleben, das die Freuden des Schokoladengenußes zeigt (Philippe Rousseau).

der *chocolaterías* ist noch immer groß. Das Getränk nimmt man traditionell morgens zu sich; dazu ißt man anstelle von *picatoste* frisch zubereitete *churros* (in Fett ausgebackene Spritzgebäckstreifen).

In Spanien wie auch im übrigen Europa stellte man Schokolade stets auf eine Stufe mit anregenden Genußmitteln wie bestimmte Gewürze, Kaffee, Tee; es dauerte lange, ehe Schokolade auch als Zutat für Konfekt, Konditoreierzeugnisse und Desserts verwendet wurde. Obwohl man sie anfangs nur in Form des Kakaogetränks genoß, wurde Schokolade auch zum Aromatisieren von würzigen Nachgerichten benutzt. Noch heute verfeinern Spanier und Mexikaner ihre Saucen für Wild und anderes Fleisch und selbst für Fisch traditionell mit Schokolade.

Niederlande

Im 16. Jahrhundert kamen die Niederlande unter spanische Herrschaft. Deshalb kannten die Niederländer die Schokolade schon recht früh.

Die Westindische Kompanie widersetzte sich schließlich dem spanischen Verbot für den ausländischen Seehandel und begann noch während des 16. Jahrhunderts damit, Kakaobohnen als Massengut nach Amsterdam zu verschiffen. Sie verkauften die Bohnen dann in kleinen Mengen an ausländische Abnehmer und bauten gleichzeitig ihre eigene Verarbeitungsindustrie in den Niederlanden auf. Bis zum Ende des 18. Jahrhunderts war die Produktion begrenzt, und Schokolade gab es nur in den Häusern einiger wohlhabender Kaufleute und Finanziers.

Italien

Die Theorien darüber, wie und wann die Schokolade nach Italien gelangt ist, widersprechen sich einander. Einige Historiker glauben, daß es etwa in der Mitte des 16. Jahrhunderts gewesen sei, als der exilierte Graf Emanuel Philibert, der in Spanien die Freuden des Schokoladengenusses kennengelernt hatte, wieder an die Macht kam. Die volkstümliche Theorie besagt, daß die Schokolade von Antonio Carletti, einem Florentiner Kaufmann, eingeführt worden sei, der sie entdeckte, als er auf der Suche nach neuen Handelsgütern in der Welt umherreiste. Die wahrscheinlich treffendste Theorie jedoch geht davon aus, daß die Schokolade von Nonnen und Mönchen als Medizin ins Land gebracht worden ist.

Bis zum 17. Jahrhundert hatte man in Norditalien, besonders in der Gegend um Perugia und Turin, zahlreiche Kakaohandelsgesellschaften gegründet, die nun begannen, ihre neu entwickelten Erzeugnisse in andere europäische Länder zu exportieren.

Die Rezeptsammlung eines italienischen Priesters aus dem 18. Jahrhundert zeigt den außerordentlichen Phantasiereichtum der Italiener bei der Verwendung von Schokolade. Darunter sind Zubereitungsvorschriften für Gerichte wie: *In Mehl gewendete, in Schokolade getauchte und gebackene Leberscheiben, Schokoladensuppe, Schokoladenpudding mit Kalb, Mark und kandierten Früchten und Schokolade-Polenta.*

Frankreich

Oben: Kardinal Mazarin reiste nie ohne seinen Schokoladekoch.

Auch Frankreich sollte bald dem Zauber der Schokolade verfallen. Wie in Spanien und Italien, so gibt es auch hier verschiedene Theorien über die Umstände, unter denen die Schokolade zum erstenmal im Lande erschien. In einigen wird gesagt, sie sei dank des Zusammenwirkens spanischer und französischer Mönchsklöster nach Frankreich gekommen. Eine andere Theorie behauptet, daß die Schokolade als Medizin hierher gelangt sei. Das wird in gewisser Weise von der Bemerkung des französischen Historikers Bonaventure d'Argonne bestätigt, der Kardinal von Lyon habe Schokolade getrunken, um seine schlechte Laune zu vertreiben und seinen Zorn zu besänftigen, und er kenne das Geheimnis vielleicht von einigen spanischen Mönchen, die sie nach Frankreich gebracht hätten. Es gibt jedoch keinen Zweifel, daß diese Entwicklung – ebenso wie in anderen Ländern Europas – weitgehend vom Adel und vom Hofe bestimmt wurde.

Die populärste Theorie lautet, daß das Getränk in Frankreich erstmals im Jahre 1615 auftauchte, als Ludwig XIII. sich mit Anna von Österreich, der Tochter von Philipp II. von Spanien, vermählte. Die neue Königin liebte ihre Schokolade leidenschaftlich und führte sie auch bei Hofe ein. Das Kakaogetränk fand viele Anhänger: Kardinal Mazarin, der engste Berater des Königs, weigerte sich strikt, ohne seinen persönlichen Schokoladenkoch auf Reisen zu gehen, und Marie Antoinette, die den Kakao ebenfalls sehr mochte, schuf das angesehene „Amt des Schokoladenzubereiters der Königin". Die Schokoladegesellschaften am Königshof – *chocolat du roi* – wurden zu einem sozialen Moderitual, und eine Einladung dazu zu erhalten, galt als todschick.

Unten: Hochzeit der spanischen Prinzessin María Theresa mit Ludwig XIV. Die Schokolade und der König waren ihre einzigen Leidenschaften (Bildteppich).

Unter den vielen Anekdoten zum Thema „Schokolade" ist auch eine Geschichte über die spanische Prinzessin María Theresa, die sich 1660 mit Ludwig XIV. vermählte. Sie soll erklärt haben: „Die Schokolade und der König sind meine einzigen Leidenschaften." (Man beachte hier die Reihenfolge.) María Theresa hatte aus Spanien ein Dienstmädchen mitgebracht, das allmorgendlich für die Königin Kakao zubereitete.

Die Damen am französischen Hof waren von dem neuen Getränk fasziniert – besonders, nachdem sich herumgesprochen hatte, daß es die Wirkung eines Aphrodisiakums habe. Der Handel mit Kakao stieg in dieser Zeit sprunghaft an. Eine andere, oft erzählte Geschichte über die Prinzessin besagte, daß deren Leidenschaft für Schokolade so unmäßig war, daß ihr Gesicht bereits eine schreckliche Farbe angenommen hatte und ihre Zähne schwarz und von Löchern übersät waren.

Oben: Der Genuß von Schokolade wurde oft als nicht ganz salonfähig dargestellt.

Nirgends in Frankreich ließ die Schokolade die Gemüter ungerührt. Im Jahre 1664 priesen Gelehrte den Nährwert, den sie aufgrund ihres Fettgehalts hatte; gleichzeitig wurde sie von anderen jedoch heftig angegriffen, die die moralische Verderbtheit der Kakaotrinker anprangerten. Selbst Madame de Sévigné, eine französische Kurtisane und große Liebhaberin der Schokolade, war eine Zeitlang gegen dieses Getränk. In einem der Briefe an ihre Tochter schrieb sie: „Schokolade ist für mich nicht mehr das, was sie einmal war; die Mode hat mich irregeführt, wie sie es immer tut ... aus ihr kommen Schwermut und Herzklopfen; sie schmeichelt Dir eine Weile und entzündet dann plötzlich ein immerwährendes Fieber in Dir, das zum Tode führt ... In Gottes Namen, laß ab von der Schokolade ..." In einem anderen Brief erzählte sie eine schreckliche Geschichte über die Marquise de Coëtlogon, die „während ihrer Schwangerschaft im vergangenen Jahr so viel Schokolade zu sich nahm, daß sie am Ende einen kleinen Jungen zur Welt brachte, schwarz wie der Teufel, der bald nach der Geburt starb." Schließlich kehrte Madame de Sévignés Leidenschaft zurück, und in einem Brief ging sie ausführlich auf das Fasten und die Schokolade ein: „Ich habe vorgestern abend etwas Schokolade zu mir genommen, um das Essen zu verdauen und dann ein gutes Abendessen genießen zu können. Gestern habe ich ein wenig davon getrunken, so daß ich bis zum Abend fasten konnte. Was ich am angenehmsten an der Schokolade empfinde, ist, daß sie immer so wirkt, wie man es wünscht."

Oben: Confiserie Sprüngli in Zürich. Der elegante Imbißraum, in dem man Schokolade servierte.

Schweiz

In der zweiten Hälfte des 17. Jahrhunderts gab es den Kakao in allen europäischen Hauptstädten. Obwohl die Schweiz später der Hauptproduzent von Schokoladenkonfekt wurde, gelangte die Schokolade als Getränk relativ spät dorthin. Von ihr war erstmals im Jahr 1697 in Zürich die Rede, nachdem der Bürgermeister der Stadt auf einer Reise nach Brüssel Kakao getrunken und Gefallen an diesem Getränk gefunden hatte. Um die Mitte des 18. Jahrhunderts war Schokolade inzwischen vielerorts erhältlich; sie wurde oft von *cioccolatieri*, reisenden Händlern aus Italien, ins Land gebracht und auf Messen und Märkten feilgeboten.

Deutschland und Österreich

Wie in der Schweiz, so wurde die Schokolade auch in Deutschland verhältnismäßig spät bekannt. Jahrelang betrachtete man sie hier als Medizin und verkaufte sie lediglich in Apotheken. Bis in die Mitte des 17. Jahrhunderts jedoch hatte sie sich in der vornehmen Gesellschaft durchgesetzt, obwohl die Begeisterung von Stadt zu Stadt unterschiedlich war. Die Berliner betrachteten Schokolade noch immer als unangenehm schmeckendes Kräftigungsmittel, während das Getränk in Dresden und Leipzig, wo die Stadtschönen ihren Kakao im vornehmen Café Felsche – einer der ersten deutschen Schokoladestuben – zu sich zu nehmen pflegten, ein großer Erfolg war.

Zu Deutschlands überzeugten Schokoholikern gehörten die berühmten Dichter Goethe (1749–1832) und Schiller (1759–1805). Von Goethe sagte man, daß er in diesem Getränk eine unerschöpfliche Quelle der Inspiration gefunden habe; er trank Schokolade bis ins hohe Alter. Befand er sich auf Reisen, dann schrieb er oft an seine Frau Christiane, sie möge ihm wieder neue Schokolade von seinem Lieblingslieferanten Riquet aus Leipzig schicken.

In Deutschland begann die Massenproduktion von Schokolade im Jahre 1756, nachdem Prinz Wilhelm von der Lippe in Steinhude eine Fabrik errichtet und portugiesische Arbeiter ins Land geholt hatte, die besonders in der Kunst der Schokoladenherstellung ausgebildet waren.

In Österreich gewöhnte sich die hauptstädtische Aristokratie schnell an das neue Getränk – besonders nachdem Kaiser Karl VI. im Jahre 1711 seinen Hof samt seiner Schokolade von Madrid nach Wien verlegt hatte. Da Österreich die Schokolade nicht mit so hohen Steuern belegte wie Deutschland, erfreuten sich nicht nur die aristokratischen Kreise daran, sondern auch geringere Sterbliche, für die die Schokolade erschwinglich war. Man erzählte sich von einem deutschen Reisenden, der sich in Wien darüber entsetzte, daß er einen so gewöhnlichen Menschen wie einen Schneider Kakao der besten Sorte habe trinken sehen.

Die Deutschen wie die Österreicher waren sehr gute Konditoren. In der Tat schien der Chef der Patisserie am österreichischen Kaiserhof mit dem ranghöchsten Offizier auf einer Stufe zu stehen. Ebenso wie bei den Italienern dauerte es aber auch bei den deutschen und österreichischen Feinbäckern eine Zeit, ehe sie die Schokolade auch als Zutat für ihr Backwerk und nicht nur als Getränk verwendeten. Das Warten hatte sich indes gelohnt – ihre sündhaft wohlschmeckenden

Unten: „Goethe in der Campagna“; Gemälde von Johann Heinrich Wilhelm Tischbein, 1787. Goethe trank Zeit seines Lebens Schokolade.

Die Beliebtheit der Schokolade stellte die berühmten Porzellanmanufakturen in Deutschland, Österreich und Frankreich vor ganz neue Aufgaben. Zu Beginn des 18. Jahrhunderts begannen die europäischen Manufakturen von Wien bis Sèvres mit der Fertigung der exquisitesten Schokoladenservices aus Porzellan; vorher verwendete man hier Ton und Metall, darunter auch Gold und Silber, als Material für Geschirr. Neben den traditionell geformten Serviergefäßen wurden nun auch elegante Tassen – *trembleuses* – hergestellt. Das neue Porzellan war so gestaltet, daß es die Aristokraten vor solchen Peinlichkeiten wie dem Verschütten der Schokolade bewahrte. Man fertigte zweihenkelige Trinkgefäße mit dazu passenden Tassenständern oder sehr tiefen Untertassen an.

Oben: In einem typischen Londoner „chocolate house" des 17. Jahrhunderts. An diesem Treffpunkt von Politikern und Literaten wurde der neueste Klatsch ausgetauscht.

Kreationen, die gehaltvolle Schwarzwälder Kirschtorte aus Deutschland und die Wiener Sachertorte, sind heute in aller Welt gefeierte Formen des Luxus.

Grossbritannien

Als die Spanier im 16. Jahrhundert mit ungeheurem Eifer Kakaoanbau betrieben und die Bohnen in ihre Heimat nach Europa brachten, zeigten sich die Briten daran nicht im mindesten interessiert. Selbst die Piraten, die die spanischen Häfen und Seefahrtswege heimsuchten, schienen sich der wirschaftlichen und kulturellen Bedeutung des Kakaos nicht bewußt zu sein, denn sie schenkten dem wertvollen Frachtgut keinerlei Beachtung. Wie ihre niederländischen Konkurrenten sollen auch sie ganze Schiffsladungen davon angewidert über Bord geworfen haben. Die Schokolade gelangte schließlich auch nach Britannien – mehr oder weniger gleichzeitig mit zwei weiteren Anregungsmitteln: Tee aus Asien und Kaffee aus Afrika. Der im Vergleich billigere Kaffee bürgerte sich zuerst ein, doch der Kakao folgte ihm bald darauf.

Das erste *„chocolate house"* Londons wurde 1657 in *The Public Advertiser* erwähnt, zwei Jahre darauf erschien ein Artikel im *Needham's Mercurius Politicus*, der aufmerksam machte auf „ein ausgezeichnetes Getränk aus Westindien, das von einem Franzosen in Queen's Head Alley in der Bishopsgate Street verkauft wird."

Links: Säcke voller Kakaobohnen aus den Tropen kommen in einem englischen Lagerhaus an.

Das berühmteste Unternehmen war White's Chocolate House am St. James Palace, das ein italienischer Einwanderer eröffnet hatte. Sein Konkurrent war *The Cocoa Tree* in der St. James Street. Mehr durch Zufall als durch ihr Zutun standen die beiden Schokoladehäuser mit unterschiedlichen politischen Richtungen in Verbindung – The Cocoa Tree war ein beliebter Treffpunkt für die Mitglieder der Tory-Partei, während die Whigs und die literarische Welt sich bei White's trafen. Bei White's holte sich der englische Maler William Hogarth Anregungen für einige Szenen seines berühmten Gemäldezyklus *„The Rake's Progress"* (Lebenslauf eines Wüstlings).

Für die wohlhabenden oberen Schichten der Gesellschaft waren Kaffee- und Schokoladehäuser *die* Orte, die man besuchte, um gesehen zu werden. Hier wurden politische Intrigen gesponnen und boshafter Klatsch verbreitet; hier verloren und gewannen Spieler riesige Vermögen. 1675 versuchte Charles II. vergeblich, beide Unternehmen mit der Begründung zu schließen, daß Politiker und Geschäftsleute ihre Zeit allzu oft hier verbrächten und die Gefahr bestünde, daß sie ihre Familien vernachlässigten. Es ist auch möglich, daß er damit die Diskussionen unterdrücken wollte, die in eine Rebellion münden konnten – ähnlich dem Aufstand, bei dem sein Vater 1649 hingerichtet worden war. Der Tagebuchschreiber Samuel Pepys (1633–1703) war ein begeisterter Anhänger der Schokolade oder „jocolatte" und ein regelmäßiger Besucher der Schokoladehäuser. Eine Eintragung in seinem Tagebuch berichtet über einen entsetzlichen Kater am Morgen nach der Krönung des Königs: „Morgens aufgewacht, mein Kopf resümiert das gestrige Trinkgelage, das ich sehr bedaure; bin also aufgestanden und mit Mr. Creed losgegangen, um meinen Morgenschluck zu nehmen, wobei er mir diesmal zur Beruhigung meines Magens Schokolade kredenzte."

Rechts: „Eine Tasse Schokolade" von Sir John Lavery. Schokolade in einem der neuen Schokoladehäuser zu trinken, war ein modischer Zeitvertreib für die Damen.

Links: *Die ersten Verpackungen für Domingo Ghirardellis neuartigen Instantkakao.*

In England wie auch in anderen Staaten nutzte die Regierung die Schokolade als Einnahmequelle. Die Importeure mußten für jeden Sack Kakaobohnen, der ins Land gebracht wurde, einen hohen Zoll entrichten; 1660 lag auf der in England hergestellten und verkauften Schokolade eine Steuer von 8 Pence (etwa 3 neue Pence) pro Gallone.

Diese hohen Abgaben ließen den Schmuggel von Kakaobohnen anwachsen, und man ging dazu über, die Schokolade zu verfälschen, wozu vom Ziegelstaub bis zur Mennige alles verwendet wurde. Brandon Head bezeichnet das Strecken der Schokolade mit Kakaobohnenschalen in *The Food of the Gods* als „sträfliche Praxis (streng verboten)". Er schreibt weiter: „Um diese Praxis zu unterbinden, wurde 1770 verfügt, daß die Schalenabfälle zu beschlagnahmen oder zu vernichten sind." Es wurden jedoch nicht alle Schalen zum Abfall geworfen. Head berichtet, daß man zu seiner Zeit in Irland und anderswo daraus noch immer Kakaoschalentee, einen leichten, indes nicht ungenießbaren Sud, bereitete.

Dank des riesigen Importaufkommens und des Einflusses geachteter Quäker unter den Unternehmern, die die Regierung von dem Wert der Schokolade für die Ernährung der Menschen überzeugt hatten, wurden in der Zeit um 1850 die hohen Steuern gesenkt. Schokolade war nun für jedermann erschwinglich und entwickelte sich damit zum großen Geschäft.

Vereinigte Staaten von Amerika

Die erste Schokolade, die um 1765 über den Atlantik zurück nach Nordamerika gelangte, kam wahrscheinlich in den Taschen hochrangiger englischer Beamter dorthin, die unterwegs zu ihren Ämtern in den Kolonien an der Ostküste waren. Es ist zudem bekannt, daß Domingo Ghirardelli, ein italienischer Konditor, der damals in Lima (Peru) Handel trieb, Kakaobohnen und andere wichtige Rohstoffe von Südamerika nach San Francisco bringen ließ, um den Bedarf der vielen Goldgräber an Lebens- und Genußmitteln zu decken. Es ist auch möglich, daß die Kakaobohnen direkt von Jamaika kamen, nachdem die Spanier ihre Herrschaft dort aufgegeben hatten.

Thomas Jefferson (1743–1826), der dritte Präsident der Vereinigten Staaten, soll einmal gesagt haben: „Mit ihrer herausragenden Bedeutung für Gesundheit und Ernährung wird sich die Schokolade in Amerika gegenüber Tee und Kaffee bald ebenso durchsetzen wie in Spanien." Die vom Pioniergeist geprägte nordamerikanische Gesellschaft nahm die Schokolade anders auf als zuvor die Europäer. Obgleich die Schokolade bei der wohlhabenden Bevölkerung der Ostküste großen Anklang fand, trank man sie zu Hause; Schokoladehäuser gab es hier nicht. Ein weiterer Unterschied bestand darin, daß Schokolade nicht wie in Europa in erster Linie von der Oberschicht, sondern meist von der breiten Masse gekauft wurde, wobei man mehr Wert auf die Bekömmlichkeit des Getränks als auf seinen betont kultivierten Genuß legte. Somit erreichte die Schokolade hier einen größeren Teil der Gesellschaft als in Spanien, Frankreich oder England.

Die erste Schokoladenfabrik wurde 1765 von Dr. James Baker und John Hannon in Massachusetts aufgebaut. 1780 gründete Bakers Enkelsohn die Walter Baker Company, deren Name noch heute ein Synonym für Qualitätsschokolade ist. Bis 1884 produzierte Milton Hershey von der Hershey Chocolate Company Kakaomasse für Backzwecke, Kakaopulver und süßen Schokoladenguß für seine berühmten Karamellen, und 1885 nahm Domingo Ghirardelli seine California Chocolate Manufactory in San Francisco in Betrieb. In Nordamerika waren Kakao und Schokolade von Beginn an ein großes Geschäft.

Unten: *Werbeplakat aus dem 19. Jahrhundert für Schokoladenerzeugnisse der Walter Baker Company.*

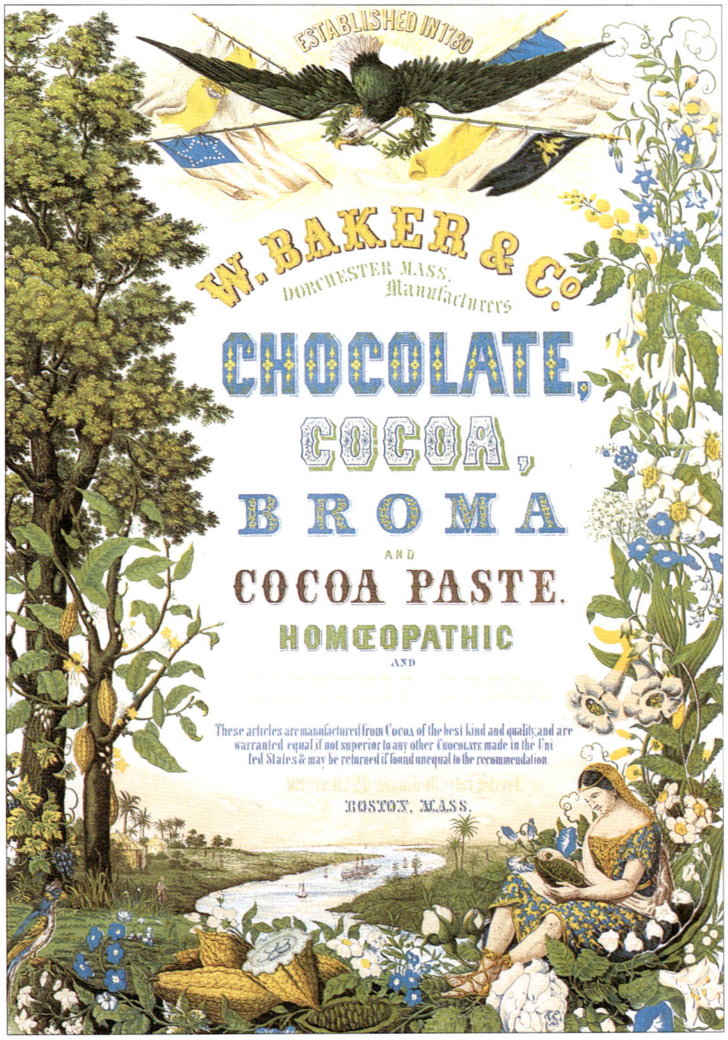

Schokolade und die Kirche

Die Kirche spielte in der frühen Geschichte der Schokolade direkt und indirekt eine große Rolle. Die bitteren und blutigen Kriege, die im 16. und 17. Jahrhundert zwischen Katholiken und Protestanten tobten, waren in gewisser Weise der Grund für das Erscheinen des Kakaos und seine allmähliche Verbreitung in Europa. Die Jesuiten, die mit Eifer an den Religionskriegen teilnahmen und sich heftig für die Rekatholisierung einsetzten, stellten sowohl in Europa als auch in Lateinamerika eine treibende politische Kraft dar. Es waren ganz sicher die Jesuitenmissionare und nicht die Entdecker der Neuen Welt, die die erste Schokolade nach Spanien, Italien und Frankreich brachten; man konnte sie einfach über ein Netz von Mönchs- und Nonnenklöstern in diese Länder schaffen. Es geschah auch auf Veranlassung der Jesuiten, daß schließlich Rohbohnen nach Europa verschifft wurden. Bis dahin hatten die spanischen Kolonisten das Monopol für die Verarbeitung der Kakaobohnen in Lateinamerika inne und konnten damit riesige Gewinne erzielen.

Oben: Schokoladetrinkender Mönch; Jose M. Oropeza.

In Italien endeten die Religionskriege mit einer großen Zahl Vermählungen zwischen aristokratischen Familien und Angehörigen der herrschenden Klasse. Bis zur Vereinigung des Landes im Jahre 1879 bestand Italien aus einer Ansammlung unabhängiger Staaten, und man sah in den politischen Heiraten die beste Möglichkeit, die diplomatischen Beziehungen und die vereinte Macht der Staaten zu konsolidieren. Die aristokratischen Bräute nahmen gern ihre Dienstmädchen, Köche und die Rezepte für ihre Lieblingsspeisen mit, wenn sie aus dem Ausland nach Italien oder von einem italienischen Staat in einen anderen zogen, und so fand die Schokolade Verbreitung in den verschiedensten Gegenden.

Bis in das 18. Jahrhundert hinein wurde Schokolade in Europa und Lateinamerika von Mönchen und Nonnen hergestellt, die dazu die von den Azteken überlieferten Verfahren benutzten. In seinem 1648 erschienen Buch *The English-American, His Travail by Sea and Land, or a New Survey of the West Indies* berichtete Thomas Gage über Klosterkirchen, die von Nonnen und Mönchen geleitet wurden. Er schrieb, daß diese Nonnen und Mönche in aller Munde seien, jedoch nicht wegen ihrer religiösen Praktiken, sondern wegen ihrer Fähigkeit, Getränke zu bereiten, die man in diesen Kreisen zu sich nehme, und wovon das eine *chocolatte*, das

Unten: Ein Teil von Kolumbus' Mission war die Eroberung neuer Ländereien im Namen der katholischen Kirche. Das Bild zeigt, mit welchem religiösen Eifer diese Aufgabe erfüllt wurde.

Oben: Spanisches Stilleben mit Schokoladenoblaten, die oft von Nonnen und Mönchen hergestellt wurden (17. Jahrhundert).

andere *atolle* genannt werde. Die *chocolatte* werde auch in Kisten verpackt und nicht nur nach Mexiko, sondern jedes Jahr in großen Mengen auch nach Spanien transportiert.

Die Kirche in der Neuen Welt beurteilte die Schokolade im allgemeinen unter ihrem praktischen Aspekt. Die Schokolade war bei Nonnen und Mönchen beliebt, weil sie ihnen über ihre langen Fastenzeiten hinweghalf; in den Klöstern war man zudem von der gesundheitsfördernden Wirkung der Schokolade überzeugt. In der Alten Welt gab es dazu allerdings vereinzelt Meinungsverschiedenheiten. Ein spanischer Mönch soll das Getränk als teuflisch bezeichnet und behauptet haben, seine belebenden Eigenschaften seien das Werk böser Geister, aber seine Ansichten blieben unbeachtet. Im Jahre 1650 erließ die Gesellschaft Jesu ein Gesetz, das den Jesuiten den Genuß von Schokolade verbot; es erwies sich jedoch als nicht durchsetzbar, da die Studenten des Ordens aus Protest begannen, ihre Ausbildung zu vernachlässigen.

Die Schokolade von Chiapa

Große Bedenken gegen den Kakao scheint seinerzeit der Bischof von Chiapa gehabt zu haben. Seine Messe wurde durch das Schokoladetrinken fortwährend gestört. Es gibt darüber eine bekannte und recht lange Geschichte von Thomas Gage, die es lohnt, hier erzählt zu werden. Die Damen aus der Oberschicht von Chiapa Real klagten über eine „große Schwäche und Überempfindlichkeit des Magens, von der sie sagten, daß sie so schlimm sei, daß sie außerstande wären, länger in der Kirche zu bleiben ..., wenn sie nicht eine Tasse heißer Schokolade tränken ... Zu diesem Zweck pflegten sie sich von ihren Dienstmädchen häufig eine Tasse Schokolade ... in die Kirche bringen zu lassen, was nicht ohne Lärm und eine Störung der Messe und der Predigt bewerkstelligt werden konnte."

Von diesen endlosen Unterbrechungen in Wut geraten, ließ der Bischof bekanntmachen, daß jeder, der in der Kirche esse oder trinke, exkommuniziert würde. Die Damen tranken rücksichtslos und voller Verachtung weiterhin ihre Schokolade, und schließlich artete die Situation in einen Tumult aus, in dessen Verlauf man gar das Schwert gegen die Priester erhob, als diese versuchten, den Dienstmädchen der Damen die Kakaotassen zu entreißen.

Die Frauen rächten sich, indem sie sich weigerten, an den Gottesdiensten des Bischofs teilzunehmen, und gingen stattdessen zur Messe ins Kloster. Der Priester des Ortes warnte den Bischof vor den Frauen, denn „wenn sie nicht ihren Willen haben können, dann werden sie Rache üben, entweder mit Schokolade oder Eingemachtem oder einem hübschen Geschenk, das sicher den Tod mit sich bringt." Und siehe da, der Bischof wurde krank und starb acht Tage darauf eines qualvollen Todes. Gage schrieb: „Haupt und Gesicht schwollen ihm so stark an, daß die leiseste Berührung die Haut aufreißen und eine weiße Substanz herausquellen ließ, die seinen Körper verunstaltete und am Ende gänzlich bedeckt hatte." Es ging das Gerücht um, daß eine Dame von Stand, die „bei dem ein wenig zu vertrauten Umgang mit einem von des Bischofs Pagen beobachtet worden war", den unschuldigen jungen Mann dazu überredet habe, „ihm, der das Schokoladetrinken in der Kirche so rigoros verboten hatte", eine Tasse vergifteter Schokolade zu verabreichen. Ein bekanntes Sprichwort in dieser Gegend lautete später „Hüte dich vor Schokolade aus Chiapa!"

Gefährliche Genussmittel

Zu der Zeit, als die Schokolade bei den Europäern in Mode kam, stieg auch der Verbrauch bei anderen tropischen Erzeugnissen wie Kaffee, Tee, Tabak, Rum und Zucker. Es schien, daß Europa allmählich Geschmack an Genußmitteln fand. Die Kirche vertrat eine strenge Position gegenüber dieser Entwicklung und prangerte die neuen Genußmittel – mit Ausnahme des Zuckers – öffentlich als potentiell gefährliche Stoffe an. Was die Schokolade betraf, so drückte man immerhin ein Auge zu.

Rechts: Diorama nach einem Stich aus dem 17. Jahrhundert, der schokoladetrinkende spanische Mönche darstellt.

Schokolade als Medizin

Oben: Utensilien für die Zubereitung von „vollendetem Kakao".

Schokolade wurde bereits im 4. Jahrhundert, als die Maya mit der Kultivierung des Kakaobaumes begannen, zur Heilbehandlung eingesetzt. Die Zauberer, die Vorgänger der Priester und Doktoren, verordneten Kakao als Stärkungsmittel sowie als lindernden Balsam. Die Krieger nahmen Schokolade als kraftspendendes Getränk zu sich, und zum Abdecken von Wunden wurde Kakaobutter benutzt.

Die Azteken verwendeten später einen Zaubertrank aus Kakao und gemahlenen exhumierten Knochen ihrer Vorfahren als Heilmittel gegen Diarrhöe. Auch die spanischen Kolonisten wußten um die heilenden Eigenschaften von Kakao. Ein Reisender berichtete über seine Landsleute: „Sie bereiten daraus eine Paste, die, so sagen sie, gut für den Magen und gegen Katarrh sein soll."

Die Schokolade wurde jedoch im Kreise der Gelehrten und Ärzte, die ebenso vehement wie die Kirche auftraten, wenn es um die guten und die schlechten Seiten des neuen, mysteriösen Stoffes ging, unterschiedlich aufgenommen. Im 16. Jahrhundert, als die Medizin noch in ihren Anfängen steckte, basierten viele Theorien auf dem Prinzip der „heißen" und der „kalten" Gemütsart oder auf den Körperenergien, die Krankheiten hervorrufen konnten, wenn sie aus dem Gleichgewicht gerieten. Die Spanier klassifizierten die Schokolade als „kalt" und versuchten, ihre Wirkung zu neutralisieren, indem sie sie heiß und mit „heißen" Gewürzen angereichert tranken. Es war schwer verständlich für sie, daß die Azteken ihre Schokolade, die doch ohnehin schon eine „kalte" Kost war, kalt tranken.

Unten: Französische Doktoren hielten Schokolade für ein Mittel gegen chronische Krankheiten und gebrochene Herzen.

Im 17. Jahrhundert hatten verschiedene Botaniker und Doktoren entdeckt, daß Kakao allerlei nützliche und wohltuende Substanzen enthielt, und ihm das Siegel der Billigung aufgedrückt. Henry Stubbe (1632 bis 1672), seinerzeit englischer Hofarzt, besuchte die Westindischen Inseln, um die physischen Wirkungen der Schokolade zu untersuchen. Nach seiner Rückkehr veröffentlichte er *The Indian Nectar*, worin er sich nur lobend über das Getränk äußerte – mit der Einschränkung, daß die Zugabe von zuviel Zucker oder Gewürzen töricht sei.

Unter vielen anderen, die den Kakao priesen, war auch der italienische Arzt Stephani Blancardi (1650–1702). Er merkte an: „Schokolade hat nicht nur einen angenehmen Geschmack, sondern ist auch eine echte Wohltat für den Mund, ein Mittel, um Drüsen und Körpersäfte bei guter Gesundheit zu halten. Folglich haben auch alle, die Schokolade trinken, einen süßen Atem." Die französische Fakultät für Medizin billigte 1661 offiziell die Anwendung von Schokolade zu Heilzwecken. Der Jurist und Feinschmecker Brillat-Savarin (1755 bis 1826) urteilte in seiner „Physiologie des Geschmacks", „dass eine sorgfältig zubereitete Chocolade ein ebenso gesundes wie angenehmes Nahrungsmittel ist, ... dass sie besonders den Personen zuträglich ist, die einer grossen Sammlung des Geistes bedürfen, wie den Predigern, den Advocaten und namentlich den Reisenden; dass sie den schwächsten Magen zusagt und dass sie endlich vortreffliche Wirkungen in den chronischen Krankheiten zeigt und bei Krankheiten des Pförtners das letzte Hülfsmittel ist." Einige seiner Zeitgenossen behaupteten, daß Schokolade Tuberkulose heilen könne. Ein französischer Arzt, der wahrscheinlich die Eigenschaft des Kakaos, die Lebensgeister zu wecken, kannte, war von seinem Wert als Mittel gegen gebrochene Herzen überzeugt. Er schrieb: „Die Liebenden, die das Unglück haben, an der häufigsten unter all den galanten Krankheiten zu leiden, werden [in der Schokolade] den besten Trost finden".

Es gab jedoch durchaus nicht nur lobende Stimmen. Ein Arzt aus dem 16. Jahrhundert, der am toskanischen Hof tätig war, störte die Harmonie mit seiner Erklärung, daß Schokolade „heiß" sei, und daß es an Wahnsinn grenze, ihr „heiße Medikamente" beizumischen. Er hatte offenbar die Wirkungen von Koffein beobachtet, da er hier als schädliche Wirkungen unablässiges Schwatzen, Schlaflosigkeit, Reizbarkeit und Hyperaktivität bei Kindern anführte. Auch die Franzosen kehrten der Schokolade für kurze Zeit den Rücken und gaben ihr die Schuld an Blähungen, Herzklopfen und Verstopfung.

Im allgemeinen jedoch erkannte man den Nutzen, den die Schokolade für Gesundheit und Ernährung brachte, an. Ein früher englischer Autor schrieb, sie sei „unvergleichlich als ein Familiengetränk

– Lippenbalsam nach einem mexikanischen Rezept –

½ Teelöffel Kakaobutter von frisch gerösteten Bohnen mit Mandelöl zu einer Salbe verrühren.

Rechts: In wohlhabenden Haushalten hatte der Kakao seinen Platz als nahrhaftes Frühstücksgetränk erobert (Gemälde aus dem 18. Jh.).

Unten: Um seine Stimmung zu heben, trank man Schokolade (Stich aus „Physiologie des Geschmacks oder Physiologische Anleitung zum Studium der Tafelgenüsse“ aus dem Jahre 1848).

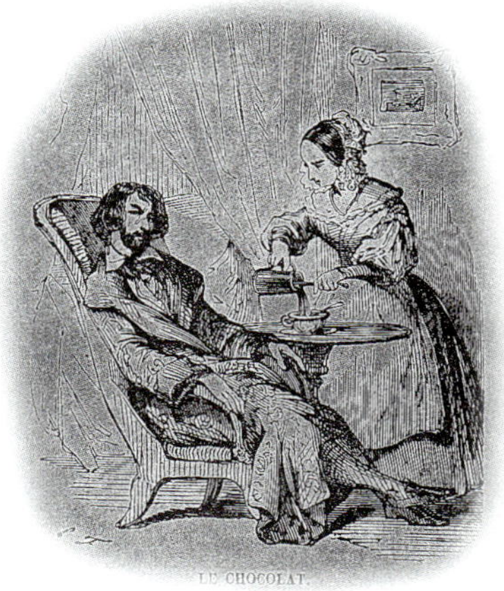

Unten: Schokoladetrinkende Kinder auf einem englischen Werbeplakat aus dem 19. Jahrhundert. Britische Medizinexperten erklärten Kakao zum „Kindergetränk par excellence“ und unbestrittenen Favoriten.

zum Frühstück oder zum Abendessen, wenn Tee und Kaffee fehl am Platze sind, falls letzterer nicht mit sehr viel Milch zubereitet ist.“ Brillat-Savarin äußerte sich zu ihrer verdauungsfördernden Wirkung: „Wenn man auf ein reiches und gutes Frühstück eine tüchtige Tasse guter Chocolade setzt, so wird man drei Stunden nachher vollkommen verdaut haben, und mit Appetit zu Mittag speisen …“

Um 1800 begannen Quacksalber und Scharlatane, aus der Absegnung der Schokolade durch die Medizin Kapital zu schlagen. Es tauchten verschiedene Formen „medizinischer“ Schokolade auf, darunter auch so unheimlich klingende wie „Pektoralschokolade“, die aus Maniok hergestellt war und Schwindsüchtigen empfohlen wurde, und „analeptische“ Schokolade, die ein mysteriöses „Persisches Tonikum“ enthielt. Gegen Ende des Jahrhunderts wurde die echte, unverfälschte Schokolade von Krankenhäusern und Sanatorien ebenso wie von der Kriegsmarine, der Armee und verschiedenen öffentlichen Einrichtungen als bewährtes Mittel anerkannt und eingesetzt.

Die Gründerväter

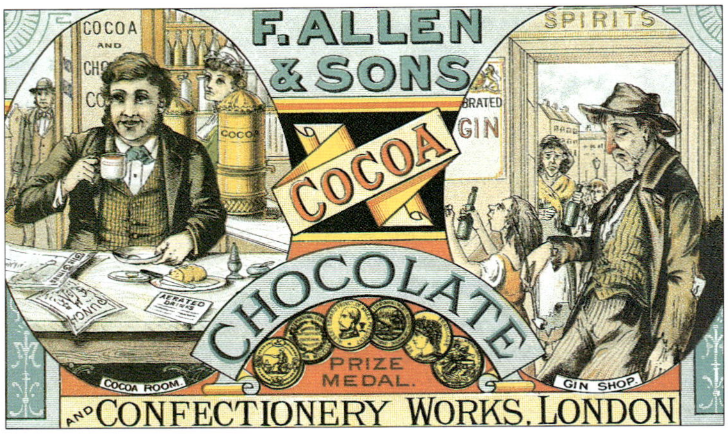

Oben: Die britischen Schokoladenhersteller des 19. Jahrhunderts waren sehr daran interessiert, die Armen vom Gin abzubringen.

Grossbritannien

Die industrielle Revolution und die kulturellen, sozialen und wirtschaftlichen Veränderungen, die diese Umwälzung mit sich brachte, veränderten den Prozeß der Herstellung von Trinkschokolade. Noch im 18. Jahrhundert arbeiteten die Wegbereiter der Schokoladenherstellung in Großbritannien nach primitiven Methoden, die denen ähnelten, die schon die Azteken angewendet hatten. Mit Hilfe zweier bedeutsamer Erfindungen – der 1728 von Walter Churchman entwickelten hydraulischen Mahlpresse und der Dampfmaschine von James Watt aus dem Jahr 1765, die über Nacht einen Umschwung in der Nahrungsgüterindustrie herbeiführte – eroberte sich die Technik allmählich ihren Platz in der Produktion. Eine weitere entscheidende Entwicklung war die epochemachende neuartige Kakaopresse, die Coenraad Van Houten, ein niederländischer Chemiker, im Jahre 1828 entwickelt hatte.

Da sich das Importvolumen enorm vergrößert hatte, wurden 1853 die Steuern für Trinkschokolade gesenkt. Inzwischen war der Transport durch die Eisenbahnen vereinfacht worden, und energiegetriebene Maschinen hatten die althergebrachte, uneffektive Handarbeit bei der Schokoladenherstellung weitgehend abgelöst. Diese Veränderungen ließen die Preise drastisch sinken, was bedeutete, daß es nun für alle möglich war, das Kakaogetränk zu genießen. In dieser Zeit begannen einige bedeutende Quäkerfamilien – die Frys, die Cadburys, die Rowntrees und die Terrys – Schokolade zu produzieren. Diese Familien wurden in Großbritannien die Haupterzeuger von Schokolade, und es gelang ihnen, den Kakao von einem Getränk der Aristokraten zum Volksgetränk zu machen.

Zweifellos stand hinter der Entscheidung der Quäker, Schokolade zum Gegenstand geschäftlicher Unternehmungen zu machen, ihre christliche Weltanschauung. Da sich Kakao als gesund und bekömmlich erwiesen hatte, hofften die Quäker, man könne mit Hilfe dieses Getränks die Armen vom Bier- und Gingenuß abbringen und somit ihre Lebensumstände allgemein verbessern. Auch um das Wohl ihrer Angestellten waren die Quäker besorgt. Sie schufen beispielhafte Arbeitsbedingungen und bauten Modelldörfer mit kostenlosen Bildungs-, Gesundheits- und Kommunaleinrichtungen für die Arbeiter, ganz gleich, ob sie noch im Dienst oder bereits im Ruhestand waren. Das von den Cadburys errichtete Dorf Bournville bei Birmingham und die Rowntree-Siedlung in York sind berühmte Beispiele hierfür.

Die Frys waren die alleinigen Schokoladenlieferanten der Kriegsmarine, ein Umstand, der sie zum größten Schokoladenhersteller der Welt machte. Um nicht zurückzustehen, erwarb sich die mit ihnen konkurrierende Familie Cadbury den besonders ehrenvollen Titel eines Hoflieferanten der Königin Victoria.

Rechts: Die Cadburys ließen ihre Schokoladenverpackungen mit Empfehlungen aus der medizinischen Presse bedrucken.

Italien

Die Italiener haben seit jeher mit viel Begabung und Phantasie Süßigkeiten hergestellt. Schon sehr früh verwendeten sie den Kakao als Zutat für ihre Erzeugnisse und etablierten sich als führende Experten in der Kunst der Herstellung feiner Schokoladen. Im Jahre 1884, als der russische Zar das erste bei dem Juwelier Fabergé in Auftrag gegebene goldene Osterei mit einer Füllung aus Edelsteinen entgegennahm, brachten die Italiener die möglicherweise ersten Schokoladenostereier mit einem Überraschungsgeschenk als Füllung auf den Markt.

Oben: Schokoladenverpackung im Militärstil.

Die italienische Schokoladenindustrie ist heute in der Region Piemont rund um Turin und in der Gegend um Perugia in der Region Umbrien konzentriert. Die industriemäßige Schokoladenherstellung entwickelte sich hier im frühen 19. Jahrhundert, als Bozelli, ein Ingenieur aus Genua, eine Maschine entwickelte, die täglich 300 Kilogramm Schokolade erzeugen konnte, und erlebte bis zum Ende des Jahrhunderts einen rapiden Aufschwung.

In Norditalien gibt heute es eine ganze Reihe alteingesessener Firmen. Zu ihnen gehören Caffarel, der die Italiener lehrte, Schokolade herzustellen, und Baratti & Milano aus Turin; Perugina (heute im Besitz von Nestlé) aus Perugia, der Produzent der berühmten „Baci“ mit ihrer außergewöhnlichen Verpackung, und Majani aus Bologna, der heute das Neueste und Beste an Designerschokoladen auf den Markt bringt.

Die Schweiz

Es überrascht uns nicht, daß die Liste der Gründungsväter hier unglaublich lang ist. Der erste war François Cailler, ein junger Mann mit Unternehmergeist; er reiste 1815 nach Turin, machte sich mit den handwerklichen Finessen von Caffarel vertraut und eröffnete vier Jahre später die erste schweizerische Schokoladenfabrik. Der nächste Gründer war Phillipe Suchard, der Erfinder der ersten Schokoladenmischmaschine der Welt. 1845 eröffnete Richard Sprüngli sein weltberühmtes Geschäft in Zürich, dem im Jahre 1900 eine eigene Fabrik folgte. Der Chemiker Henri Nestlé erfand eine Art Milchpulver, die der Schokoladenfabrikant Peter Daniel zur Herstellung der ersten Milchschokoladenriegel im Jahre 1899 verwendete. Im selben Jahr entwickelte Rodolphe Lindt das Conchieren, einen Prozeß, der die Textur und das Aroma der Schokoladentafeln entscheidend verbesserte. 1899 kaufte Richard Sprünglis Enkelsohn David die Firma Lindt. Heute, fünf Generationen später, ist Lindt-Sprüngli der größte unabhängige Schokoladenproduzent der Schweiz. Schließlich brachte Jean Tobler 1908 die berühmte „Toblerone" auf den Markt, die heute von Suchard verkauft wird. Ihre charakteristische Dreiecksform wurde als symbolische Darstellung der Alpen entwickelt.

Links: Seit über hundert Jahren produziert Weiss Qualitätstrinkschokolade.

Frankreich

In Frankreich entstanden in der Mitte des 17. Jahrhunderts die ersten Schokoladenfabriken. Wie in England, so ging die Produktion auch hier zunächst unter primitiven Bedingungen und entsprechend uneffektiv vor sich. Das änderte sich 1732, als ein Franzose namens Dubuisson einen Mahltisch erfand, an dem die Arbeiter die Kakaobohnen im Stehen mahlen konnten und dazu nicht mehr wie bisher vor einem Mahlstein am Boden knieen mußten.

Frankreichs berühmteste und größte Schokoladenfabrikanten waren Auguste Poulain und Jean-Antoine Menier. Poulain eröffnete 1848 in Blois ein Geschäft, in dessen Hinterraum er Schokolade herstellte. 1878 besaß er fünf Fabriken, in denen tonnenweise Schokolade produziert wurde. Sein Sohn Albert entwickelte 1884 einen Frühstückskakao, der heute unter dem Namen Grand Arôme bekannt und bei den französischen Kindern noch immer beliebt ist. Unterdessen kaufte Menier, ein für seine „medizinischen Pulver" berühmter Apotheker, eine kleine Schokoladenfabrik an der Marne, in der er einfach nur Schokoladenüberzüge für seine Pillen herstellen wollte. Als er 1853 starb, trat sein Sohn Émile-Justin in die Firma ein, der sich nun auf die Großproduktion von Schokolade konzentrierte. Émile, ein Mann mit den Visionen eines Kapitalisten, baute in Frankreich eine neue Fabrik, eröffnete eine weitere in London, ein Lagerhaus in New York, kaufte Kakaoplantagen in Nikaragua und ließ für die Arbeiter eine Siedlung nach dem Vorbild von Bournville errichten. Als er starb, setzte sein Sohn Henri, geleitet von dem gleichen Expansionsgeist wie sein Vater, das Werk fort. 1889 ließ er die Häuser für seine Beschäftigten mit elektrischem Strom und Telefonen ausrüsten. Seine Angestellten hatten lange vor der übrigen arbeitenden Bevölkerung Frankreichs das Recht, mit dem sechzigsten Lebensjahr in den Ruhestand zu gehen.

Zu Frankreichs Chocolatiers gehörte auch eine starke Gruppe kleiner Spezialfirmen, die den Charakter der heutigen französischen Schokoladenindustrie wesentlich geprägt haben. Das im Jahre 1800 in Paris gegründete Unternehmen Debauve & Gallais ist heute die älteste Firma der Stadt, die Schokolade in Handarbeit herstellt. Ein anderes renommiertes Unternehmen ist Weiss, ein seit über hundert Jahren in Saint-Étienne ansässiger Betrieb, der für seine wohlschmeckende Trinkschokolade und die großen, in Folie gewickelten Schokoladenbonbons berühmt ist.

Links: Kochschokolade von Menier wird heute weit und breit verwendet.

Rechts: Schokolade von Menier war bei französischen Kindern beliebt (Plakat von 1893).

Oben: Elektroautomobil, das Hershey 1900 kaufte.

Die Vereinigten Staaten von Amerika

Nach Nordamerika gelangte die Schokolade relativ spät – etwa in der Mitte des 18. Jahrhunderts. Die ersten, die sie industriemäßig produzierten, waren Dr. James Baker und sein Partner John Hannon, die 1765 am Ufer des Neponset in Massachusetts eine Schokoladenfabrik aufgebaut hatten. 1780 wurde das Unternehmen nach Hannons Enkelsohn in Walter Baker Company – ein noch heute geläufiger Name – umbenannt. Hier wurde Backschokolade (mit der verwirrenden Bezeichnung *baker's chocolate*) sowie Baker-Schokoladen, verschiedene Sorten Speiseschokolade von höherer Qualität, hergestellt.

1893, über hundert Jahre später, besuchte Milton Hershey, ein erfolgreicher Karamelhersteller aus Pennsylvania, die Weltausstellung in Chikago, wo ihn der Anblick der Maschinen, mit denen man in Deutschland Schokolade produzierte, geradezu überwältigte. Mit sicherem Gespür für den richtigen Zeitpunkt beschloß er, zur Schokoladenproduktion zu wechseln – eine Entscheidung, die seinem Unternehmen einen raschen Aufschwung und andauernden Erfolg bescherte. Seine erste Tafel Milchschokolade verkaufte Milton 1895, und seither sind Hershey-Tafeln und Hershey-Baisers Teil der amerikanischen Lebensart, genau wie er es vorausgesagt hatte.

Wie die Quäker in Großbritannien hatte auch Milton soziales Bewußtsein. Er engagierte Ernährungsfachleute, die für die Reinheit seiner Erzeugnisse bürgten, trug Sorge für ein Arbeitsumfeld, in dem es stets blitzsauber zuging und ließ in Pennsylvania die Fabrikstadt Hershey bauen. Hauptverkehrsstraßen sind dort die East Chocolate Avenue und die Cocoa Avenue, während die von Bäumen gesäumten Seitenstraßen nach den Gegenden, in denen Kakao angebaut wird, oder nach Kakaosorten benannt sind: Java, Caracas, Arriba usw. Mit sehr großzügigen, außerhalb der Stadt geschaffenen Einrichtungen für seine Beschäftigten – ein Freizeitpark, ein Zoo, Sportanlagen und ein Theater – überbot er die Arbeitersiedlungen der Quäker in England. Milton machte auch klar, daß er keine „Schenken, Schweineställe, Leim-, Seifen-, Kerzen- und Rußfabriken" dulde, und er achtete darauf, daß die zu seinem Unternehmen gehörenden Modellkommunen ihren Bewohnern stets ein so gesundes Umfeld wie nur möglich boten.

Es ist interessant, daß die ersten nordamerikanischen und britischen Hersteller eines Produktes, das mit sinnlichem Vergnügen und Genuß verbunden war und noch immer ist, ganz und gar puritanische Ansichten vertraten. Zyniker könnten behaupten, daß das soziale Empfinden und die Philantropie dieser Unternehmer ein geschickter Werbetrick gewesen sei; diese Männer hatten jedoch in der Tat ein soziales Gewissen, und dieser Umstand macht vielleicht deutlich, daß Schokolade jedem etwas anderes bedeutet – dem einen ein luxuriöses Vergnügen und dem anderen ein gesundes Nahrungsmittel für den täglichen Verzehr. Milton Hershey war nicht der einzige Produzent in Amerika, der die Zuträglichkeit der Schokolade in den Vordergrund stellte. Zu den gleichgesinnten Unternehmen, die allerdings eher zu extremeren Anschauungen neigten, gehörten die Gebrüder Taylor, die den Markt mit ihren Naturhygienikern eroberten, und Dr. William Hay mit seinem noch heute bekannten Hay-System der Kombination von Lebensmitteln. Das Verkaufsargument der Taylors war die heilkräftige, homöopathische Natur der Schokolade. Hier zeigt sich eine Verbindung zu den Anfängen des europäischen Schokoladenhandels: Im sechzehnten und siebzehnten Jahrhundert wurde die Schokolade in Apotheken und Klöstern verkauft, und man betonte auch hier stets die nützlichen Eigenschaften der Kakaobohne und ihrer Verarbeitungsprodukte.

Oben: Straßennamen für die Hauptverkehrswege von Hershey.

Unten: Werbung aus den Anfängen des Taylor-Unternehmens, die auf den Nährwert von Schokolade hinweist und damit das soziale Bewußtsein der Gebrüder Taylor zeigt.

Oben: Darstellung des ursprünglichen Guittard-Gebäudes mit Szenen aus den Anfängen der Schokoladenherstellung.

Eine viel auffälligere Erscheinung unter den amerikanischen Schokoladenherstellern war Domingo Ghirardelli, ein italienischer Konditor mit Verbindungen nach Südamerika, der ursprünglich Kaufmann in Lima (Peru) gewesen war. Ghirardelli freundete sich mit einem amerikanischen Möbeltischler namens James Lick an, der 1847, noch vor den Goldfunden auf der Besitzung Sutters' Mill, von Lima nach Kalifornien zog und eine große Menge von Ghirardellis Schokolade mitnahm. Angelockt von den Berichten über einen lukrativen Markt, folgte Ghirardelli Lick nach Kalifornien. Scharfsinnig und geschäftstüchtig wie die anderen Schokoladenfabrikanten in Amerika und der übrigen Welt, sah Ghirardelli die Möglichkeiten voraus, die sich aus dem täglichen Bedarf der massenhaft eintreffenden Goldschürfer ergaben. Er gründete ein Geschäft in San Francisco, importierte und verkaufte Waren wie Zucker, Kaffee und natürlich Schokolade.

Unten: Ghirardelli stellte als erster in Amerika leicht lösliches Kakaopulver her.

Über die Jahre hinweg gab es einige Katastrophen, darunter einen verheerenden Firmenzusammenbruch und einen schweren Brand, aber die Geschäfte gingen trotz unvermeidbarer Rückschläge in einer unbeständigen Zeit der amerikanischen Geschichte weiter. 1856 wurde das Unternehmen unter dem Namen Ghirardelli's California Chocolate Manufactory bekannt. Die Firma sollte sich in den sechziger Jahren des 19. Jahrhunderts in der kakaoverarbeitenden Industrie einen Namen machen, als sie durch puren Zufall einen Weg zur Herstellung von fettarmem pulverisiertem Kakao fand. Das neue Produkt nannte man Sweet Ground Chocolate oder Kakaopulver; es ist noch heute im Handel. Die ursprünglichen Fabrikgebäude am Ghirardelli-Platz in San Francisco sind zu einem Wahrzeichen der Stadt geworden, und das Unternehmen floriert noch heute. Es wurde 1963 an die Golden Grain Macaroni Company verkauft, die wiederum seit 1983 eine Tochtergesellschaft eines Quäkerunternehmens – der Oats Company – ist.

Ein anderer Schokoladenhersteller, Etienne Guittard aus Frankreich, war 1860 nach den Goldfeldern von San Francisco aufgebrochen. Nach drei Jahren hatte er zwar noch immer kein Gold gefunden, doch die Schokolade, die er mitgebracht hatte, um sie gegen eine Schürfausrüstung einzutauschen, war begeistert angenommen worden. Die Ladeninhaber, mit denen er zu tun hatte, versicherten ihm, daß es für ihn und seine wundervolle Schokolade eine Zukunft in San Francisco gäbe. Guittard ging zurück nach Frankreich, wo er arbeitete und sich eine Ausrüstung zusammensparte, die er in Amerika brauchen würde. 1868 kehrte er nach San Francisco zurück und gründete eine Firma, mit der er sich zu einem der bedeutenden amerikanischen Hersteller entwickelte, und die Schokolade von höchster Qualität für Großabnehmer produzierte. Einige der besten Konditoren, Bäcker und Speiseeishersteller des Landes (z. B. Baskin-Robbins) verwenden Guittards Erzeugnisse.

– Ghirardelli und ein Zufall –

Kakaobohnen besitzen einen hohen Fettgehalt. Deshalb läßt sich Kakaopulver nur schwer mit Flüssigkeiten vermischen. Ghirardellis wichtigster Beitrag zur Entwicklung der Schokoladenindustrie war die zufällige Entdeckung einer Möglichkeit, ein praktisch fettfreies Pulver herzustellen.

Ein Arbeiter hatte einen Stoffbeutel mit gemahlenen Kakaobohnen über Nacht an einem Haken hängen lassen. Am Morgen darauf war der Fußboden mit Kakaobutter bedeckt, die aus dem Beutel getropft war. Die übrige Kakaomasse war nahezu frei von Fett, und man stellte fest, daß sie sich nun viel leichter mit Flüssigkeiten vermischen ließ. Diesem Zufall war die Entwicklung der Sweet Ground Chocolate und des Kakaopulvers zu danken.

Die Kultivierung und Verarbeitung von Kakao

Anbau und Ernte

Oben: Kakaobaum und Kakaosämling.

Der Werdegang der Schokolade vollzog sich in vielen Schritten, und im Verlaufe ihrer Geschichte hat sie bis heute eine mannigfaltige Entwicklung – angefangen vom kalten Kakaotrank bis zur vielseitig einsetzbaren Substanz – durchlaufen. Dieses Kapitel soll nun die wichtigsten Schritte bei der Herstellung der Schokolade veranschaulichen.

Der Anbau

Die Kakaobohne wächst im Innern der großen Früchte des Kakaobaums, des immergrünen *Theobroma cacao*, heran, der in den tropischen Gebieten beiderseits des Äquators zwischen dem 20. nördlichen und dem 20. südlichen Breitengrad gedeiht. Der Baum ist ein anspruchsvolles Gewächs; das Leben in zu großer Höhe, bei zu niedrigen Temperaturen und zu wenig Feuchtigkeit sagt ihm nicht zu, und er will vor Sonne und Wind abgeschirmt sein. Er braucht zudem Schutz vor Tieren, die sich nur allzu gern an seinen Früchten gütlich tun, und er ist anfällig gegen verschiedene Erreger von Fäulnis, Blattwelke und Pilzerkrankungen.

Der Kakaobaum wird seit jeher im Schutze höherer Bäume angepflanzt, die Schatten spenden und so Bedingungen schaffen, die denen seines natürlichen Lebensraumes im Urwald ähneln. In Gegenden wie Grenada oder in bestimmten Regionen Jamaikas wachsen die Bäume auch ohne zusätzlichen Schatten, solange der Boden nur genügend Feuchtigkeit und Nährstoffe bietet. Der Kakaobaum erreicht etwa die Höhe eines Apfelbaumes und trägt im dritten – und wenn alles gut geht, mindestens bis zu seinem zwanzigsten – Jahr Früchte. Es gibt auch Bäume, die bis zu hundert Jahre alt werden. Die glänzenden dunkelgrünen Blätter, die wie Lorbeerblätter aussehen, werden fast dreißig Zentimeter lang. Die kleinen blaßrosa Blüten brechen in dichten Büscheln direkt am Stamm und an starken Ästen aus kleinen kissenförmigen Verdickungen hervor, die in der Fachsprache „Kauliflorie" genannt werden.

Unten: Schattige Kakaoplantage auf der Garteninsel Grenada. Die Kakaoproduktion ist hier der Hauptindustriezweig.

> Cacao ist eigentlich ein botanischer Name; die eingedeutschte Form Kakao bezeichnet den Baum sowie seine Früchte, und früher nannte man die unfermentierten Bohnen so. Heute wird der Begriff auch für fermentierte Bohnen verwendet.
> Als Kakao wird auch das feingemahlene Pulver bezeichnet, aus dem man Speisen und Getränke bereitet.

Nach der Bestäubung brauchen die Blüten etwa fünf Monate, um sich zu Kakaofrüchten zu entwickeln. Die Bäume bescheren den Pflanzern eine farbenprächtige Ernte, denn die Früchte, die während des Reifens ihre Färbung ändern, sind hellrot, grün, purpurfarben oder gelb. Ausgereift sind sie etwa zwanzig Zentimeter lang, oval und an den Enden spitz zulaufend. Sie enthalten, in weiches weißes Fruchtfleisch eingebettet, jeweils 20 bis 40 Bohnen.

Die Ernte

Ob eine Kakaofrucht erntereif ist, beurteilt der Pflücker anhand ihrer Färbung und des Klanges, der durch leichtes Beklopfen der Frucht hervorgerufen wird. Um den Reifegrad mit absoluter Sicherheit feststellen zu können, bedarf es jahrelanger Praxis; erfahrene Pflücker sind daher hochgeschätzt und werden gut bezahlt.

Die Früchte werden vom Baum abgenommen, indem man ihre Stiele durchschneidet. Die in Reichweite hängenden Früchte werden mit einer Machete abgetrennt, und für die höher hängenden benutzen die Pflücker ein gebogenes Messer, das an einer Stange befestigt ist. Sie gehen dabei mit äußerster Vorsicht zu Werke, um die Kauliflorie nicht zu beschädigen, die ja immer neue Blüten und Früchte hervorbringt.

In einigen Anbauländern wird Kakao das ganze Jahr über geerntet; in der Zeit von Mai bis Dezember ist das Aufkommen jedoch am größten. In anderern Gegenden der Erde wie beispielsweise Afrika gelten die Monate von September bis Februar als Haupterntezeit.

Das Fermentieren

Nach der Ernte öffnet man die Früchte vorsichtig mit einer Machete; die wertvollen Kakaobohnen dürfen dabei nicht beschädigt werden. Die Bohnen werden zusammen mit dem Fruchtfleisch aus der Schale

Oben: *Das Entfernen der Bohnen aus den Kakaofrüchten (frühe Lithographie, veröffentlicht vom britischen Empire Marketing Board).*

– Kakaosorten –

Es gibt zwei verschiedene Kakaosorten, die zur Schokoladenherstellung verwendet werden – Criollo („Kreolenkakao“) und Forastero („Fremdlingskakao“).

Criollo, die edelste, teuerste und zarteste unter den Kakaosorten, wird gewissermaßen in „limitierter Auflage“ produziert; ihr Anteil an der Weltproduktion beträgt lediglich zehn bis fünfzehn Prozent. Diese Sorte wird vorwiegend in der Heimat des Kakaobaumes, nämlich in Nikaragua, Guatemala, Mexiko, Venezuela und Kolumbien sowie auf Trinidad, Jamaika und Grenada angebaut. Schokoladenfabrikanten aus aller Welt schätzen den Wohlgeschmack und das außergewöhnliche Aroma der Criollo-Bohne. Es überrascht daher nicht, daß man sie stets anderen Kakaosorten zusetzt.

Die viel robustere und ertragreichere Forastero-Sorte wird vorwiegend in Brasilien und in afrikanischen Ländern kultiviert; sie macht weltweit achtzig Prozent der Kakaoproduktion aus. Ihr Geschmack ist stärker und bitterer als der der Sorte Criollo, und man verwendet sie hauptsächlich zur Herstellung von Kakaomischungen.

Eine Ausnahme bildet die Sorte Amenolado, die auch als „Arriba“ bekannt ist und in Ecuador angebaut wird. Mit ihrem zarten Geschmack und dem feinen Aroma zählt sie zu den besten Kakaobohnen der Welt.

Schließlich gibt es daneben auch einige Hybridsorten, deren bekannteste die Trinitario-Bohne ist. Wie der Name sagt, kommt sie aus Trinidad, wo sie, nachdem ein Hurrikan 1727 nahezu alle Kakaoplantagen zerstört hatte, durch Kreuzung anderer Sorten gezüchtet worden war. Sie hat die Robustheit der Forastero-Bohne und das zarte Aroma der Sorte Criollo geerbt, und sie findet vor allem Verwendung in Kakaomischungen.

herausgenommen und auf einer Matte aus sorgfältig zusammengelegten Bananenblättern zu einem kegelförmigen Haufen aufgeschichtet. Die riesigen Blätter werden über dem fertigen Haufen zusammengeschlagen; er wird nun mit weiteren Bananenblättern vollständig zugepackt. Dann beginnt der Fermentationsprozeß, der bis zu sechs Tagen dauert.

Die chemischen Vorgänge, die hierbei ablaufen, sind kompliziert; im wesentlichen vermehren sich in der Luft enthaltene Bakterien und Hefen auf dem zuckerhaltigen Fruchtfleisch, das die Kakaobohnen umgibt, und zersetzen es zu einem sauren Saft. Dabei steigt die Temperatur des Haufens, und in den Bohnen selbst gehen magische Veränderungen vor sich. Ihre Farbe ändert sich von Purpurrot zu Schokoladenbraun und das vertraute Aroma beginnt sich zu entwickeln – der erste entscheidende Abschnitt bei der Erzeugung von Kakaobohnen höchster Qualität. Dennoch läßt man den Fermentationsprozeß mitunter weg, denn Pflanzer und Schokoladenhersteller sind sich über dessen Für und Wider nicht einig.

Das Trocknen

Nach dem Fermentieren legt man die Kakaobohnen auf Bambusmatten oder hölzernen Darren aus. Während der zehn bis zwanzig Tage, die die Bohnen zum Trocknen brauchen, werden sie regelmäßig gewendet, um sie gut zu belüften und die Schimmelbildung zu verhindern.

Unten: Die schönen großen Kakaofrüchte wachsen unmittelbar an den Ästen des Baumes. Beim Reifen ändert sich ihre Farbe.

Der moderne Herstellungsprozess

Oben: Ein Schokoladenfabrikant beaufsichtigt das Verladen von Kakaobohnen.

Das Reinigen und Sortieren

Die Kakaobohnen kommen in den Schokoladenfabriken so an, wie sie die Pflanzungen in den Anbauländern verlassen haben. Sie wurden dort fermentiert und getrocknet, sind jedoch noch ein Rohstoff mit einem eßbaren Teil in der harten Schale, an der noch Reste von getrocknetem Fruchtfleisch haften. Zunächst reinigt man die Kakaobohnen vor; dabei werden Steine und andere Dinge, die in die Säcke gelangt sein können, ausgesiebt. Die Bohnen gelangen über ein Laufband in Schüttgutbehälter und von dort über ein weiteres Förderband zu den Reinigungs- und Sortiermaschinen. Hier werden sie sorgfältig geprüft; runzelige und miteinander verwachsene Bohnen sowie noch an den Bohnen klebende, unerwünschte Stoffe werden aussortiert. Danach fängt man die gereinigten und sortierten Kakaobohnen in Sammelbehältern auf oder leitet sie auf ein Fließband weiter zu den Röstmaschinen.

Das Rösten

Das Rösten der Kakaobohnen ist ein entscheidender Teil des Verarbeitungsprozesses, und es erfüllt verschiedene Aufgaben. Beim Rösten entwickeln sich Geschmack und Aroma, und die Farbe des Kakaos wird kräftiger. Die Schalen der „Nibs", des eßbaren Inneren der Kakaobohnen, trocknen und werden dadurch gelockert, und die durch den Röstprozeß getrockneten Kakaokerne selbst sind nun fertig zum Mahlen.

Der Röstgrad spielt eine außerordentlich wichtige Rolle. Ein Zuviel zerstört den natürlichen Geschmack des Kakaos und erzeugt ein bitter schmeckendes Produkt, während ein zu schwaches Rösten das

Unten: Die Kakaobohnen werden gereinigt und gesiebt, zu kleine oder runzlige Bohnen und Fremdkörper werden aussortiert.

Oben: Richard Sprünglis berühmte Fabrik, die in der Schweiz im Jahre 1900 die Produktion aufnahm (zeitgenössische Darstellung).

Entfernen der Schalen erschwert und zudem die ursprüngliche Bitterkeit des Rohkakaos nur mangelhaft beseitigt. Manche Hersteller, deren Schokolade einen kräftigen Geschmack haben soll, ohne daß der Kakaoanteil erhöht wird, versuchen die gewünschte Geschmacksintensität durch längeres Rösten der Bohnen zu erreichen.

Die unterschiedlichen Kakaosorten verlangen – abhängig von Textur und Geschmack – unterschiedliche Rösttemperaturen; die milden Sorten röstet man für gewöhnlich bei niedrigerer Temperatur als die kräftigeren. Nach dem Rösten werden die Kakaobohnen möglichst schnell abgekühlt, um das innere Weiterrösten zu verhindern.

Das Aufbrechen

Während der folgenden Verarbeitungsstufe werden die gerösteten Kakaobohnen in Brech- und Reinigungsmaschinen von ihren Schalen befreit und aufgebrochen. Die leichteren Samenschalen werden

Unten: Die Kakaobohnen werden sorgfältig geröstet, um ihre Aromastoffe und das typische Kakaobraun zu entwickeln und sie vor dem Mahlen zu trocknen.

durch einen starken Luftstrom aus dem schwereren Kakaobruch herausgeblasen.

Aus den Kakaoschalen stellt man weiche „Schalen"butter von minderer Qualität her; sie werden auch an Firmen weggegeben, die sie zu Gartenmulch verarbeiten.

DIE ENTSCHEIDENDE MISCHUNG

Im Verlauf des Mischprozesses werden bestimmte Mengen von Kakaokernen verschiedener Sorten abgewogen und in einem zylindrischen Mischer miteinander vermengt, ehe sie in die Mahlmaschinen gelangen.

Das Mischen der Kakaokerne für Kakaopulver verlangt im allgemeinen weniger genaues Abwiegen als es bei den Mischungen für Schokolade erforderlich ist. Letztere verlangen vom Hersteller höchstes Können; das Wissen um die charakteristischen Geschmacksrichtungen, die die verschiedenen Kakaosorten einer Schokolade verleihen, kann man sich nur durch jahrelange praktische Erfahrung aneignen. Die Kakaosorten weisen untereinander feine Geschmacksunterschiede auf, und der endgültige Geschmack wird erreicht, indem man nach dem Rösten zwei, drei oder mehr Sorten von Kakaokernen miteinander mischt. Ebenso wie der Winzer seine Trauben nach einem bestimmten Rezept mischt, muß auch der Schokoladenhersteller den Anteil kräftiger und milder Kakaosorten bestimmen, die die richtige Mixtur – ein streng gehütetes Geheimnis – für eine wohlschmeckende Schokolade ergeben.

OBEN: Der Mahlraum in Sprünglis Schokoladenfabrik; links im Bild die Walzen.

– KAKAOMISCHUNGEN –

Der Geschmack einer Schokolade hängt in hohem Maße vom Können des Herstellers und dessen Erfahrung bei der Auswahl und Mischung verschiedener Kakaosorten ab. Auch die Verfügbarkeit der einzelnen Kakaosorten und die Kosten spielen eine bestimmte Rolle.

Kakao wird in kräftige und milde Sorten eingeteilt:

KRÄFTIGE SORTEN	MILDE SORTEN
St.-Lucia-Kakao	Sri Lanka-Kakao
Accra-Kakao	Mauritius-Kakao
Para-Kakao	Caracas-Kakao
Trinidad-Kakao	Arriba-Kakao
Grenada-Kakao	Java-Kakao
Surinam-Kakao	Madras-Kakao
Cuba-Kakao	Jamaica-Kakao
Dominica-Kakao	Seychellen-Kakao

– BAHIAKAKAO –

Bahiakakao, für den nur Accra-Bohnen verwendet werden, hat einen sehr kräftigen, herben Geschmack, während Caracas-Bohnen einen milden Kakao ergeben, der jedoch ein ausgezeichnetes Aroma besitzt. Ein vorzüglicher Kakao läßt sich aus einer Mischung von 42 Prozent Trinidad-Bohnen (herb), 21 Prozent Para- oder Accra-Bohnen (herb) und 37 Prozent Caracas-Bohnen (mild) herstellen.

DAS MAHLEN

In der Mahleinrichtung passieren die Keimblätter (Nibs) eine Reihe von Walzwerken, von denen sie zu groben Partikeln zerkleinert werden, die sich durch die beim Mahlen entstehende Reibungswärme in eine warme Paste verwandeln. Beim zweiten Mahlgang werden die Bestandteile dieser Masse zur gewünschten Korngröße – gewöhnlich zwischen 25 und 50 μm – zerrieben. Große Partikel ergeben eine körnige Schokolade, während eine fein zerriebene Masse eine teigige und leicht klebrige Schokolade entstehen läßt. Nach dem Mahlen fließt die Kakaomasse aus der Maschine in flache Metallbehälter.

GETRENNTE WEGE

Von diesem Punkt an hängt die weitere Behandlung der Kakaomasse davon ab, ob sie zu Kakaopulver oder zu Schokolade weiterverarbeitet werden soll. Zur Herstellung von Kakaopulver wird zunächst ein großer Teil der Kakaobutter aus der Masse herausgepreßt. Den Rückstand formt man zu Preßkuchen, der nochmals gebrochen und feinvermahlen wird. Ein Teil des Kakaos wird conchiert, um das Pulver leichter mischbar mit Wasser zu machen. Das Conchieren verbessert zudem die Farbe des Kakaopulvers und mildert dessen Geschmack. Mitunter wird – besonders bei Instantpulver für kalte Kakaogetränke – ein Netzmittel zugegeben, so daß das Pulver sich leichter mit kaltem Wasser oder kalter Milch vermischen kann. Dazu verwendet man meist Lezithin, einen fettähnlichen Stoff, der unter anderem in Eigelb und Sojabohnen vorkommt. Kakaomasse, die zur Herstellung von Schokolade bestimmt ist, wird ganz anders behandelt als die Ausgangsmasse für Kakaopulver.

RECHTS: Zwei Sorten Instantkakao.

Die Herstellung von Schokolade

Oben: Kakaomasse (im Vordergrund) wird im Gießraum zu Tafeln und verschiedenen anderen Formen gegossen.

Oben: Längeres Conchieren gibt der Schokoladenmasse eine glatte Textur und einen zarten Schmelz.

Das Mischen

Kakaobohnen, die für die Schokoladenherstellung bestimmt sind, behandelt man anders als die Bohnen, die zu Kakaopulver verarbeitet werden. Zunächst gibt man einer sorgfältig zusammengestellten Mischung aus gerösteten Nibs, den eßbaren Kernen der Kakaobohnen, Puderzucker zu und reichert das Ganze mit Kakaobutter an, die nicht unbedingt von den in der Mischung verwendeten Kakaokernen stammen muß. Bei der Großproduktion von Schokolade wird sehr gern Lezithin, ein fettähnlicher Stoff, als Ersatz für die Kakaobutter bzw. eines Teils davon, verwendet. Die wertvolle Kakaobutter läßt sich dann gewinnbringend weiterverkaufen.

Die Mischung wird in den Melangeur, eine Maschine mit einem zylinderförmigen, um eine horizontale Achse rotierenden Behälter eingefüllt, wo ihre Bestandteile zerkleinert und durchgemischt werden. Hier entsteht ein Schokoladenbrei, der den Melangeur mit der Konsistenz eines gut gekneteten Teiges verläßt.

Bei der Herstellung von Milchschokolade wird den bereits angegebenen Zutaten im Mischer Milchpulver oder gesüßte Kondensmilch zugesetzt.

Das Zerreiben

Als nächstes wird der Schokoladenbrei zwischen einer Reihe von fünf Walzen zerrieben, wobei jede folgende Walze schneller rotiert als die vorhergehende. Der Brei gelangt als dünne Schicht zwischen das erste Walzenpaar und von dort – wie bei einer Nudelmaschine – durch einen genau eingestellten Zwischenraum zum zweiten Walzenpaar, von dem die Masse dann aufgenommen wird. Nach dem Passieren der fünften Walze ist die Schokoladenmasse hauchdünn.

Sollen nur einfache Schokoladenprodukte hergestellt werden, dann ist der Prozeß des Mischens, Zerkleinerns und Zerreibens der Masse mit dieser Behandlung abgeschlossen. Um jedoch Schmelzschokolade von höchster Qualität zu erzeugen, ist eine weitere Behandlung, das „Conchieren“, erforderlich.

Das Conchieren

Die Conche wurde 1880 von dem schweizerischen Schokoladenfabrikanten Rodolphe Lindt erfunden. Die Bezeichnung für diese Reibmaschine kommt aus dem Französischen (*conche* – Muschelschale) und ist von der früheren Form der Maschine abgeleitet.

Diese Maschine hat die Aufgabe, den Schokoladenbrei über einen Zeitraum von bis zu sieben Tagen leicht zu bewegen und dabei weiter zu verreiben. Bei diesem wichtigen Prozeß entwickelt sich das Aroma der Schokolade und reift aus, der noch vorhandene bittere Geschmack wird beseitigt, und die Masse erlangt jene weiche, glatte Textur, die der Schokolade einen zarten Schmelz gibt.

Die Ausgangsmasse für billigere Schokolade wird nur zwölf Stunden lang conchiert, während der Prozeß bei Qualitätserzeugnissen bis zu einer Woche dauert, wobei mitunter zusätzlich Kakaobutter hinzugefügt wird, um den Schmelz der Schokolade noch zu verbessern. Während

Links: Kandierte Fruchtscheiben werden mit zarter dunkler Schokolade umhüllt.

des Conchierens werden verschiedene Gewürze wie Vanille, Nelken oder Zimt zugegeben. Die Verwendung von Vanille in nahezu allen Schokoladenmassen reicht bis in die Zeit der Azteken zurück. Unsere Gaumen haben sich so daran gewöhnt, ihr Aroma in der Schokolade zu finden, daß die Vanille wegzulassen das gleiche wäre wie ein Brot ohne Salz zu backen. Für Schokolade höchster Qualität verwendet man reinen Vanilleextrakt, wogegen die billigeren Sorten in der Regel Vanillin, einen synthetisch hergestellten Ersatzstoff, enthalten.

Das Temperieren

Nach dem Conchieren gibt man die Schokoladenmasse in Temperierkessel, wo sie gerührt und vorsichtig abgekühlt wird, aber immer noch flüssig bleibt. Dieser Prozeß ist kompliziert, da die Kakaobutter unterschiedliche Arten von Fetten enthält, die alle verschiedene Schmelz- und Erstarrungspunkte haben. Wird die Schokoladenmasse zu langsam gekühlt, bleiben manche Fette flüssig, scheiden sich ab und bilden, wenn die Schokolade schließlich fest wird, an der Oberfläche eine Schicht aus Fettreif. Das Temperieren bewirkt ein rasches Abkühlen und eine gleichmäßigere Verteilung der verschiedenen Fette.

Nach dem Temperieren wird die Masse, aus der Tafelschokolade entstehen soll, in die Eintafelanlage, die für Kuvertüren bestimmte Masse in die Überziehanlage gepumpt.

Unten: Hohlformen für Ostereier, die mit kleinen Pralinen gefüllt sind – ein klassisches Beispiel für das Gießen von Schokolademasse zu Formen.

R. Wymper erzählte in seinem Buch *Cocoa and Chocolate* (1921) eine interessante Geschichte darüber, wie die Beliebtheit der Milchschokolade „bei den Schokoladefabrikanten die Hoffnung aufkommen ließ, daß Erzeugnisse wie Dattelschokolade, Eierschokolade und Malzschokolade vielleicht eine ähnlich große Nachfrage unter den Leuten wecken könnten." Man erteilte damals eine ganze Reihe von Patenten, eines davon für das Mischen und Verarbeiten von Kakaobohnen und Datteln zu einem Brei, und schützte so auch die Verwendung von Äpfeln, Birnen und Aprikosen als Zusätze für Schokoladenmassen vor Nachahmern. In der Zeit scheint Rohrzucker knapp gewesen zu sein, und so wurde der Fruchtbrei als Süßungsmittel eingesetzt.

Ein weiteres Patent wurde für eine „Diät- und Abführschokolade" vergeben. Wymper schrieb dazu: „Solche Präparate können einen nur sehr geringen Absatz finden, solange die Leute nicht auf ein Mittel gegen ihre Vorliebe für Schokoladenkonfekt aus sind."

Das Giessen von Formen

Aus flüssiger Schokoladenmasse werden auch Hohlformen gegossen, die man zuweilen mit Konfektstücken füllt. Da diese Erzeugnisse oft speziell für Kinder auf den Markt gebracht werden, lassen die Hersteller ihrer Kreativität hier freien Lauf und produzieren nicht einfach nur köstliche Ostereier, Osterhasen und Herzen, sondern auch Schweine, Fische, Löwen, Nilpferde, Krokodile und Autos aus Schokolade. Glattpolierte verzinnte Gießformen lassen aus einer Schokoladenmasse guter Qualität Hohlkörper mit einem schönen Glanz entstehen, der den Reiz des Erzeugnisses noch erhöht.

Oben: Metallformen von 1930 zur Herstellung neuer Schokoladeprodukte.

Das Überziehen

Das komplizierte Verfahren des Überziehens dient dazu, Konfektstücke – eigentlich deren Kerne oder Füllungen – mit einem Überzug zu umhüllen. Flüssige Schokoladenmasse von leicht dünner Konsistenz wird in die Überziehanlage gepumpt, wo sie nochmals gründlich durchgerührt und auf einer Temperatur knapp über dem Erstarrungspunkt gehalten wird. Die zu überziehenden Teile selbst müssen vortemperiert sein, wenn sie in den Überziehraum kommen. Sind die Stücke zu kalt, dann besteht die Gefahr, daß sie sich beim Kontakt mit der warmen Kuvertüre ausdehnen und den Überzug platzen lassen. Mit Kuvertüre überzogen werden nicht nur hochwertige Schokoladenerzeugnisse, die luxuriös verpackt auf den Markt kommen, sondern auch die massenweise produzierten und überall auf der Welt als kleiner Imbiß verkauften Schokoladen- und Keksriegel.

Geschmack, Qualität und Verpackung

Schokoladensorten

Es gibt eine reiche Auswahl an ausgezeichneten Schokoladenerzeugnissen mit einer stattlichen, oftmals verwirrenden Reihe von Sorten, Qualitäten, Füllungen und Geschmacksrichtungen. Hier sind einige Anhaltspunkte, die Ihnen zeigen werden, worauf bei der Wahl einer Schokolade zu achten ist, und wie man sie am besten genießt.

Bitterschokolade

Bitterschokolade, auch Zartbitterschokolade genannt, muß einen Kakaoanteil von mindestens 34 Prozent haben. Im allgemeinen ist eine Schokolade um so besser, je höher ihr Kakaogehalt ist. Vor noch nicht allzu langer Zeit galt Schokolade mit gerade 30 Prozent Kakao als Erzeugnis von hoher Qualität. Heute, da unser Geschmack anspruchsvoller wird, und wir Schokolade bewußter auswählen und genießen, werden Sorten mit mindestens 60 Prozent Kakao bevorzugt; Kenner und Liebhaber mögen sie gar mit 70 bis 80 Prozent Kakaoanteil.

Oben: Qualitätsschokolade: Weiß, dunkel und mit Milch.

Hochwertige, dunkle Schokolade weist einen niedrigen Zuckergehalt auf. Die Zugabe von Zucker läßt sich hier mit dem Salzen unserer Speisen vergleichen (man braucht gerade so viel, um den Geschmack zur Geltung zu bringen; mehr davon würde ihn zerstören. Eine Qualitätsschokolade enthält echte Vanille, ein teures Gewürz, das auch unter dem Namen Bourbon-Vanille bekannt ist, und das aus einer auf Madagaskar wachsenden Orchideenart gewonnen wird. Diese Schokolade enthält auch den geringsten Anteil an dem harmlosen pflanzlichen Stabilisierungsmittel Lezithin. Eine ungesüßte Schokoladensorte, die nur in Spezialgeschäften erhältlich ist, besteht sogar zu 98 Prozent aus Kakao.

Kuvertüre

Kuvertüre ist ein Qualitätserzeugnis, das vor allem im Konditoreihandwerk eine große Rolle spielt und hier hauptsächlich für Überzüge und Gebäck weiterverarbeitet wird. Sie enthält mindestens 32 Prozent Kakaobutter, die es erlaubt, Überzüge oder Formen von geringerer Schalendicke als mit herkömmlicher Schokolade herzustellen.

Links: Kuvertüre mit einem sehr hohen Gehalt an Kakaobestandteilen.

Rechts: Kuvertüre höchster Qualität mit einem ansprechenden Glanz. Schokoladehersteller werden mit Blöcken dieser Größe beliefert.

– Die Formel für Qualitätsschokolade –

56–70 % Kakaobestandteile, davon 31 % Kakaobutter
29–43 % feiner Zucker
1 % Lezithin und echter Vanilleextrakt

– Die Zusammensetzung von Milchschokolade –

11 % Kakaobestandteile
3 % Pflanzenfett
20 % Milchtrockenmasse
65 % Zucker
1 % Lezithin und Vanillin

Milchschokolade

Für manche eingeschworenen Kenner gilt Milchschokolade nicht als richtige Schokolade; obwohl vielleicht nicht so einfach zu finden, gibt es doch zunehmend gute Sorten davon. Sie haben einen Kakaoanteil von etwa 40 Prozent, die meisten industriell erzeugten Milchschokoladen enthalten jedoch nur 20 Prozent. Ihr Zuckergehalt ist hoch – er beträgt oft bis zu 50 Prozent. Neben künstlichen Aromen gibt man ihnen als Ersatz für die teure Kakaobutter außerdem bis zu 5 Prozent Pflanzenfett zu.

Weisse Schokolade

Weiße Schokolade ist im Grunde genommen Kakaobutter ohne die übrigen Kakaobestandteile, der man Zucker, Aromastoffe und Milch zusetzt. Sie zeigt nicht die gleiche Geschmacksintensität wie Bitter-

LINKS: Eine Tafel aus Schichten von Milchschokolade, bitterer und weißer Schokolade.

schokolade. Es sind vor allem der Reiz des Neuen und der hübsche Farbkontrast, der sich mit weißer Schokolade auf Konfekt und Schokoladedesserts erzielen läßt, die beim Kauf dieses Erzeugnisses eine Rolle spielen. Die Sorten mit der höchsten Qualität kommen aus Frankreich und der Schweiz. Weiße Schokolade aus Großbritannien enthält für gewöhnlich Pflanzenöl anstelle von Kakaobutter sowie künstliche Aromastoffe.

DIE BEWERTUNG DER QUALITÄT

Alle unsere Sinne – Gesichts- und Geruchssinn, Gehör, Tast- und Geschmackssinn – kommen ins Spiel, wenn wir die Qualität von Bitterschokolade beurteilen wollen. Dabei sind verschiedene Punkte zu beachten:

DAS AUSSEHEN: Die Schokolade muß glatt sein, schön glänzen und eine reine mahagonibraune Farbe haben.

DER GERUCH: Die Schokolade darf nicht übermäßig süß riechen.

DER KLANG: Die Schokolade soll fest sein und beim Durchbrechen ein charakteristisches Knacken hören lassen; splittert die Schokolade, dann ist sie zu trocken; läßt sie sich nicht brechen, dann ist sie zu weich.

DAS BEFÜHLEN: Beginnt Schokolade mit einem hohen Kakaobuttergehalt in der Hand schnell zu schmelzen, dann ist dies als gutes Zeichen zu werten. Im Mund soll sie sich sehr glatt anfühlen, keine Spur von Körnigkeit zeigen und sofort zergehen.

DER GESCHMACK: Schokolade enthält eine ganze Reihe von Gewürzen und Aromastoffen, die sich endgültig entfalten, wenn man die Schokolade auf der Zunge zergehen läßt. Die Grundlage des Schokoladengeschmacks sind ihre Bitterkeit mit einer Andeutung von Säuregehalt, Süße mit einer Spur Herbheit und nur ein Hauch von Salzigkeit, der hilft, das Aroma von Kakao, Ananas, Banane, Vanille und Zimt freizusetzen.

– *DAS PASSENDE GETRÄNK* –

Wein und Schokolade passen im allgemeinen nicht zusammen. Das anhaltende Aroma der Schokolade konkurriert mit dem des Weines, und die Bitterkeit der Schokolade kann die für den Weingeschmack wichtigen Gerbstoffe überdecken. Weißwein oder Champagner zu Schokolade ergibt eine besonders unpassende Kombination. Zum Abschluß eines Essens wählt man am besten Kaffee, vielleicht mit einem feinen Kognak, einem Whisky oder Bourbon, zur Schokolade. Professionelle Schokoladeverkoster schwören auf ein Glas kalten, frischen Wassers; das löscht nicht nur den Durst, sondern macht auch den Gaumen frei für den Schokoladegenuß.

– *DAS VERKOSTEN VON SCHOKOLADE* –

Schokolade verkostet man am besten mit leerem Magen. Wurde die Schokolade vorher richtig gelagert, so läßt man sie bis zum Verkosten noch etwa eine Stunde stehen, damit sie die empfohlene Verzehrtemperatur von 19–25 °C erreichen kann.

BITTERSCHOKOLADE: Lassen Sie die Schokolade einige Augenblicke auf der Zunge liegen, damit sich ihre primären Gewürze und Aromastoffe entfalten können. Kauen Sie sie dann vier- oder fünfmal; so können die sekundären Aromen freigesetzt werden. Lassen Sie die Schokolade nun ganz leicht an den Gaumen gedrückt ruhen, so daß Sie die ganze Breite der Aromen wahrnehmen können. Genießen Sie zum Schluß den im Munde verbleibenden Geschmack der Schokolade.

GEFÜLLTE SCHOKOLADE: Behalten Sie zum Aufschließen der primären Gewürze und Aromen auch hier die Schokolade einige Augenblicke im Mund, ohne zu kauen. Um die Schokoladehülle mit der Füllung zu mischen, kauen Sie sie nun drei- oder viermal. Lassen Sie die Mischung langsam im Mund zergehen, so daß sich sämtliche Aromen entfalten können. Genießen Sie den wohligen Nachgeschmack.

LINKS: Die vollkommene Schokoladetafel hat einen schönen Glanz und eine prächtige dunkle Farbe.

DIE LAGERUNG

Die ärgsten Feinde der Schokolade sind Feuchtigkeit und Wärme; beide können dazu führen, daß an der Oberfläche eines Schokoladenerzeugnisses „Reif" entsteht. Bei Wärmeeinwirkung entsteht aus Kristallen der Kakaobutter, die an die Oberfläche gestiegen und dort umkristallisiert sind, ein Fettreif. Davon wird zwar nicht der Geschmack, wohl aber das Aussehen beeinträchtigt.

Größeren Schaden richtet der durch Feuchtigkeit entstehende Zuckerreif an. Ein Teil der Zuckerkristalle an der Oberfläche löst sich bei zu hoher Luftfeuchtigkeit auf, kristallisiert schließlich aus und bildet einen unangenehmen grauen Belag auf der Schokolade. Die ideale Lagertemperatur beträgt 10–15° C, die Luftfeuchtigkeit sollte zwischen 60 und 70 Prozent liegen.

UNTEN: Schokolade mit einer Reifschicht (rechts). Zum Vergleich ein in seinem Aussehen nicht beeinträchtigtes Stück (links).

Aromastoffe, Zusätze und Füllungen

Jeder Schokoladenhersteller hat ein Gewürz oder eine Mischung von Aromastoffen, deren Zusammensetzung er vor anderen geheimhält, und wovon jeder behauptet, daß sie seinen Schokoladenerzeugnissen einen einzigartigen Charakter verleihen. Substanzen, die aus denselben Breiten wie der Kakao stammen – Vanille, Zimt, Kardamom, Kaffee, Rum, Ingwer, auch Pfeffer und Chili – werden am häufigsten für Füllungen und als Aromastoffe verwendet. Aber selbst im Zeitalter der „kulinarischen Verschmelzung", da wir in unserem ewigen Streben nach Neuem gern in die Töpfe anderer Küchen schauen und vieles mixen und miteinander kombinieren, erschiene das Aromatisieren einer Schokolade mit Gewürzen und Zutaten aus nördlicheren Breiten für unser Empfinden einfach verfehlt; Schokolade mit Fenchel- oder Kümmelgeschmack beispielsweise kann man sich nur schwer vorstellen. Vielleicht aber ist es nur eine Frage der Zeit, und eines Tages mögen wir auch eine solche Zusammenstellung.

Oben: Handgemachte „tartufini" aus Süditalien – Mandeln im Schokoladeüberzug, bestreut mit dunklem Kakaopulver und Puderzucker.

Das Geheimnis des Flavours

Jede Nation, die Schokolade ißt, gibt hierbei einer bestimmten Geschmacksrichtung den Vorzug. Die Italiener lieben ihre Schokolade mit Zusätzen von Haselnüssen, Mandeln oder Kastanien. Auch in Frankreich mag man den Nußgeschmack; stark aromatisierte dunkle Bitterschokolade ist hier jedoch ebenfalls begehrt. Spanien bevorzugt aromatische Schokolade und Zusätze wie Mandeln oder Trockenfrüchte; die Amerikaner verspeisen vor allem Milchschokolade, die oft ganze Erdnüsse oder Mandeln enthält, während Britannien wiederum das Vanillearoma liebt. Dazu kommt, daß in jedem Land andere Kakaomischungen verwendet werden, und daß, wie bereits erwähnt, auch die feinen Unterschiede im Aroma der einzelnen Kakaosorten ihren Anteil am Geschmack einer Schokolade haben. Berücksichtigt man die unterschiedlichen Herstellungsverfahren der Produzenten, dann ergibt sich eine endlose Zahl von Sorten mit jeweils typischem Flavour – dem Gesamteindruck von Geruch, Geschmack und Textur der Schokolade.

Links: Spanische Schokolade voll von appetitlich aussehenden Mandeln.

Die Wissenschaftler, die auf diesem Gebiet arbeiten und gelehrte Abhandlungen zu diesem Gegenstand verfassen, sind von der Komplexität des Flavours von Schokolade wahrhaft fasziniert. Daniel Querici trat 1992 auf dem Oxforder Symposium über „Food & Cookery" (Nahrungsmittel und Kochkunst) auf und faßte das Thema auf originelle und treffende Weise zusammen: „Die Komplexität ihres Flavours ist wie ein noch nicht ganz aufgefächerter Pfauenschwanz; die Lebensmittelwissenschaft entdeckt hierzu immer neue Komponenten."

– Füllungen –

Gekochte Füllmassen: Zubereitung auf der Basis von Zucker und Glukose; dazu gehören Karamel, Butterscotch und Fudge. Creme- und Fondantfüllungen: Gemisch aus gekochter Zuckerlösung und Sirup mit Fruchtaroma oder anderen Aromastoffen, das mit temperierter Schokoladenmasse überzogen wird. Krokant: Trocken geschmolzener Zucker mit zerkleinerten Nüssen. Canache: Mischung aus Schokolade, Sahne und Butter, die entweder zur Herstellung von Trüffeln in Kakaopulver gerollt oder mit temperierter Schokoladenmasse überzogen wird. Gianduja-Nugat: Sehr fein gewalzte geröstete Nüsse und Zucker, die mit Bitter- oder Milchschokolade gemischt werden. Marzipan: Mischung aus geschmolzenem Zucker und gemahlenen Mandeln, die mit Bitter- oder Milchschokolade überzogen wird. Nugat: Mischung aus geschlagenem Eiweiß, gekochtem Zucker, Nüssen und/oder kandierten Früchten. In Frankreich nach dem Herstellungsort als *Nougat de Montélimar* bezeichnet, in Italien als *torrone* und in Spanien als *turrón* bekannt. Pralinenmasse: Ähnelt dem Gianduja-Nugat, hat jedoch eine gröbere Textur; erhält in der Regel einen Überzug aus Bitter- oder Milchschokolade.

Unten: Schön rund und glänzend – saftige Feigen mit Schokoladeüberzug aus Italien.

Oben: Italienische Pralinen mit einer üppigen Füllung aus Walnüssen, Trockenfrüchten und Pistazienmarzipan.

Phantastische Füllungen

Schokoladenmasse wird als Überzug für verschiedene „Kerne" – angefangen von Mandeln und Trockenfrüchten bis zu solch ausgefallenen Ingredienzen wie Ameisen – verwendet; hätten wir eine riesige Bonbonniere mit allen Schokoladenerzeugnissen der Welt vor uns, könnten wir darunter noch vieles mehr entdecken.

In den Vereinigten Staaten finden wir Chilis und Schokolade, die in einem von zwei Schokoladenfabrikanten aus Oregon kreierten außergewöhnlichen Konfektsortiment wieder einmal vereint sind. Zu den Erzeugnissen der beiden Hersteller, die bei der Fiery Foods Show in Albuquerque in New Mexico mit einem Preis ausgezeichnet wurden, gehören „Mexican Zingers", eine in weiße Schokolade gehüllte cremige grüne *jalapeño salsa* (Pfeffersoße) und „Southwest Coyote Kickers", eine rote *jalapeño salsa* in heller Milchschokolade.

Während chiligefüllte Schokolade in den USA zugelassen ist, sind alkoholhaltige Füllungen dort nicht überall erwünscht. Erst 1986 genehmigte lediglich ein amerikanischer Bundesstaat die Herstellung von Likörpralinen, nur elf Bundesstaaten erlaubten deren Verkauf, und selbst dann war der Alkoholgehalt dieser Produkte noch strikten Beschränkungen unterworfen.

Unten: Handgemachte Pralinen aus Großbritannien, deren zart schmelzende Fondantfüllungen ein feines Veilchen- und Rosenaroma besitzen.

– Die Geschichte einer Füllung –

Im Jahre 1987 versuchte die Firma Ethel M Chocolates, die dem 82jährigen Forrest Mars gehörte und nach dessen Mutter benannt war, in Las Vegas (US-Bundesstaat Nevada) mit Likör gefüllte Pralinen auf den Markt zu bringen. Die Konfektstücke hatte man mit einem Schuß Pfefferminzlikör, Brandy, Scotch oder Bourbon verfeinert. Mr. Mars stellte fest, daß der Verkauf und/oder die Herstellung von alkoholhaltigen Schokoladeerzeugnissen in den meisten amerikanischen Bundesstaaten verboten war. Es sah nicht gut aus für ihn, besonders da erst kürzlich in Pennsylvania, dem Bundesstaat, in dem Hersheyville liegt, ein Appell, Produkte dieser Art zu legalisieren, zurückgewiesen worden war. Wie zu erwarten war, unterstützte die pieksaubere Hershey Company diese Ablehnung mit der Begründung, daß „Likörpralinen mit Werten, die man von kirchlicher und medizinischer Seite stets hervorhebt, nicht vereinbar sind." Der fest entschlossene Mr. Mars, der nicht zu denen gehörte, die schnell aufgeben, reichte ein Gesuch ein, in dem er um die Erlaubnis bat, in seinem Heimatstaat Nevada alkoholhaltige Pralinen herstellen und verkaufen zu dürfen und hatte Erfolg damit. Das hieß, daß er seine Schokolade hier, nicht jedoch jenseits der Grenze verkaufen durfte, und so mußte er sich damit begnügen, seine Produktion an die zwanzig Millionen Touristen, die jährlich nach Las Vegas kommen, zu verkaufen. Ethel M Chocolates ist noch heute auf dem Flughafen von Las Vegas sowie in vielen Luxushotels der Stadt präsent.

In Europa liegen die Dinge anders. In Italien füllt man glatte dunkle Schokolade mit verführerischen likörgetränkten Früchten – Kirschen, Kumquats, Scheiben von getrockneten Pfirsichen, Birnen, Aprikosen und Orangen.

In Großbritannien können die Schokoladenliebhaber feine Fondantfüllungen wie Veilchen- oder Rosencreme oder Marzipan, Trüffelfüllungen mit einem Schuß Champagner, Cointreau oder Drambuie oder Stücke von Echtem Ingwer und ganze Paranüsse in Schokolade genießen. Frankreich ist das Geburtsland des dunklen Schokoladentrüffels, der gegen Ende des 17. Jahrhunderts vom Duc de Praslin, einem der Minister Ludwigs XIV., kreiert wurde. Man fand es damals amüsant, Speisen herzustellen, die Ähnlichkeit mit völlig anderen Dingen hatten. *Truffes au chocolat* waren sehr gehaltvolle, butterige Schokoladenkugeln, die man damals in Kakaopulver wälzte, um sie wie die wohlschmeckenden schwarzen Pilze aus dem Périgord aussehen zu lassen.

Das Dragée ist ein Konfektklassiker aus Frankreich, dessen ursprüngliche Form – mit Zucker und Honig überzogene Mandeln – man bereits im 13. Jahrhundert kannte. Nach der Einführung der Schokolade änderte sich das Rezept, und heute bestehen Dragées aus Pralinenmasse oder Nüssen in Schokolade und einem festen Zuckerüberzug.

Schokoladenpapier und Konfektschachteln

Die verschiedenen Verpackungen sagen bereits sehr viel über ihren schokoladenen Inhalt aus. Wir erhalten einerseits Informationen über den Nährwert und die Zusammensetzung des Schokoladenerzeugnisses, während die Gestaltung der äußeren Hülle, der Verpackung, einen Hinweis darauf gibt, welche Käuferschicht mit dem Produkt angesprochen werden soll.

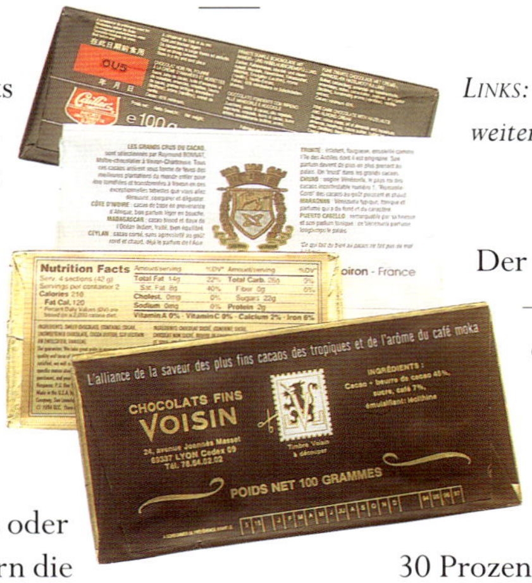

Links: Auf manchen Verpackungen werden die Zutaten und weitere interessante Informationen vermerkt.

Informationen auf der Verpackung

Ebenso wie das Etikett auf einer Flasche guten Weines oder einer Flasche von extrafeinem nativem Olivenöl liefern die Angaben auf Schokoladenpapier, Pralinenschachteln usw. wichtige Hinweise auch auf die Qualität des Erzeugnisses. Es lohnt sich also für die Liebhaber von Schokolade, sich mit der entsprechenden Terminologie bekanntzumachen.

Der Gehalt an Kakaobestandteilen einschließlich der Kakaobutter in einem Schokoladenerzeugnis – im amerikanischen Sprachgebrauch als „cacao liquor", in Großbritannien dagegen als „cacao solids" bezeichnet – wird in der Regel als Prozentgehalt vom Nettogewicht des Endprodukts angegeben. Der Anteil reicht von 15 Prozent, womit ein Erzeugnis kaum Schokolade genannt werden kann, bis zu unglaublichen 99 Prozent – ein Kakaoanteil, der das Produkt zwar nahezu ungenießbar macht, aber eine interessante Geschmackserfahrung vermittelt.

Oben: Verpackung mit deutlich sichtbarem Hinweis auf den hohen Kakaogehalt der Schokolade

Seit der Errichtung eines gemeinsamen Marktes unterliegt die Kennzeichnung von Lebensmitteln in Europa strengeren Regeln. Über die Klassifikation von Schokoladenerzeugnissen hat man sich dabei noch nicht einigen können. Einige schokoladenproduzierende Länder sind der Meinung, britische Schokolade müsse als „vegolate" eingestuft werden, da sie sehr viel Pflanzenfett und wenig Kakaobestandteile enthalte. Zum Glück für die britischen Schokoladenhersteller ist es jedoch bisher bei der Diskussion geblieben.

Woran man Qualität erkennt

Der wichtigste Qualitätsindikator ist der Kakaoanteil – der Gehalt an Kakaomasse und Kakaobutter. Bei einigen Erzeugnissen, Kuvertüre beispielsweise, wird der Anteil an Kakaobutter gesondert ausgewiesen. Bitterschokolade mit mindestens 50 Prozent Kakaobestandteilen ist von guter Qualität. Gute Milchschokolade sollte wenigstens 30 Prozent Kakao enthalten. Da man den übrigen Inhaltsstoffen Zucker als Ergänzung zusetzt, ist ein hoher Prozentgehalt davon stets ein Zeichen für einen entsprechend niedrigen Kakaoanteil.

Anders als bei Weinetiketten, auf denen die Rebsorte genannt wird, verraten Schokoladenverpackungen nur selten etwas über die verwendete Kakaosorte; die Hersteller der Schokoladenerzeugnisse sind nicht verpflichtet, Angaben darüber zu machen. Eine Ausnahme bildet hier Frankreich, wo die Bezeichnung *chocolat fin* auf die Verwendung bester Kakaosorten wie etwa Criollo hinweist.

Mitunter ersetzt man einen Teil oder den gesamten Gehalt an Kakaobutter durch billige Ersatzstoffe – pflanzliche oder tierische Fette; findet man eines von ihnen als Zutat aufgeführt, dann wird das Erzeugnis nicht die Ansprüche erfüllen, die an eine gute Schokolade zu stellen sind. Indessen muß die Tatsache, daß sie auf einer Verpackung nicht aufgeführt sind, nicht immer bedeuten, daß das Produkt keines dieser Fette enthält. In Großbritannien beispielsweise darf ein Schokoladenerzeugnis bis zu 5 Prozent Ersatzstoffe für Kakaobutter enthalten, ohne daß dafür eine Deklarierungspflicht besteht.

Lezithin, ein Emulgator, den man aus Eigelb oder Sojabohnen gewinnt, wird in allen Schokoladensorten verwendet. Ein Anteil von einem Prozent oder weniger tut der Qualität eines Schokoladenerzeugnisses keinen Abbruch. Lezithin hat die Aufgabe, die Schokolade zu stabilisieren und Feuchtigkeit zu binden. Was die Würzessenzen betrifft, so sollte man auf die Angabe „echter Vanilleextrakt" achten. Sind „Vanillin", ein synthetischer Ersatzstoff, oder einfach „Aromastoffe" angeführt, dann handelt es sich wahrscheinlich um eine Schokolade minderer Qualität.

Links und unten: Die Konfektschachteln waren anfangs oft mit eingelegten Metallarbeiten und aufwendigen, dekorativen Bildern verziert.

Links: *Kitsch in Reinkultur: Der üppige weiße „Konzertflügel", eine Konfektverpackung aus Plastik, kommt aus Deutschland.*

– Nationale Vorlieben –

Die amerikanische Autorin Nika Standen Hazelton schreibt: „Schokolade in einer blauen Verpackung wird in Shanghai oder Hongkong keine Käufer finden, da die Chinesen die Farbe Blau mit dem Tod verbinden. Weder Schweizer noch Deutsche lieben Mädchenbildnisse auf ihren Schokoladenverpackungen; sie wollen eine realistische Darstellung des Inhalts."

Bei der Deklaration der Inhaltsstoffe ihrer Schokolade übertreffen die Amerikaner alle anderen Nationen der Welt; ihre Verpackungen lesen sich oft wie ein Buch. Hier gibt es sehr genaue Einzelvorschriften über die Menge an Kakaobestandteilen in den verschiedenen Schokoladensorten; jedes Aromatisierungs- und Würzmittel muß angegeben werden; es gibt zusätzliche Verzeichnisse von Zuckern wie Dextrose und Glukose, die alle nur bis zu einer festgelegten Höchstmenge enthalten sein dürfen, und auch ein Feld mit Informationen über den Nährwert des jeweiligen Produkts fehlt auf keiner Verpackung.

Konfektschachteln

Die Schokoladenhersteller waren sich vom ersten Tage an sehr wohl des Wertes verkaufsfördernd wirkender Verpackungen für ihre Erzeugnisse bewußt. In Frankreich kamen bereits 1780 die erlesensten Bonbonnieren – mit schönen Bildern, kompliziert gearbeiteten Reliefs und eingelegten Halbedelsteinen verziert – in Mode. In Großbritannien gestaltete man die Konfektschachteln weniger prunkvoll; sie zeigten hier sentimentale Bildnisse, die ganz groß in Mode waren, als das in Schachteln verpackte Schokoladenkonfekt auf den Markt kam. Die erste Verpackung dieser Art wurde 1868 von der Firma Cadbury hergestellt; sie zeigte das Abbild eines jungen Mädchens, das mit einem Kätzchen schmust; Modell gestanden hatte dafür Richard Cadburys Tochter Jessica.

Ebenfalls zur werbewirksamen Aufmachung gehören die schönen Papiere, mit denen man die Konfektschachteln auslegt und die einzelnen Pralinenlagen voneinander trennt. Obwohl sie fettundurchlässig sein müssen, besitzen die verwendeten Papiere von jeher eine besondere Qualität. Sie können sorgfältig gefüttert, mit Gold oder Silber gaufriert oder – rätselhaft durchscheinend wie knisterndes Transparentpapier – mit wirbelig gehämmerter Oberfläche versehen sein. Eine weitere Sorte dieser Papiere ist unter der Bezeichnung Pergamin bekannt. Pergamin fühlt sich wachsig an, und das wunderbar glänzende, dunkel gefärbte Papier scheint selbst Schokoladenduft auszuströmen.

Heute wechselt die Verpackungsgestaltung von einem Extrem zum anderen. Da gibt es erstaunlich üppige, mit Stoff bezogene Konfektschachteln, die mit Borten und Rosen aus Seide verziert sind und an den Stil der dreißiger Jahre erinnern.

Unten: *Verpackungsraum der Cadbury-Fabrik im Jahre 1932. Cadbury ließ als erster in Großbritannien Konfekt in Schachteln verpacken.*

Unten: *Espresso-Trüffelstangen mit dunkler Schokolade aus den USA, verpackt in feiner Goldfolie.*

Schokolade aus aller Welt

Auf den folgenden Seiten wollen wir einen Überblick über einige der besten Schokoladenerzeugnisse der Welt geben. Die Auswahl ist nicht vollständig; sie enthält einige der bekanntesten sowie die exklusiveren Qualitätsmarken. Erzeugnisse wie die berühmte Toblerone sind nicht allein in ihrem Herkunftsland beliebt, und man findet sie deshalb auch überall. Andere Produkte wie die exquisiten Pralinen, die in Amerika von kleinen, auf diese erstklassigen Schokoladenerzeugnisse spezialisierten Firmen hergestellt werden, weisen zwar einen kleineren Käuferkreis auf, sind jedoch auf Bestellung ebenfalls überall erhältlich. Ihr Markt wird sich in dem Maße erweitern, wie unser Sinn und unser Verständnis für Schokolade sich verfeinern.

Belgien

Belgien ist berühmt für seine *ballotins*, schokoladeüberzogene Pralinen, die die Anhänger belgischer Schokolade wegen ihrer weichen Textur und ihres vollen Aromas lieben. Die *ballotins* wurden von Jean Neuhaus auf den Markt gebracht, der 1912 den ersten Schokoladenüberzug für flüssige Füllungen entwickelte. Heute gehört Neuhaus, der für seine stark aromatisierte „Côte d'Or" bekannt ist, zu den berühmtesten Schokoladeherstellern des Landes.

Von allen schokoladeproduzierenden Unternehmen Belgiens genießt wohl Godiva das höchste internationale Ansehen. Die 1929 von der Familie Drap gegründete Firma hat ihren Erfolg dem vierzehnjährigen Joseph Drap zu verdanken. Er hatte begriffen, daß die Menschen in den kargen Jahren der Nachkriegszeit ein wenig Luxus brauchten, und kreierte eine Schokoladentrüffel. Die Trüffeln kamen unter dem Namen von Godiva in den Handel und wurden sofort zu einem Erfolg. Belgien hat eine ganze Reihe kleinerer Firmen aufzuweisen, die ausgezeichnete Schokolade herstellen. Das Unternehmen Charlemagne produziert dünne quadratische Tafeln aus Zartbitter- und Milchschokolade von höchster Qualität, gewürzt mit exotischen Substanzen wie aromatischem Ingwer, Kardamom und Kaffee sowie Earl-Grey-Tee.

Oben: Auswahl von Cachet-Pralinen, die in alle Welt exportiert werden.

Kim's, ein seit 1987 bestehendes Unternehmen, in dem die Luxusmarke Cachet hergestellt wird, ist auf handgemachte Füllungen spezialisiert. Zu ihrer Produktion gehören weiße Schokolade, Zartbitter- und Milchschokoladetafeln mit köstlichen Füllungen aus Haselnuß-, Kokostrüffel-, Mokka- und Vanillecreme.

Pierre Colas' Spezialität sind ungewöhnliche Zartbitter- und Milchschokoladetafeln, die in alte Formen gegossen und mit einer geheimnisvollen Kombination aus Kardamom, Wacholder, Mollesaat und Lavendel aromatisiert werden. Das Unternehmen versorgt Einzelhandelsfachgeschäfte in Belgien, Spanien, Frankreich sowie das Londoner Schokoladegeschäft „Rococo".

Niederlande

Die Niederlande sind die Heimat von Coenraad Van Houten, der mit seiner Kakaopresse die Schokoladeherstellung revolutionierte. Vor diesem Hintergrund überrascht es nicht, daß die niederländische kakaoverarbeitende Industrie sich heute zum großen Teil auf die Produktion von Kakaopulver anstelle von Schokolade konzentriert. Die vier größten Unternehmen – Van Houten, Bensdorp, De Zaan und Gerkens – wurden alle im 19. Jahrhundert gegründet; sie liefern noch heute ungesüßtes Kakaopulver erstklassiger Qualität in alle Welt. Van Houten hat nach mehreren Übernahmen und Fusionen seinen Sitz nun in Deutschland und treibt Handel in Europa, den Vereinigten Staaten, in Hongkong und Singapur. Die Niederlande stellen neben Kakaopulver in gewissem Umfang jedoch auch Schokolade her, und die Kenner schwärmen für holländische Schokolade ihrer dunklen Farbe und ihres besonderen Aromas wegen. Das Unternehmen Droste mit seinem charakteristischen Firmenzeichen, dem Droste-Mann, stellt wohlschmeckende Schokoladenscheiben oder -pastillen her, von denen das Firmenlogo abgeleitet wurde. Qualitätsschokolade produzieren auch Bensdorp und Van Houten.

Links: Droste ist berühmt für seine Schokoladepastillen.

DEUTSCHLAND

Die Deutschen gehören zu den größten Schokoladekonsumenten Europas. Ihrem ausgedehnten und anspruchsvollen Kundenkreis verkünden die deutschen Schokoladehersteller stolz, nur frische, aus allerbesten Zutaten hergestellte Qualitätsschokolade auf den Markt zu bringen.

In der von Meisterchocolatier Heinz Heinemann geführten CONFISERIE HEINEMANN in Mönchengladbach werden täglich über sechzig Schokoladenkonfektsorten, darunter auch die außergewöhnlichen Champagnertrüffeln, frisch hergestellt. Heinemann bietet daneben ein interessantes, von der jeweiligen Saison abhängiges Sortiment von besonders geformten schokoladegefüllten Spezialitäten an.

DREIMEISTER ist ein schon seit längerem bestehendes Familienunternehmen, das der Vater des jetzigen Eigentümers Hans Wilhelm Schröder gegründet hatte und das vormals unter dem Namen Café Schröder bekannt war. Die Firma hat einen hohen Warenumsatz, denn sie beliefert Hotels, Restaurants und Fluglinien; Dreimeister hat dabei stets die neuesten und nur aus den besten Rohstoffen hergestellten Konfektkreationen in seinem Produktionsprogramm.

UNTEN: Für den internationalen Markt hergestelltes Sortiment von Feodora.

RECHTS: Schokolade für jeden Anlaß – Weihnachtsschokolade von Leysieffer.

FEODORA ist international wohl die bekannteste deutsche Schokolademarke. Dank eines verlängerten Conchierprozesses besitzt die Schokolade dieses Herstellers einen wundervoll zarten Schmelz. Unter den elegant verpackten Schokoladeerzeugnissen sind Champagnertrüffeln, mit Bitter- und Milchschokolade gefüllte Waffeln, Konfektstücke „Espresso Brasil" und Luxuspralinen.

Die seit 1890 in Bremen ansässige Firma HACHEZ stellt ausschließlich Schokolade aus den seltenen Kakaosorten Venezuelas und Ecuadors her. Zu den von Generationen von Schokoladekennern geschätzten Erzeugnissen gehören zart schmelzende Katzenzungen, in Goldpapier gehüllte Nußstäbchen, Ingwerkonfekt, Schokoladenblätter (Braune Blätter) und mit Creme gefüllte Schokoladenpastillen.

LEYSIEFFER stellt in seiner Osnabrücker Bäckerei seit 1909 Schokoladenkonfekt in Handarbeit her. Um die absolute Frische der Erzeugnisse zu garantieren, wird hier nur auf Bestellung produziert. Zum Sortiment gehören weiße Schokolade und Milchschokolade von einwandfreier Qualität, gewürzt mit einer Fülle von Zutaten – Zimt, Ingwer, Orange, Pistazie und einer leckeren Mischung aus Mokka und Jamaika-Rum.

Die Firma STOLLWERCK begann im Jahre 1839 in Köln mit einer Bäckerei und ist heute eine internationale Unternehmensgruppe mit einer imposanten Zentrale am Ufer der Rheins. Das Imhoff-Stollwerck-Museum kann mit Stolz eine Sammlung von Ausstellungsstücken vorweisen, die alle in irgendeiner Weise mit Schokolade zu tun haben, darunter auch eine Reihe von Verkaufsautomaten, die wie Standuhren aussehen, Kakaoservices aus Porzellan und Akzidenzdrucksachen wie Werbeplakate, Firmenansichtskarten, Einladungen u. a. sowie ein tropisches Gewächshaus.

ÖSTERREICH

Österreichs Schokoladedelikatessen kommen aus den Patisserien und Konditoreien des Landes. Weltbekannt sind die prächtigste Patisserie Wiens im luxuriösen HOTEL IMPERIAL, aus der die Imperial Torte, eine unglaublich köstliche, viereckige Schokoladenschichttorte, kommt; die Patisserie im HOTEL SACHER, die für ihre köstliche, mit Aprikosenmarmelade und Schokolade überzogene Sachertorte berühmt ist, und DEMEL, die bekannte Wiener Patisserie, die eine Variante der Sachertorte bäckt – nach einem Rezept, das Franz Sachers Sohn einst an Anna Demel weitergegeben haben soll.

Daneben bietet DEMEL ganze geröstete Kakaobohnen mit feinem Schokoladenüberzug an.

ALTMANN & KÜHNE, die seit mehr als achtzig Jahren in Wien ansässig sind, stellen erlesene winzige handgetauchte Pralinen, die ganz treffend als Liliputkonfekt bezeichnet werden, in den ungewöhnlichsten Formen her. Die Pralinen kommen in Miniaturkommoden oder in kleinen Schatztruhen verpackt in den Verkauf.

MIRABELL in Salzburg produziert die traditionellen Mozartkugeln, eine österreichische Spezialität, die aus cremigem Marzipan-Haselnuß-Nugat mit einem feinen Schokoladenüberzug besteht.

ITALIEN

OBEN: *Gianduja, das Lieblingskonfekt der Italiener.*
RECHTS: *Die Italiener bevorzugen Schokolade in mundgerechter Größe.*

Haselnüsse, Kastanien, Mandeln und Honig sind schon immer ein fester Bestandteil der italienischen Küche gewesen. Es ist daher auch ganz folgerichtig, daß die Italiener ihre Schokolade süß und mit Nüssen mögen. Auch bevorzugen sie Schokolade in kleinen Abpackungen, so daß diese Produkte hier oft in Riegeln verkauft werden, die man dann, wenn nötig, schnell bei der Hand hat. Die einzeln verpackten Neapolitaner, die wie Miniaturausgaben von Schokoladetafeln aussehen, kennt man in ganz Europa.

Die Italiener sind nicht nur kreative Schokoladehersteller, sondern auch Verpackungskünstler; das italienische Design ist phänomenal – ganz gleich, ob es sich um die traditionell reich verzierte oder um die minimalistische Verpackung aus dem Jahre 1990 handelt.

CAFFAREL in Turin ist einer der ältesten Schokoladeproduzenten in Italien. Das seit 1826 bestehende Unternehmen verkaufte damals eine von dem Genueser Ingenieur Bozelli gestaltete Maschine zur Schokoladeherstellung und wurde damit zum Wegbereiter der Industrialisierung dieser Branche. Im Jahre 1865 kreierte Caffarel Italiens heutiges Lieblingskonfekt, *gianduja*, ein Produkt aus köstlicher Schokolade-Haselnußpaste, das an seinem Dreiecksprofil und den abgerundeten Enden sofort zu erkennen ist. Heute stellen die meisten italienischen Schokoladefabrikanten ihre eigene Gianduja-Version nach besonderen, streng gehüteten Rezepten her. Das Konfekt gibt es als prächtige, riesengroße *grangianduja* ebenso wie als kleine *gianduiotti*.

In Italiens tiefem Süden lebt eine alte Kultur der Konfektbereitung fort; hier in Salantino, auf dem „Stiefelabsatz" Italiens gelegen, gründeten die MAGLIOS 1875 ihre Fabrik, die später vom Vater auf den Sohn überging und heute von den Brüdern Massimo und Maurizio geführt wird. Die Firma Maglio produziert appetitlich aussehende dunkle Pralinen mit phantastischen Füllungen, darunter getrocknete und mit Likör getränkte Kumquats, Pfirsiche, Birnen und Orangen sowie mit Marzipan gefüllte Datteln und Pflaumen und Feigen, die eine ganze Mandel umhüllen und einen Zitronenüberzug haben.

Zu den kreativsten Schokoladeproduzenten Italiens zählt die 1796 gegründete Firma MAJANI. Ihre Spezialitäten sind *scorze*, wohlschmeckende zartbittere Schokoladenstäbchen, die noch nach altem Rezept hergestellt werden, und *„Fiat" Cremino*, die 1911 als Reklame für das Automobil Fiat Tipo 4 auf den Markt gebracht wurden. Der Fahrzeugtyp wird schon lange nicht mehr produziert, *„Fiat" Cremino* aber gibt es heute noch. Die kleinen Quadrate bestehen aus Schichten von vier Schokoladesorten.

Die in der mittelalterlichen Stadt Perugia in der Region Umbrien ansässige Firma PERUGINA wurde 1907 von Francesco Buitoni, einem Nachkommen der bekannten Pasta-Fabrikanten, gegründet. Während am bescheidenen Anfang die Herstellung von gezuckerten Mandeln stand, gehört Perugina heute zu den größten Schokoladeproduzenten Italiens. Das bekannteste Erzeugnis aus dem umfassenden Sortiment sind die *Baci* (Baisers), die 1922 auf den Markt kamen und noch immer sehr gefragt sind. Verliebte lassen sich auch heute noch gern von einer in der Baiser-Verpackung versteckten romantischen Botschaft ihres oder ihrer Angebeteten überraschen.

PEYRANO, ein exklusiver Chocolatier in Turin, ist nahezu einzigartig in der Branche, da er die Kakaobohnen für seinen Bedarf selbst mahlt; das tun nur sehr wenige Schokoladehersteller. Seine Pralinen, besonders die *gianduja*, sind vorzüglich.

UNTEN: *In der romantischen Verpackung der Baci verbirgt sich oft eine Liebesbotschaft.*

Schweiz

Oben: *Confiserie Sprüngli in Zürich um 1895.*

Es sind drei wichtige Entwicklungen, die zweifellos die Vorliebe der Schweizer für ihre sehr feine, auf der Zunge zergehende Milchschokolade begründet haben. Die Schweiz ist die Heimat von Rodolphe Lindt, dem Erfinder der Conche, die einen groben, körnigen Kakaobrei in eine sehr feine Masse für zart schmelzende Schokolade verwandelt. Lindt kreierte auch die weiche, sahnige Fondantschokolade, die durch Zugabe von Kakaobutter vor dem Conchierprozeß erzeugt wird. Den Schweizern verdanken wir auch die Erfindung der Milchschokolade.

Eine der berühmtesten Schokoladeproduzenten der Welt ist die Firma Sprüngli in Zürich. Ihr Geschäft in der Bahnhofstraße ist berühmt dafür, daß es hier die allerfrischesten *Truffes du Jour*, eine atemberaubende Mischung aus bester Schokolade, Sahne und Butter, die höchsten Ansprüchen genügt. Das Unternehmen betreibt einen weltweiten Lieferservice, der garantiert, daß Sprünglis sehnsüchtig erwarteten Schokoladesendungen innerhalb von 24 Stunden beim Besteller ankommen. Das 1845 von Konditormeister Rudolph Sprüngli gegründete Unternehmen blieb über sechs Generationen in Familienbesitz. Als ihr Begründer sich zur Ruhe setzte, teilte er sein Imperium unter seine beiden Söhne auf. Der jüngere David erhielt die Läden, während der ältere Bruder Johann Eigentümer der Schokoladefabrik wurde. In dem Jahr, in dem Rudolph Sprüngli in den Ruhestand ging, beschloß er auch, Rodolphe Lindts Fabrik in Bern zu kaufen. So kam das Unternehmen über Nacht in den Besitz aller Lindtschen Produktionsgeheimnisse. Diese Transaktion bildete den Grundstein für den Erfolg der heute weltbekannten Firma Lindt & Sprüngli.

Oben: *Werbeplakat aus dem Jahre 1935.*

Oben: *Minischokoladetafeln von Lindt.*

Die Firma Lindt & Sprüngli arbeitet völlig unabhängig von Sprüngli. Sie stellt eine riesige Auswahl an Schokoladeerzeugnissen von vorzüglicher Qualität her, die weltweit in Supermärkten und Fachgeschäften verkauft werden. Eines ihrer besten Produkte ist „Excellence", eine dünne Tafel köstlich schmeckender Schokolade, die aus einer vollendeten Mischung bester Kakaosorten mit einer Spur echter Vanille hergestellt wird und einen Kakaoanteil von 70 Prozent hat. Bezüglich der Qualität steht diesem Erzeugnis die „Excellence Milk", vielleicht eine der besten Milchschokoladetafeln, die im Handel erhältlich sind, nur wenig nach. Eine weitere Lindt-Tafel von ausgezeichneter Qualität ist die Schweizer Zartbitterschokolade, die man leicht an der traditionellen Gestaltung ihrer Verpackung erkennt.

Oben: *Schokoladetafeln von erlesener Qualität.*

Suchard in Bern, eine ebenfalls seit langem bestehende und anerkannte Firma, befindet sich heute im Besitz des amerikanischen multinationalen Konzerns Philip Morris. Auf der Weltausstellung 1855 in Paris erhielt Suchard für seine Erzeugnisse mehrere Goldmedaillen, und die Milchschokoladetafel „Milka", die 1901 auf den Markt kam, ist heute überall in Europa bekannt. Seit 1970 ist Suchard der Hersteller der berühmten „Toblerone", die ursprünglich deren Erfinder Jean Tobler produziert hatte. Sie hat die Form eines Dreiecks, das ein Sinnbild für die Schweizer Alpen sein soll. Die Bezeichnung „Toblerone" wurde aus dem Namen ihres Erfinders Tobler und *torrone*, dem italienischen Wort für „Nugat" gebildet. Das Erzeugnis besteht aus einer Mischung von Schokolade, Nugat, Mandeln und Eiweiß, und es ist zumindest außerhalb der Schweiz eines der beliebtesten Produkte dieses Landes. Für Anhänger dieser Schokolade gibt es Riesentafeln, die mehr als vier Kilogramm wiegen, Toblerone in Miniaturausführung und dazwischen Tafeln aller Größen zu kaufen.

Oben: *Die berühmte „Toblerone".*

Frankreich

Oben: Frühes Werbeplakat der Compagnie Francaise des Chocolats et des Thés.

Rechts: Dunkle Schokolade in höchster Vollendung.

In der französischen Schokoladeindustrie finden wir neben wenigen Großunternehmen vor allem kleine, unabhängige Firmen, die immer neue ausgezeichnete Schokoladen nach ihren geheimen Spezialrezepten auf den Markt bringen. Die Franzosen, die dunkle Schokolade mit einem kräftigen Aroma bevorzugen, können hier aus einem reichhaltigen Angebot wählen.

Das Unternehmen Bernachon, hinter dem eine sehr angesehene Familie von Schokoladeherstellern steht, wurde 1955 in Lyon gegründet. Die Fabrikanten, die das soziale Denken der Quäker teilen, lassen ihre Beschäftigten mit dem täglichen Mittagessen versorgen und stellten noch bis vor kurzem über den Produktionsräumen gelegene Unterkünfte zur Verfügung. Auf der Suche nach den seltensten Kakaosorten, den besten Nüssen und Früchten sind die Bernachons in der ganzen Welt unterwegs. Ihre Schokoladeerzeugnisse sind die besten des Landes, und zu ihrem Angebot gehören Tafeln aus Schokolade mit ungewöhnlichem Aroma, Trüffeln, Pralinen, *Giandujakonfekt* und Marzipan.

Bonnat, ein Schokoladehersteller in Voiron bei Grenoble gehört zu den wenigen, die die Kakaobohnen, die sie verwenden, selbst rösten. Meister Raymond Bonnat, im Grunde seines Herzens ein Purist, verarbeitet für seine Produkte anstelle einer Kakaomischung jeweils nur eine *grand cru*-Kakaosorte. Bonnats Sortiment von sieben ausgezeichneten Sorten – Côte d'Ivoire, Madagascar, Ceylon, Trinité, Chuao, Maragnan und Puerto Cabellois – stammt aus den besten Kakaopflanzungen der Welt. Bonnats Schokoladeerzeugnisse werden von Fachhändlern in Frankreich und von Mortimer & Bennett in London, dem alleinigen britischen Importeur, verkauft.

Oben: Schokolademandeln.

Das 1947 gegründete Pariser Familienunternehmen Cluizel stellt vorzügliche Schokolade aus seltenen, jeweils im Herkunftsland gerösteten südamerikanischen und afrikanischen Kakaobohnen her. Es ist vielleicht am besten für seine kleinen und mit ihrem Kakaogehalt von 99 Prozent geradezu unheimlichen Schokoladetafeln bekannt. Die Schokoladeerzeugnisse von Cluizel sind überall in Europa erhältlich.

Einzigartige Trüffelpralinen kommen von Christian Constant, einer 1970 in Paris gegründeten Firma. Die Liste der hier verwendeten Aroma- und Würzstoffe liest sich wie eine Aufzählung der Stationen einer Reise in fremde Länder – Malabarkardamom, jemenitischer Jasmin, chinesischer Ingwer und Vanille von Tahiti.

Das berühmte Geschäft Fauchon in Paris wurde im Jahre 1925 von Auguste Fauchon gegründet, dessen Leidenschaft das Sammeln außergewöhnlicher Handelsgüter war. Nach Fauchons Tod übernahm Joseph Pilosoff die Firma, die heute von dessen Enkelin geführt wird. Spezialitäten von Fauchon sind marrons glacés aus Schokolade erstklassiger Qualität, Trüffeln, Pralinen und Canachekonfekt, die allesamt in exquisiter Verpackung angeboten werden.

La Maison du Chocolat in Paris wurde 1977 von Robert Linxe, einem Meisterchocolatier der Extraklasse, gegründet. Linxes gute Ausbildung und sein tiefes Verständnis der Komplexität der

Oben: Eine von Bonnats vorzüglichen grand cru-Tafeln.

Oben: Pralinen und Verpackung voller Eleganz von Richart Design et Chocolat.

Schokolade trugen einen großen Teil zur Förderung des guten Rufes der französischen Schokoladehersteller bei. Zusammen mit Valrhona entwickelte er Kuvertüren von ausgezeichneter Qualität, mit denen dann kleinere Schokoladefabrikanten beliefert werden. Linxes Spezialitäten sind erlesen geformte Quadrate, Pyramiden und Rhomben aus allerbester Zartbitter- und Milchschokolade, gefüllt mit Pralinenmasse, Butterkaramel oder einer sehr leichten und cremigen Canache. Die Pralinen kann man in Paris und in den führenden Fachgeschäften in New York, Houston und Dallas kaufen.

Die 1977 in Quiberon in der Bretagne gegründete Firma Le Roux ist bekannt für ihren gesalzenen Butterkaramel – *Caramel au Beurre Salé* – und für ihre köstlichen Schokoladentrüffeln, die Stücke von Périgord-Trüffeln enthalten.

1986 eröffnete Michel Chaudun ein Geschäft in Paris. Zu seinen preisgekrönten Arbeiten gehören nicht allein Pralinen von höchster Qualität, sondern auch kunstvolle Schokoladenfiguren. Chaudin verwendet nur die köstlichsten Kakaosorten sowie Früchte und Nüsse von Spitzenqualität. Seine Schokoladeerzeugnisse kann man in Paris und Tokio kaufen.

Das Unternehmen Richart Design et Chocolat nahm seinen Anfang im Labor des Lyoner Meisterchocolatiers Joseph Richart. Richart verarbeitet nur beste Kakaosorten und stellt daraus köstliche und sehr verführerische kleine Schokoladenquadrate her, die mit feinen Mustern aus Kakaobutter verziert sind. Ebenfalls hervorragend sind die Füllungen, Zusätze und Aromen seiner Produkte. Hier werden reiner Malzwhisky, grüner Tee, schwarze Johannisbeeren, Ananas, Clementinen, die allerbesten andalusischen Mandeln sowie Kastanien aus der Ardèche verwendet, und es gibt Pralinen und Trüffeln, die mit Thymian, Curry, Bergamotte, Anis oder Muskat gewürzt sind. Die Schokoladeerzeugnisse von Richart mit ihren schmalen Verpackungen werden in Boutiquen in Paris, Lyon und New York verkauft.

Valrhona, eine 1922 gegründete Firma im Rhônetal ist der führende Kuvertürelieferant für kleinere Schokoladeproduzenten. Hier werden nur Kakaosorten bester Qualität, u. a. Guanaja, Pur Caraibe, Manjari and Jivara verwendet. Jede Lieferung wird von einer Gruppe von Fachleuten geprüft. Zu den Erzeugnissen der Firma gehören *Carré*, kleine Schokoladenquadrate, die aus jeweils einer Kakaosorte hergestellt und in schönen Blechdosen verpackt sind; *BonBons de Chocolat*, Schokoladenkonfekt im Geschenkkarton, denen eine Empfehlung beiliegt, in welcher Reihenfolge man die einzelnen Stücke am besten genießen sollte; die bekannten Valrhona-Tafeln in der charakteristischen schwarzen Verpackung.

Rechts: Le Lacté von Valrhona besitzt einen für Milchschokolade hohen Kakaoanteil von 40 Prozent.

Unten: Plakat für Chocolat Carpentier aus dem Jahre 1895.

Spanien

In Spanien benutzte man noch 1920 den granitenen Metate mit seiner gekrümmten Mahlfläche zum Zerkleinern der Kakaobohnen. Mit dem Mahlstein auf dem Rücken und einem Sack Kakaobohnen unter dem Arm reisten *chocolateros* durch das Land. Vor aller Augen auf einem kleinen Kissen vor dem Stein knieend, mahlten sie die Bohnen, und der Käufer konnte sicher sein, daß er eine reine, unverfälschte und auf dem *Metate* gemahlene Kakaopaste bekam. Jetzt wird Schokolade hier industriell hergestellt, aber Tradition und Qualität des Handwerks sind lebendig geblieben und behaupten sich bis heute.

In gewisser Hinsicht unterscheidet sich spanische Schokolade nicht von der Qualitätsschokolade aus anderen europäischen Ländern. Was sie von anderen abhebt, ist die Kreativität und Phantasie ihrer Produzenten und die Verwendung der allerbesten Früchte und Nüsse des Mittelmeergebiets. In Spanien baut man einige der besten Nußsorten der Welt an, und das, was die Schokoladehersteller davon brauchen, ist stets ausreichend vorhanden. Appetitlich rundliche Mandeln, Haselnüsse, Pinienkerne und Pomeranzen mit ihrer bitteren Schale und dem säuerlich schmeckenden Fruchtfleisch – all das wird zusammen mit Schokolade zu vorzüglichen Erzeugnissen verarbeitet.

Das 1954 in Barcelona gegründete Unternehmen Blanxart ist eine von Spaniens kleineren Spezialfirmen, die aus besten Kakaosorten Schokolade höchster Qualität in Handarbeit herstellen. Man verweist hier mit Stolz darauf, daß die Kakaobohnen in der Firma selbst geröstet und gemahlen werden, damit das gewünschte vollendete Aroma erzielt wird. Zu dem leckeren Angebot gehören in Bitterschokolade getauchte Kringel aus kandierten Pomeranzen, Pinienkerne mit Schokoladenüberzug sowie Likörpralinen und verschiedene andere Arten von Pralinen.

Ludomar in Barcelona ist auf erlesene Pralinen spezialisiert, die nur auf Bestellung produziert und an Konditoreien in Spanien, Frankreich, Deutschland und Großbritannien verkauft werden. Ludomars Spezialitäten sind appetitliche, in Schokolade gehüllte Kirschen; *postre de músico*, mit Schokolade überzogene Häufchen aus frischen Mandeln, Haselnüssen und Rosinen; *grageas*, in dunkle oder weiße Schokolade oder in Karamel getauchte Mandeln und Haselnüsse.

Ramón Roca ist eine große Firma, die 1928 in Gerona von der Familie Roca gegründet wurde. Henry Kissinger, der frühere Außenminister der USA, soll die Pralinen von Roca besonders mögen, und zweifellos zieren sie auch die Tafeln der oberen Zehntausend der spanischen Gesellschaft; man findet sie als Reisender der First class auf interkontinentalen Flügen, und die Gäste der prächtigsten Hotels Spaniens entdecken sie als Betthupferl auf ihren Kopfkissen. Roca zeigt seinen Einfallsreichtum stets in außergewöhnlichen Meisterstücken – eine Nachbildung der Freiheitsstatue aus 500 Gramm Schokolade oder die handbemalte schokoladene Reproduktion eines Gobelins aus dem 12. Jahrhunderts, der in der Kathedrale von Gerona hängt. Die Firma stellt außerdem eine einzigartige Kollektion von eßbaren Brettspielen her, die besonders in Japan beliebt sind und zu denen ein Damespiel aus dunkler und weißer Luxusschokolade gehört. Ihr Victoria-Konfekt (das nach Ramón Rocas Mutter benannt ist) – eine elegante Schokoladenwaffel, akkurat garniert mit einer Mandel, einer Haselnuß, einer Walnuß und vier Rosinen – wurde 1988 auf der Fancy Food Fair (Delikatessenmesse) in Chicago mit dem ersten Preis ausgezeichnet.

Oben: Die Spanier lieben Schokolade „a la taza".

Rechts: Schokolade und Pralinen von Valor.

Links: Schokoladekroketten von Roca.

Die Firma Valor in Villajoyosa in der Provinz Alicante wurde 1881 von López Lloret, einem von Spaniens Wander-*chocolateros*, gegründet. Das damals junge Unternehmen wurde über drei Generationen weitergegeben und ist heute eine der größten und technologisch fortgeschrittensten Firmen der Branche – mit Produktionsanlagen aus schimmerndem Edelstahl, in denen die Schokoladeherstellung computergesteuert abläuft. Obgleich Umfang und Breite der Produktion sehr groß sind, kann die Firma Valor mit Stolz darauf verweisen, daß hier noch immer in traditioneller Qualität, mit Kreativität und Sinn für das Detail gearbeitet wird.

Rechts: Tafelschokolade, aus der man in Spanien eine dicke, dunkle Trinkschokolade bereitet.

Trinkschokolade ist in Spanien nach wie vor sehr beliebt, und Valor ist einer der führenden Hersteller des Landes. Trinkschokolade wird im Handel als Kakaopulver, häufiger jedoch in Form von massiven Tafeln angeboten, von denen man die jeweils benötigte Menge abbricht und in kochender Milch auflöst.

Konfektspezialitäten von Valor sind Schokoladenperlen – aus lokalen Anbaugebieten kommende Mandeln, die mit einem Schokoladenüberzug versehen werden; *doblones* – einzeln verpackte Schokoladenwaffeln; in Folie eingehüllte Haselnußpralinen; exquisite Miniaturgeschenkpackungen mit vier Schokoladenkonfektstücken; luxuriöse Schokoladetafeln, gefüllt mit Karamel, Sahnekaramel oder Tiramisu. Auch hier spielt die ins Auge fallende, attraktive Verpackung eine Rolle.

MEXIKO

In Mexiko hat Schokolade in Form von Konfekt nie richtig Anklang gefunden. Die größte Bedeutung hat Schokolade hier immer noch als Getränk und als Würze für *moles*, gehaltvolle und wohlschmeckende Soßen, die mit gemahlenen Nüssen und verschiedenen Samen angedickt werden. Schokolade gibt es hier in groben, körnigen, aus Kakao, Zucker, gemahlenen Mandeln und Zimt bestehenden Tafeln, die sich von dem spanischen Produkt aus der Zeit der Konquistadoren nur wenig unterscheiden.

Die außerhalb des Landes am meisten verkaufte mexikanische Schokolademarke ist „Ibarra"; sie wird von der Firma Chocolatera de Jalisco in Guadalajara hergestellt und ist in auffallenden rot-gelb gestreiften sechseckigen Schachteln verpackt. Die einzelnen Täfelchen schlägt man in heißer Milch zu Schaum und serviert sie zu frisch gebackenen *churros* (Spritzgebäckstreifen). Sie werden beim Backen verwendet, um einem Schokoladenkuchen das einzigartige würzige Aroma zu geben. Die kleinen Tafeln lassen sich auch geschmolzen zu einer wunderbar schmeckenden Schokoladensoße verarbeiten.

Rechts: Einfache, körnige Schokoladentaler in traditioneller Verpackung.
Unten: Die geschmolzenen Schokoladentaler ergeben eine köstliche Sauce zu Vanilleeis.

GROSSBRITANNIEN

OBEN: Ackermans Pralinen, beliebt bei der königlichen Familie.

Während der letzten Jahre hat der Geschmack der Briten bezüglich Schokolade in aller Stille eine Revolution erlebt. Nach der Gründung von „The Chocolate Society“ ist hier eine Art Subkultur der „chocolytes“ entstanden. Angeregt durch diese neue Leidenschaft bietet man immer mehr erlesene Schokoladesorten in den Supermärkten an, wo sie der altmodischen süßen britischen Milchschokolade endlich Konkurrenz machen können.

ACKERMANS, ein kleines Familienunternehmen, das vor fünfzig Jahren von dem aus Deutschland gebürtigen Werner Ackerman und dessen Frau gegründet wurde, gehört zu den bedeutenden britischen Produzenten, die Schokoladeerzeugnisse in Handarbeit herstellen. Ackermans besitzt ein Geschäft im Norden Londons, er beliefert auch führende Supermärkte und Fachgeschäfte in Großbritannien, auf dem Kontinent und in den USA. Die Pralinen von Ackermans sind bei Königin Elisabeth II. und der Königinmutter, die der Firma 1969 ihren Royal Warrant verlieh, sehr beliebt. Ackermans bietet ein Sortiment an frischen Sahnetrüffeln, ganze Nüsse mit Schokoladenüberzug, Ingwerwaffeln, handgetauchte kandierte Früchte sowie Rosen- und Veilchenfondantcremes. Er stellt außerdem eine hübsche Menagerie von Schokoladenhohlkörpern her – Nilpferde, Krokodile, Bären und Häschen.

Dem 1920 von Benson, einem Oberst, und Dickson gegründeten Unternehmen BENDICKS OF MAYFAIR verlieh Königin Elisabeth II. im Jahre 1962 einen Royal Warrant. Die Firma Bendicks ist berühmt für ihren hervorragenden Pfefferminz-Schokolade-Konfekt, der im Grunde dem englischen und nicht dem Geschmack anderer europäischer Länder entspricht. Von Schokoladekennern am meisten geschätzt sind die Bittermints von Bendicks, dicke, mit feiner dunkler, ungesüßter Schokolade getränkte Pfefferminzfondantscheiben – eine umwerfende Zusammenstellung. Neben dem Pfefferminzkonfekt stellt Bendicks auch köstliche Trüffeln, Ingwerstäbchen mit Schokoladenüberzug und die Sporting & Military Chocolate mit ihrem etwas ungewöhnlichen Namen her.

CHARBONNEL ET WALKER, 1825 gegründet, gehört zu den ersten

UNTEN: Die Firma Bendicks ist der Hauptlieferant von erlesenem Pfefferminz-Schokolade-Konfekt.

UNTEN: Köstliche Pralinen aus der Produktion von Charbonnel et Walker.

LINKS: Naturbelassene Schokolade aus Kakao, der von Maya angebaut wird.

Schokoladeherstellern Großbritanniens. Unterstützt von Edward VII., begann die Firma in Form einer Partnerschaft zwischen Mrs. Walker und Madame Charbonnel von dem Pariser Schokoladehaus Maison Boissier. Unter den verführerischen Produkten ihres großartigen Angebots sind mit Chartreuse, Muskateller oder Portwein und Moosbeere aromatisierte Trüffeln, schokoladeüberzogene Espressobohnen und Marzipan mit Cointreau-Aroma. Die Verpackung der Erzeugnisse ist erstklassig, und ihr Design reicht vom eleganten weißen Karton im Marinestil über nostalgische Schachteln mit blaßrosa Blumenmuster bis hin zur sehr üppigen, mit Rüschen verzierten und roter Seide bezogenen Bonbonniere.

Einer der angesehensten Schokoladefabrikanten Großbritanniens ist GERARD RONAY. Ronay, ein ehemaliger Pfleger in einer Psychiatrie, lernte bei den besten Chocolatiers – Linxe, Constant und Bernachon in Frankreich, Wittamer in Belgien und Charbonnel et Walker in Großbritannien – und gründete im Jahre 1989 eine eigene Firma. Nach streng geheimen Rezepten stellt er u. a. Geranienschokolade und köstliche handbemalte Schokoladeneier her.

Das Unternehmen GREEN & BLACK, das in den achtiger Jahren von Josephine Fairly gegründet wurde, verkauft naturbelassene Schokolade, die von The Soil Association zugelassen ist. Auf den Markt kam die Firma mit ihrer „Organic Dark Chocolate" (Dunkle naturbelassene Schokolade), der sie bald ihr neuestes, „ethisch korrektes" Produkt, die „Maya Gold Organic Dark Chocolate" folgen ließ – hergestellt aus Kakaobohnen, die von den im tropischen Tiefland Belizes lebenden Maya-Bauern produziert werden. Diese Schokolade war das erste Produkt in Großbritannien, dem man das Kennzeichen „Fair Trade" zuerkannte, das eine Garantie gibt, daß Kleinproduzenten für ihre Erzeugnisse einen angemessenen Preis erhalten. „Maya

UNTEN: Rococo-Tafeln in ihrer typischen Verpackung.

OBEN: Verlockend und phantasievoll – Erzeugnisse von The Chocolate Society.

Gold Organic Dark Chocolate" enthält 70 Prozent Kakao, jedoch keine Kakaobutter, und ihr Geschmack wird auf der Verpackung als „der originale Geschmack von Maya-Schokolade nach Gewürzen des Regenwaldes und nach Orange" beschrieben. Obwohl Apfelsinen erst durch die Spanier bei den Maya bekannt wurden, schmeckt die Schokolade dennoch recht gut.

In dem 1983 von der begeisterten Schokoladekennerin Chantal Coady gegründeten ROCOCO in der Londoner King's Road fühlt man sich wie in Ali Babas Schatzhöhle. Hier erhält man die Spezialitäten des Unternehmens – Tafelschokoladen, die jeweils nur eine *grand cru* Kakaosorte von den besten Plantagen der Welt enthalten; von Hand hergestellte Tafeln mit exotischen Gewürzen wie Mollesaat und Wacholder, Lavendel, Pomeranze und Kardamom; himmlische Schokoladendragées, von denen man die dunkelgrünen *Olives de Nyons* probieren sollte.

SARA JAYNE, eine Londoner Schokoladefabrikantin, ist gleichzeitig Direktorin für Öffentlichkeitsarbeit der Académie Culinaire de France. Das Handwerk des Schokoladeherstellens erlernte sie direkt bei führenden Fachleuten der Branche, u. a. bei den Brüdern Roux. Schwarze Johannisbeere und Calvados, Ingwer und tropische Gewürze sowie Champagner gehören zu den verführerischen Würzessenzen ihrer handgemachten Trüffeln.

TERRYS OF YORK, 1797 gegründet, ist vielleicht der einzige unter den Schokoladegroßproduzenten, der Bitterschokolade mit einem passablen Aroma herstellt. Das berühmte Orangenkonfekt von Terrys of York steckt Santa Claus den britischen Kindern schon seit Generationen zu Weihnachten in die bereitgelegten Strümpfe, während die einzeln verpackten Miniatur-Neapolitaner zu jeder Zeit ein willkommenes Geschenk sind.

Um den Verzehr von Schokolade höchster Qualität zu fördern, gründete man im Jahre 1990 THE SOCIETY OF CHOCOLATE. Die Gesellschaft stellt Schokoladeerzeugnissse unter ihrem eigenen Namen her und vertreibt zudem Qualitätsmarken anderer Produzenten. In ihrem eigenen Angebot sind Köstlichkeiten besonderer Art und phantasievoll geformte Konfektstücke.

Vereinigte Staaten von Amerika

Die Schokoladeesser in den Vereinigten Staaten teilen die Vorliebe der Briten für süße Milchschokolade; deshalb wird die amerikanische Schokoladeindustrie von einer kleinen Zahl sehr großer Unternehmen beherrscht, die ihre Produktion auf dieses nationale Bedürfnis eingestellt haben. Aber genau wie die britischen Konsumenten inzwischen gute handgemachte Bitterschokolade kennen und schätzen, so ändert sich auch der amerikanische Geschmack. So gibt es in der Branche jetzt eine Reihe kleiner, jedoch ehrgeiziger und anspruchsvoller Schokoladefabrikanten, die die wachsende Beliebtheit von Schokolade à la Europa ausnutzen und entsprechende Erzeugnisse anbieten.

Oben: Dragées mit glänzendem Zuckerüberzug von Dilettante.

Dana Davenport, Chocolatier in dritter Generation und Nachkomme des ungarischen Schokoladeproduzenten Julius Franzen, gründete 1976 in Seattle die Firma Dilettante. Sein Vorfahr Franzen war nach seinem Studium in Paris 1910 in die USA ausgewandert, er hatte es zu angesehenen Anstellungen gebracht – in Wien als Chefpatissier bei Kaiser Franz Joseph und später in Sankt Petersburg als Meisterchocolatier bei Zar Nikolaus II. Er gab sein Wissen und Können an seinen Schwager Earl Remington Davenport weiter, dessen Enkel Dana das Handwerk heute fortführt. Das Markenzeichen der Firma ist ihr „Aristocrat"-Sortiment von Schokoladetrüffeln mit Ingwer, Himbeeren, Haselnüssen, Pekannüssen oder Kaffee. Dilettante stellt außerdem sehr gehaltvollen Buttercremefondant, ausgezeichnete Schokoladedragées mit verschiedenen Überzügen und schmale Tafeln von Milchschokolade und dunkler Schokolade guter Qualität her.

Fran's, von der ehemaligen Buchhalterin Fran Bigelow in Seattle gegründet, steht bei der neuen Generation amerikanischer Schokoladefabrikanten in der vordersten Reihe. Fran Bigelow ließ sich bei Josephine Araldo, einer Absolventin des Jahrganges 1921 der École Cordon Bleu in Paris, in der Kunst des Kochens ausbilden und schrieb sich später an der California Culinary Academy ein, wo sie ihre Leidenschaft für den Fachbereich „Desserts" entdeckte. Sie eröffnete 1982 ein kleines Geschäft und belieferte die örtlichen Restaurants mit Kuchenspezialitäten. Ihr Erfolg und ihr Ansehen wuchsen, und bald darauf begann sie mit der Herstellung von Schokoladeerzeugnissen nach europäischem Vorbild, die heute die Basis ihres Unternehmens bilden. Eine preisgekrönte Spezialität sind „Fran's Fixations", Stäbchen aus belgischer Schokolade mit weicher, sahniger Füllung, die mit Espresso, Erdnußbutter, Orange oder Pfefferminze gemischt ist. Zu ihrem Angebot gehören auch köstliche dunkle Trüffeln, handgetauchte Früchte und Nüsse mit einem Überzug aus glatter dunkler belgischer Schokolade, mit Macadamianüssen bestreute „GoldBars" und die kleineren „GoldBites" mit Mandeln sowie Schokolade- und Karamelsaucen und verschiedene, zur Jahreszeit passende Erzeugnisse.

Oben und rechts: Ghirardelli – neu und alt.

Oben: Unwiderstehlicher Luxus von Fran's.

Rechts: Himmlische Trüffeln von Joseph Schmidt.

Das 1856 in San Francisco gegründete Unternehmen von Ghirardelli, einem der ersten Schokoladefabrikanten Amerikas, produziert Qualitätsspeiseschokolade, Backschokoladen und Kakaopulver für Trinkschokolade. Ghirardellis „Sweet Ground Chocolate with Cocoa" ist seit mehr als einem Jahrhundert ein Markenzeichen des Unternehmens. Obwohl er Großproduzent ist, stellt Ghirardelli seine Zartbitterschokolade und die beliebten Milchschokoladesorten nach Methoden her, die auf europäischen Traditionen beruhen. Er betreibt eigene Anlagen zum Rösten und Mahlen der Kakaobohnen, die er von guten Plantagen aus Mittel- und Südamerika sowie aus Westafrika bezieht. Zu seinen Erzeugnissen gehören quadratische Tafeln aus weißer Schokolade, Milch- und Zartbitterschokolade und reizvoll verpackte Tafeln mit verführerischen Zusätzen wie Himbeere, weißer Mokka und Biscotti sowie Doppelmokkaschokolade.

Die Firma Joseph Schmidt Confections wurde 1983 von Meisterchocolatier Joseph Schmidt und seiner Partnerin Audrey Ryan in San Francisco gegründet. 1939 geboren und aufgewachsen im damaligen britischen Mandatsgebiet Palästina, erwarb Schmidt sein berufliches Können in Österreich. Er erlernte den Beruf eines Bäckers, seine überaus phantasievollen und mitunter extravaganten Kreationen jedoch lassen nichts vom konventionellen Hintergrund seiner Ausbildung erkennen. Sein kühner Umgang mit Farben und die übermäßige Größe seiner Pralinen sind in der Welt der Schokolade außergewöhnlich, und so leuchten auf Schmidts Trüffeln von Hand aufgebrachte rote oder grüne Punkte, und seine „Slicks", dünne Schokoladenscheiben, sind mit unterschiedlichen Farben schön bemalt. Zu seinen Sonderaufträgen anläßlich des Besuchs ausländischer Würdenträger in den USA gehören auch sehr repräsentative Kreationen – ein riesiger Panda für Prinz Charles und eine weiße Taube für Nelson Mandela. Schmidts Schokoladeerzeugnissse sind in amerikanischen Kaufhäusern und bei Harrods in London erhältlich.

Richard Donelly in Santa Cruz (Kalifornien) gehört ebenfalls zu Amerikas neuer Generation von jungen und begabten Schokoladefabrikanten.

Donelli ging bei mehreren namhaften Chocolatiers Europas und der USA in die Lehre, ehe er 1988 seine eigene Firma gründete. Für seine Erzeugnisse verwendet er französische Schokoladenüberzugsmasse, zu der er Würzessenzen und Füllungen gibt, die dem amerikanischen Geschmack angepaßt sind – beispielsweise Kaffeebuttercreme sowie geröstete und gesalzene Macadamianüsse. Seine Spezialität sind sehr schmale, in japanischem Papier schön verpackte Tafeln feiner Schokolade, die bezüglich ihrer Qualität zu den besten Schokoladen der Welt zählen.

Moonstruck Chocolatier in Portland im Bundesstaat Oregon ist ein junges Unternehmen, das von einem eindrucksvollen Konsortium von Marketingexperten mit Unternehmergeist gegründet wurde. Mit mehr als einhundert Geschäften in den USA und einem florierenden Versandhandel wollen sie sich in der Welt der Schokolade zweifellos einen Namen machen.

Die Erzeugnisse von Moonstruck sind einfallsreiche Kreationen des Meisterchocolatiers Robert Hammond, der seine Lehrjahre in Amerika und Frankreich verbrachte und der heute als einer der führenden Experten der modernen Schokoladeherstellung gilt.

Das Markenzeichen des Unternehmens ist eine mondförmige, blaue Blechdose, gefüllt mit einer herrlichen Auswahl an reizvoll gestalteten Pralinen. Als Aromastoffe und Würzessenzen werden Wein, Brandy, Kaffee, Sake und verschiedene Früchte verwendet, wobei man hier oft auf preisgekrönte Erzeugnisse der Region zurückgreift. Am beliebtesten sind Waldheidelbeertrüffeln, die mit weißer Canache hergestellt werden, und „Clear Creek"-Apfelbrandytrüffeln. Außerdem wird hier eine ausgefallene Art von Pralinen hergestellt – Gianduja-Mandelpralinentürmchen aus Buttertoffee und gerösteten Mandeln.

Rechts: Eleganz von Richard Donnelly.

Physiologische und psychologische Aspekte

Die therapeutische Wirkung von Schokolade

Über die therapeutischen Eigenschaften von Schokolade wurde im 17. und 18. Jahrhundert viel geschrieben. Der aztekische Glaube an die Macht der Schokolade wurde zusammen mit dem Kakao nach Europa gebracht, und Hersteller wie auch Anhänger der Schokolade behaupteten mit Vehemenz, daß sie gegen Erschöpfung und Schwäche wirke. Soldaten, Gelehrte und Geistliche gleichermaßen verwendeten sie in Zeiten großer Belastung physischer, intellektueller oder spiritueller Art als Stärkungsmittel. Wir wissen heute, daß es die in der Schokolade enthaltenen Kohlehydrate sind, die dem Körper „Treibstoff" zuführen, daß ihr Fettgehalt die Verdauung verlangsamt und damit das Gefühl von Sattheit länger andauern läßt. Möglicherweise führt der Gehalt an Eisen, das den Sauerstofftransport zum Gehirn fördert, auch zu einer größeren geistigen Beweglichkeit, was allerdings bisher noch nicht nachgewiesen worden ist.

(Je 100 g)	Bitterschokolade	Milchschokolade	Weisse Schokolade
Eiweiß (in g)	4,7	8,4	8,0
Fett (in g)	29,2	30,3	30,9
Kalorien	525	529	529
Kohlehydrate (in g)	64,8	59,4	58,3
Kalzium (in mg)	38	220	270
Magnesium (in mg)	100	55	26
Eisen (in mg)	2,4	1,6	0,2
Zink (in mg)	0,2	0,2	0,9
Karotin (Vitamin A) (in µg)	40	40	75
Vitamin E (in mg)	0,85	0,74	1,14
Thiamin (Vitamin B1) (in mg)	0,07	0,10	0,08
Riboflavin (Vitamin B2) (in mg)	0,08	0,23	0,49
Niacin (Vitamin B3) (in mg)	0,4	0,2	0,2
Vitamin B6 (in mg)	0,07	0,07	0,07
Vitamin B12	–	in Spuren	in Spuren
Folat (in µg)	10	10	10
Vitamin C	0	0	0

Aus: McCane und Widdowson, The Composition of Food, 5. Auflage.

Analyse des Nährwertes

Obwohl die Bedeutung der Nährwertanalyse fragwürdig ist, wenn der Anteil an Kakaobestandteilen oder die Schokolademarke nicht bekannt sind, ist aus der obenstehenden Vergleichstabelle zu erkennen, daß Bitterschokolade, die von Kennern stets für ganz hervorragend gehalten wird, nicht so gut abschneidet, wie vielleicht zu erwarten wäre.

Da Bitterschokolade keine Milch enthält, liefert sie ungefähr nur halb soviel Eiweiß wie weiße Schokolade oder Milchschokolade und etwa 60 Prozent weniger Kalzium. Eiweiß ist wichtig für das Wachstum, für „Reparatur und Instandhaltung" des Körpers, Kalzium ist an der Kontraktion der Muskulatur beteiligt, darunter auch der Muskeln, die das Herz schlagen lassen, es ist wichtig für die gesunde Funktion der Nerven, für die Aktivierung von Enzymen und die

Links: Historisches Werbematerial stellte Kakao als bekömmlich dar. Rechts: Schokolade war ein Stärkungsmittel für die Soldaten des Ersten Weltkrieges.

OBEN: Kohlehydrate liefern Energie für gesteigerte körperliche Aktivität.

Blutgerinnung. Bitterschokolade enthält etwas weniger Fett, dessen Verbrauch man ja ohnehin einschränken soll; mit ihrem Gehalt an Kohlehydraten, Magnesium (ein wichtiger Bestandteil unserer Körperzellen, der an der Freisetzung von Energie aus der aufgenommenen Nahrung beteiligt ist), Eisen (wichtig für die Bildung roter Blutkörperchen und für den Sauerstofftransport im Körper) und Nikotinsäure (ebenfalls an der Freisetzung von Energie aus der Nahrung beteiligt) steht sie an oberster Stelle. Sie enthält auch etwas weniger Kalorien als die anderen. Die von Schokoladeexperten mitunter abgelehnte weiße Schokolade enthält wiederum mehr Kalzium, Zink, Karotin und Riboflavin (Vitamin B2) als Bitterschokolade.

EIN NATÜRLICHES ANREGUNGSMITTEL

Neben den bekannteren Nährstoffen enthält Bitterschokolade bestimmte Alkaloide – überwiegend in Pflanzen vorkommende organische Substanzen, die eine starke Wirkung auf unseren Körper ausüben. Das wichtigste unter ihnen ist Theobromin, ein mildes harntreibendes Mittel, das die Nierentätigkeit anregt. Schokolade wirkt – ähnlich wie Koffein, das ebenfalls in ihr enthalten ist – anregend auch auf das Zentralnervensystem. Der Anteil von Theobromin in Kakaobohnen beträgt 2 Prozent, und in eine Tafel Schokolade von durchschnittlicher Größe gelangen von diesem Alkaloid etwa 200 mg. Der Koffeinanteil ist viel geringer – etwa 25 mg je Tafel, also rund ein Viertel der Menge, die eine Tasse frisch gebrühten Kaffees enthält.

– *MYTHEN UND VORURTEILE* –

Die Behauptung, daß der Verzehr von Schokolade ungesund sei, basiert sicher auf dem Übermaß an Zucker und dem Pflanzenfettzusatz in schlechter Massenware. Qualitätsschokolade enthält reine Kakaobutter ohne zusätzliche Fettzugabe sowie einen hohen Anteil an Kakaobestandteilen und entsprechend weniger, in manchen Fällen kaum Zucker. Auch bestimmte Behauptungen, nach denen Schokolade Migräne, Fettleibigkeit, Akne, Karies und Allergien hervorruft, sind von mehreren Medizinern widerlegt worden.

MIGRÄNE: Als Ursache der Migräne, die durch große Dosen von Tyramin ausgelöst wird, hat man Käse und Schokolade angeführt. Schokolade enthält Tyramin jedoch nur in geringen Mengen, die zudem viel kleiner als bei Käse sind.

FETTLEIBIGKEIT: Es ist unwahrscheinlich, daß Bitterschokolade guter Qualität Fettleibigkeit hervorruft, da ihr Zuckergehalt viel geringer als bei minderwertigen Produkten ist, und da man sie aufgrund ihres höheren Preises wohl nicht in großen Mengen verzehrt.

AKNE: Amerikanische Untersuchungen zeigen, daß Teenager, die Schokolade essen, nicht notwendigerweise unter Akne leiden. Schuld an dieser Hauterkrankung sind wahrscheinlich hormonelle Störungen und der Mangel an frischem Obst und Gemüse in der täglichen Kost.

KARIES: Schokolade zergeht schnell im Mund und kommt mit den Zähnen deshalb nur für eine relativ kurze Zeit in Berührung. Da Zucker zum Entstehen von Karies beiträgt, ist das Risiko bei Schokolade weit geringer als bei klebrigen Süßigkeiten oder Toffees, die man kaut und länger im Mund behält.

ALLERGIEN: Weniger als 2 Prozent der Bevölkerung leiden unter einer reinen Lebensmittelallergie, und eine Überempfindlichkeit gegen Schokolade kommt dabei extrem selten vor. Es ist wahrscheinlicher, daß Nüsse und Milch, die in der Schokolade enthalten sein können, die Ursache dafür sind; man sollte also auf die Zutaten achten.

UNTEN RECHTS: Schokolade als Energielieferant für heranwachsende Kinder mit gesundem Bewegungsdrang.

– *DIE HOMÖOPATHISCHE „ERPROBUNG" DER SCHOKOLADE* –

Von Homöopathen durchgeführte experimentelle „Erprobungen" deuten klar auf die stimulierende Wirkung der Schokolade hin. Bei einem Experiment erzeugte eine Abkochung von gerösteten und gemahlenen Kakaobohnen „eine Erregung des Nervensystems ähnlich der, die durch starken schwarzen Kaffee hervorgerufen wird" und „versetzte den Kreislauf in einen angeregten Zustand, was an einer erhöhten Pulsfrequenz zu erkennen war". Interessanterweise zeigte eine Abkochung aus ungerösteten Bohnen keinerlei Wirkung, was darauf schließen läßt, daß die Ursache der physiologischen Veränderungen Aromastoffe sind, die durch den Röstprozeß freigesetzt wurden.

Schokolade und der Verstand

Oben: *Ein Schokolade-Erlebnis für wahre Genießer.*

Die Frage, ob die Schokolade süchtig macht oder nicht, ruft stets lebhafte Diskussionen hervor. Einige Sozialhistoriker berichten sogar über Schokoladesucht und Verbrechen, die begangen wurden, um das immer größer werdende Verlangen zu befriedigen. Erst 1991 riet der französische Ernährungsexperte Michel Montignac in seinem Buch *Dine Out and Lose Weight:* „Achten Sie darauf, sich zu beschränken, denn Schokolade macht süchtig. Trinken Sie ein großes Glas Wasser, um Ihren ‚Schokoholismus' zu zügeln."

Linda Henly, eine zeitgenössische amerikanische Schriftstellerin, geht das Problem konstruktiv an: Sie empfiehlt süchtigen Personen, Schokolade zu sich zu nehmen, um ihr Verlangen zu stillen, und legt dar, daß die Schokolade weit mehr Vorteile besitze als andere Suchtmittel: „Schokolade macht nicht dumm oder schwerfällig. Sie nimmt Ihnen nicht die Fähigkeit, mit schweren Maschinen zu arbeiten ... Sie brauchen Schokolade nicht über die Grenze zu schmuggeln ... Der Besitz von Schokolade, selbst wenn diese zum Verkauf gedacht ist, verstößt in keiner Weise gegen das Gesetz."

Manche Mediziner glauben, daß das in der Schokolade enthaltene Theobromin und Koffein die Ursache für die angeblich süchtig machenden Eigenschaften sind, aber das kann ebensogut eine anderer Inhaltsstoff der Schokolade – Phenyläthylamin – sein. Es handelt sich hierbei um eine Gruppe chemischer Substanzen, die Endorphine, die eine ähnliche Wirkung wie Amphetamin haben, mit dem Phenyläthylamin chemisch verwandt ist. Die im Blut freigesetzten Endorphine heben die Stimmung, schaffen positive Energien und Gefühle, die von heiterer Laune bis zu Euphorie reichen und denen ähneln, die Läufer oder Aerobic-Anhänger bei der Ausübung ihres Sports erleben. Das Phenyläthylamin läßt sich auch im menschlichen Körper nachweisen. Man hat sogar festgestellt, daß sich seine Konzentration im Gehirn erhöht, wenn wir uns verlieben; es ist zweifellos die Phenyläthylamin-Zufuhr, die beim Schokoladeessen jenes berauschende Gefühl hervorruft.

Begierde und Sucht

Die Schokoladeliebhaber sollten wissen, daß es hier eine Fülle von Unterschieden zwischen der gelegentlichen Begierde und der Sucht nach etwas bestimmtem gibt. Begierde ist der Wunsch nach etwas angenehm schmeckendem – sei es nun Schokolade, eine warme Scheibe Toast mit Butter oder eine Tasse Kaffee. Sie wird gewöhnlich durch Überanstrengung hervorgerufen; die Substanz, nach der man verlangt, zerstreut den Streß normalerweise wirkungsvoller als jedes andere Mittel und kann daher sogar die Leistungsfähigkeit eines Menschen steigern, indem sie die Konzentrationsfähigkeit erhöht und die Ermüdung verringert.

Als Sucht hingegen definiert man den gewohnheitsmäßigen Gebrauch einer Substanz wie Alkohol oder Drogen, die das Bedürfnis immer weniger wirkungsvoll befriedigt; der Versuch, auf den betreffende Stoff zu verzichten, ruft unangenehme Entzugserscheinungen hervor.

Man kann Schokolade kaum der Kategorie der Suchtmittel zuordnen, obwohl festgestellt worden ist, daß die in ihr enthaltene Glukose die Produktion von Endorphinen – körpereigenen Opiaten – ankurbelt, was bei demjenigen, der Schokolade verzehrt, wiederum einen Kreislauf des Verlangens in Gang setzen kann.

Links: *Eine silberne Platte mit köstlichen handgemachten Pralinen höchster Qualität – der Traum eines jeden Schokoladeliebhabers.*

Unten: *Zwei französische Damen, die gemeinsam eine Flasche Kakao trinken. Kakao kann anfangs eine ähnliche Wirkung haben wie Wein (Werbeplakat).*

Rechts: Dunkel, mit vollem Aroma und unwiderstehlich – eine Scheibe frischer, weicher Schokoladekuchen ist Vergnügen und Versuchung zugleich.

Unten: Die französische Kurtisane und „chocolyte", Madame de Barry, wußte um die stimulierende Wirkung, die Schokolade auf ihre Liebhaber hatte.

Frauen und Schokolade

Frauen sind die größten Schokoladeverbraucher, und man hat anhand mehrerer Studien zu ergründen vesucht, weshalb das so ist. Während manche Frauen Schokolade als ein unschuldiges Vergnügen genießen oder zur schnellen Zufuhr frischer Energie verzehren, scheinen andere nahezu besessen davon. Bei den Forschungsarbeiten für ihr Buch *Why Women Need Chocolate*, das 1995 erschienen ist, führte Debra Waterhouse eine Befragung durch, die folgendes ergab:

- 97 Prozent der befragten Frauen gaben an, gelegentlich Begierde nach etwas zu verspüren, darunter 68 Prozent nach Schokolade
- 50 Prozent würden Schokolade dem Sex vorziehen
- 22 Prozent greifen mit größerer Wahrscheinlichkeit als Männer zu Schokolade, um ihre Stimmung zu heben.

Psychiater meinen, daß der Mechanismus, der die Konzentration von Phenyläthylamin im Körper reguliert, bei einigen Frauen fehlerhaft arbeitet. Das wäre möglicherweise eine Erklärung für die Neigung, sich nach einem seelischen Schock mit Schokolade vollzustopfen – eine instinktive Form der Selbstmedikation, um das Gleichgewicht der stimmungsregelnden Substanzen wiederherzustellen.

Debra Waterhouse stellt fest, daß die Speisen, nach denen es uns gelüstet, von einer Vielzahl von Faktoren bestimmt sind; dazu zählen kulturelle Einflüsse, emotionale Bindungen, Geschmack und Gewohnheit sowie biologische, chemische und physiologische Faktoren. Sie zählt zu den stimmungsändernden Bestandteilen der Schokolade, der „Glücksdroge", auch die Substanz Seratonin, die für ihre beruhigende Wirkung bekannt ist.

Obwohl, statistisch betrachtet, möglicherweise mehr Frauen Schokolade kaufen als Männer, muß hier jedoch auch erwähnt werden, daß Schokolade für beide Geschlechter und für Menschen aller Altersgruppen vieles bedeuten kann. Es gibt wahrscheinlich viele Frauen, die auf der Stelle einen Mann nennen könnten, der regelmäßiger und zwanghafter Schokolade verzehrt als sie selbst; daß die Sucht nach Schokolade bei Frauen größer ist als bei Männern, ist vielleicht auch nur eine der zahlreichen Kulturlegenden. Was wir dazu sagen können, ist, daß die Verlockungen der Schokolade und ihr Reiz heute so stark sind wie für die Maya im vierten Jahrhundert.

Schokolade und die Liebe

Schokolade hat man lange Zeit mit der Leidenschaft in Verbindung gebracht, und ihr Ruf als Aphrodisiakum läßt sich bis in die Tage der Azteken und der spanischen Konquistadoren zurückverfolgen. Zu dieser Assoziation kam man offenbar angesichts der Vorliebe des Herrschers Moctezuma für Schokolade, die er kannenweise trank, bevor er sich in seinen Harem zurückzog. Bernal Díaz del Castillo jedoch drückte seine Beobachtungen vorsichtig aus: „Sie [die Schokolade] sollte angeblich das geschlechtliche Verlangen steigern, aber wir schenkten dieser Einzelheit keinerlei Beachtung." In ihrem Buch *The True History of Chocolate* stellen Sophie und Michael Coe fest, daß die Vorstellung, Moctezuma habe sexuelle Stimulanzien gebraucht, eine Zwangsvorstellung der Spanier gewesen sei, für die es faktisch keine Grundlage gebe. Die Konquistadoren litten offensichtlich unter Verstopfung und „suchten mit demselben Eifer nach Abführmitteln, wie man sie dort in Mexiko verwendete, wie sie auch Aphrodisiaka zu finden trachteten." Sowie das Gerücht von der aphrosisichen Wirkung der Schokolade erst einmal ausgestreut war, ließ es sich nicht mehr aufhalten. Als die Schokolade schließlich nach Europa kam, verfiel ihr die Gesellschaft des 18. Jahrhunderts mit verdächtiger Leidenschaft.

Die historischen Quellen sind voll von Geschichten über den Gebrauch der Schokolade als Aphrodisiakum. Casanova glaubte, daß Schokolade „das Elixier der Liebe" sei und trank sie anstelle von Champagner. Es ist durchaus möglich, daß man sich an den unerschütterlichen Glauben der Spanier hielt und Schokolade deshalb als Ingredienz in jenem bekannten Aphrodisiakum „Spanische Fliege" verwendete. In der folgenden Erzählung amüsiert Marquis de Sade seine Ballgäste mit Hilfe von Schokolade und Spanischer Fliege: „In das Dessert gab er Schokoladepastillen, die so gut waren, daß eine Anzahl von Gästen gierig darüber herfielen … aber er hatte etwas Spanische Fliege untergemischt … jene, die die Pastillen gegessen hatten, entflammten in unkeuscher Leidenschaft … Selbst die respektabelsten der Frauen konnten dem rasenden Verlangen, das ihr Blut in Wallung brachte, nicht widerstehen. Und so kam es, daß Marquis de Sade die Gunstbezeigungen seiner Schwägerin genoß."

Links und rechts: Die Darstellungen waren früher vielleicht nicht so unverhüllt, aber die Werbung hat die gedankliche Verbindung von Schokolade und Sinnlichkeit stets für ihre Zwecke ausgenutzt.

Rechts: Historische Schokoladendose von Cadbury, deren Dekor bewußt sinnlich gestaltet ist.

Schokolade und Leidenschaft

Selbst als die Schokolade weithin als nahrhaftes Getränk anerkannt war, so berichtet Brandon Head in *The Food of the Gods*, betrachteten sie manche noch immer „als Mittel, das die Leidenschaften entfacht, und das den Mönchen verboten sein sollte." 1905 warnte ein Journalist des britischen Magazins „The Spectator" allen Ernstes: „Ich muß meinen unbescholtenen Lesern auch raten, besonders vorsichtig zu sein, wenn sie sich auf Liebschaften, Schokolade, Romane und derlei Dinge einlassen, die die Leidenschaft schüren, und mit denen sich zu befassen ich für sehr gefährlich halte …"

Sinnliche Assoziationen

Obwohl die zeitgenössische Forschung behauptet, die Schokolade enthalte keine Substanzen mit unmittelbar aphrodisischer Wirkung, verbindet die moderne Werbung Schokolade eindeutig mit Sinnlichkeit und Sexualität. Mit Ausnahme von derber, betont „männlicher" Schokolade oder der Darstellung als gesunden, energiespendenden Snack wird Schokolade hier ausnahmslos als „unanständige" Leidenschaft, umrahmt von Szenen voller sexueller Anspielungen, dargestellt.

Die Werbung demonstriert auch eine eindeutige, auf das Geschlecht orientierte Voreingenommenheit, indem sie besonders die

Oben: *Verliebtsein und Schokolade gehören zusammen (Plakat).*

Vertreterinnen des schönen Geschlechts als die hauptsächlichen Schokoladekonsumenten anspricht. Die Reklame zeigt hier meist schöne Frauen, die mit Genuß Schokolade verzehren oder von einem Mann Schokolade geschenkt bekommen.

Die assoziative Verbindung zwischen Frauen, Sinnlichkeit und Schokolade wurde auch durch den Film untermauert. Ein in den dreißiger Jahren allgemein verbreitetes Image war die bezaubernde *femme fatale*, für gewöhnlich blond und meist auf Satinstoffe hingelagert, wo sie sich träge durch eine üppige Bonbonniere durcharbeitete.

Die Assoziation zwischen Schokolade und Frauen erhielt die unbewußte gedankliche Verbindung zwischen Schokolade und romantischer Liebe aufrecht, wie man an der klassischen „Baci"-Schachtel von Perugina sieht. *Baci* ist das italienische Wort für „Küsse", und seit man die Baisers 1922 das erstemal auf den Markt brachte, beschenken die Verliebten sich gegenseitig damit und suchen die unter der Folieverpackung jedes Baisers versteckte romantische Botschaft.

Schokolade und Kindheit

Aber nicht nur die Assoziation von Schokolade und Leidenschaft, sondern auch die Verbindung mit Liebe und Erziehung wurde von den Schokoladeherstellern ausgenutzt. Die Schachteln mit Schokoladekuchenmischung zeigen biedere Mutter-in-der-Küche-Szenen; auf den ersten Kakaopulverdosen waren Kindermädchen oder sogar Eltern dargestellt, die ihren kleinen Kindern Tassen voll nahrhaften Kakaos brachten, und die Werbung betonte die Bekömmlichkeit von Schokolade mit Plakaten, die gesunde, lebhafte Kinder zeigten, die an der frischen Luft Schokolade tranken. Die ersten Konfektschachteln trugen sentimentale Bildnisse von hübschen jungen Mädchen, Abbildungen von Blumen und Kätzchen. Schokolade spielt überall in der Welt für Kinder eine große Rolle – als Leckerbissen zu Weihnachten und zu Ostern, als Geburtstagsgeschenk, Mitbringsel für einen Gastgeber, Belohnung oder Bestechung von Eltern, die ihre Sprößlinge so dazu bringen, sich gut zu benehmen.

Rechts: *Die berühmte Werbung für Rowntree.*

Unten: *Eine liebevolle Mutter bietet ihrer Tochter Schokolade an.*

Schokoladegenuss und Vergnügen

Von ARISE (Associates for Research Into the Science of Enjoyment) durchgeführte Untersuchungen deuten darauf hin, daß das Vergnügen, das bei weitem keine vage Emotion ist, einen bestimmten neurochemischen Prozeß darstellt, der über eigene Bahnen durch das Nervensystem läuft. Tests haben ergeben, daß das Verteidigungssystem unseres Körpers wirkungsvoller arbeitet, wenn wir Vergnügen und Freude erleben; sind wir unglücklich, deprimiert oder überanstrengt, funktioniert das System weniger effektiv und vermindert unsere Widerstandskraft gegenüber Infektionen.

Es scheint also, daß Vergnügen uns guttut, selbst wenn es bedeutet, daß wir uns an „verbotenen Früchten" wie Schokolade gütlich tun. Das Geheimnis scheint wohl darin zu liegen, daß wir dem „unanständigen" Verlangen ohne Schuldgefühl oder Besorgtheit nachgeben. ARISE macht jedoch deutlich, daß damit nicht für ein übertriebenes Nachgeben gegenüber unmäßigem Verlangen plädiert werden soll; das Geheimnis besteht nicht etwa darin, mehr Schokolade zu essen, sondern Schokolade besserer Qualität zu genießen.

Sinnliches Vergnügen

Einer der Gründe dafür, daß wir Schokolade lieben, ist das reine und unübertroffene physische Vergnügen, das wir nicht nur empfinden, wenn wir Schokolade essen, sondern auch, wenn wir sie auswickeln, an ihr riechen, sie betrachten und fühlen. Schon in dem Moment, da wir die Verpackung von einer schmalen Tafel dunkler Schokoladestreifen oder das weich gefütterte Papier einer luxuriösen Bonbonniere entfernen, läßt die Erwartung all unsere Sinne arbeiten. Der reine Schokoladeduft ist wie ein Parfüm, und die Schokolade sieht so glatt und schimmernd aus, daß wir sie am liebsten streicheln würden. Sie läßt sich sauber und mit einem Knacken, das sich köstlich anhört, in Stücke brechen. Schließlich führen wir ein Stück Schokolade zum Munde und spüren, wie es im Nu auf der Zunge zergeht – ein überaus angenehmes Gefühl. Dann durchströmen die Aromen unseren Mund und überfluten mit ihren über fünfhundert verschiedenen Arten – zweieinhalbmal mehr als bei jeder anderen Speise – die Geschmacksknospen der Zunge. Bei einer solchen Fülle an sinnlichem Vergnügen, die einen hier erwartet, ist es nur natürlich, daß man Schokolade langsam ißt und sie genießt.

Ob wir lieber allein genießen oder das Vergnügen mit anderen teilen, indem wir versuchen, die Gesamtheit unserer Geschmackseindrücke beim Schokoladeessen zu beschreiben, ist ein weiterer Punkt. Die heutige Leidenschaft für Schokolade deutet darauf hin, daß sich hier vielleicht auch eine spezielle Sprache zur Beschreibung von Geschmacksempfindungen entwickelt, wie es sie bereits für Wein und seit kurzem auch für Olivenöl gibt. Im Moment kommen die Scho-

Unten: Schokolade schafft ein unvergleichliches sinnliches Vergnügen – sie ist schön anzuschauen, angenehm zu berühren, sie duftet wunderbar und schmeckt köstlich.

Oben: Schon zu Zeiten der Azteken verschenkte man Schokolade. Eine solche Gabe drückt tausend Worte und Gefühle aus.

koladeliebhaber untereinander ohne ein gesondertes Vokabular aus; sie wissen es einfach, wenn eine Schokolade gut ist, und ein Verdrehen der Augen oder ein tiefer Seufzer genügen, um sich darüber auszutauschen.

Elaine Sherman, eine amerikanische Autorin des 20. Jahrhunderts, charakterisierte das mehr als treffend: „Schokolade ist wunderbar, mild, sinnlich, tief, dunkel, üppig, befriedigend, potent, massiv, cremig, verführerisch, anregend, prachtvoll, exzessiv, seidig, glatt, luxuriös, himmlisch. Schokolade ist Ruin, Glück, Vergnügen, Liebe, Ekstase, Phantasie … Schokolade macht uns böse und schuldig, läßt uns sündigen, macht uns gesund, elegant und glücklich."

Die kulturelle und soziale Funktion der Schokolade

Schokolade hat man von jeher gern verschenkt. Wie der hervorragende Lyoner Schokoladefabrikant Michel Richart zu Recht behauptet, lassen sich mit guter Schokolade Verbindungen zwischen den Menschen auf vielen Ebenen herstellen. Schokolade schafft zudem kulturelles, soziales und sogar spirituelles Bewußtsein.

Eine kleine Packung luxuriöser Pralinen sagt einem Gastgeber, einer Mutter, der oder dem Geliebten ein tausendfaches Dankeschön. Man kann damit Glück oder eine gute Reise wünschen, zu einem besonderen Anlaß gratulieren oder sich für etwas entschuldigen. Königin Victoria schickte ihren treu ergebenen Truppen zu Weihnachten symbolisch 226 800 kg Schokolade. Vor dem Muttertag oder dem Valentinstag schnellt der Umsatz von Schokoladeerzeugnissen in die Höhe. Schokolade in dieser oder jener Form ist von besonderen Festen wie Ostern, Weihnachten oder Hochzeiten nicht wegzudenken.

REZEPT-TEIL

SCHOKOLADENSORTEN

KUVERTÜRE (LINKS)

Eine hochwertige, reine Schokolade mit einem hohen Prozentgehalt an Kakaobutter, der ihr einen starken Glanz verleiht. Sie wird weiterverarbeitet und ist für Garnituren und zur Herstellung handgemachter Pralinen geeignet. Kuvertüre muß im allgemeinen temperiert werden.

DUNKLE BITTERSCHOKOLADE (UNTEN)

Diese Schokolade besitzt einen hohen Gehalt an Kakaobestandteilen – etwa 75 Prozent – und enthält wenig oder gar keinen zusätzlichen Zucker. Ihr volles, kräftiges Aroma und die schöne dunkle Farbe machen sie zu einer idealen Zutat zu Desserts und Kuchen.

MILCHSCHOKOLADE (RECHTS)

Sie enthält Milchpulver oder Kondensmilch und meist etwa 20 Prozent Kakaobestandteile. Ihr Aroma ist mild und süß. Sie ist die beliebteste Speiseschokolade, läßt sich jedoch nicht so gut wie Bitterschokolade zum Schmelzen und Kochen verwenden.

HAUSHALTSCHOKOLADE (OBEN)

Die einfache Haushaltschokolade ist die am weitesten verbreitete Schokolade, die in der Küche verwendet wird. Sie enthält zwischen 30 und 70 Prozent Kakaobestandteile; man sollte also vor dem Kauf den entsprechenden Vermerk auf der Verpackung prüfen. Je höher der Kakaogehalt, desto besser ist das Schokoladenaroma.

KAKAOPULVER (LINKS)

Kakaopulver wird aus reiner Kakaomasse hergestellt, aus der die meiste Kakaobutter zuvor ausgepreßt worden ist. Die Masse wird geröstet und dann zu Pulver zermahlen. Es läßt sich als preiswerter Zusatz zu Süßspeisen und Gebäck verwenden, die ein Schokoladenaroma erhalten sollen.

Naturbelassene Schokolade (oben)
Diese Schokolade ist etwas teurer als andere Sorten, stellt aber ein Qualitätsprodukt dar, das einen hohen Anteil an Kakaobestandteilen enthält und dessen Rohstoff Kakao ohne Verwendung von Pestiziden und umweltfreundlich erzeugt wird.

Schokoladensplitter (oben)
Schokoladensplitter sind kleine Schokoladenstücke von einheitlicher Größe. Sie enthalten weniger Kakaobestandteile als Haushaltschokolade und sind mit dem Aroma von dunkler Bitterschokolade, Milchschokolade und weißer Schokolade erhältlich.

Kuchenglasur mit Schokoladenaroma (links)
Diese Glasur besteht aus einer Mischung von Zucker, Pflanzenöl, Kakaopulver und Aromastoffen. Das Aroma ist schwach, aber dank ihres hohen Fettgehalts läßt sie sich zur Herstellung von Schokoladenlocken verwenden. Zur Verbesserung des Aromas kann etwas Haushaltschokolade zugegeben werden.

Weisse Schokolade (links unten)
Weiße Schokolade enthält keine Kakaomasse; ihr Aroma stammt von der Kakaobutter. Sie ist süß, und die Sorten höherer Qualität haben ein recht volles Aroma und eine glatte Konsistenz. Weiße Schokolade muß beim Schmelzen vorsichtig behandelt werden, da sie Hitze nicht so gut verträgt wie Haushalt- oder Bitterschokolade.

Schokoladenpulver (unten)
Schokoladepulver wird zum Backen und zur Herstellung von Kakaogetränken verwendet. Sein Anteil an Kakaobestandteilen ist geringer als bei reinem Kakaopulver, und es besitzt einen milderen, süßeren Geschmack.

ARBEITSTECHNIKEN

DAS SCHMELZEN VON SCHOKOLADE

Soll Schokolade ohne weitere Zutat geschmolzen werden, müssen sämtliche Arbeitsgeräte völlig trocken sein, da Wasser die Schokolade möglicherweise stocken läßt und in eine steife Paste verwandelt. Aus diesem Grund ist es ratsam, die Schokolade beim Schmelzen oder danach nicht abzudecken, da sich sonst Kondenswasser bilden könnte. Dickt die Schokolade wirklich einmal ein, geben Sie ein wenig Pflanzenfett (keine Butter oder Margarine) zu und mischen es gut unter. Sollte das nicht helfen, dann schmelzen Sie ein neues Stück Schokolade. Werfen Sie die angedickte Schokolade nicht weg; sie läßt sich mit Sahne zu einer Schokoladensauce schmelzen.

Ob mit oder ohne Flüssigkeit – Schokolade sollte sehr langsam geschmolzen werden. Sie brennt leicht an und entwickelt dann ein schlechtes Aroma. Gelangt Wasserdampf in die Schokolade, kann sie sich in eine festen Masse umwandeln. In diesem Fall rühren Sie ein wenig reines helles Pflanzenfett unter. Dunkle Schokolade sollte nicht über 50 °C, Milchschokolade und weiße Schokolade nicht über 45 °C erwärmt werden. Beim Schmelzen weißer Schokolade ist besondere Vorsicht geboten; sie wird unter Wärmeeinfluß sehr leicht klumpig.

DAS SCHMELZEN VON SCHOKOLADE ÜBER SIEDENDEM WASSER

1 Die Schokolade hacken oder mit einem scharfen Messer in kleine Stücke schneiden; so kann sie schnell und gleichmäßig schmelzen.

2 Die Schokolade in einen Wasserbadtopf oder in eine feuerfeste Schüssel, die auf einem Topf mit schwach siedendem Wasser steht, geben. Das Wasser darf dabei nicht bis an den Schüsselboden heranreichen.

3 Das Ganze vorsichtig erwärmen und gelegentlich rühren, bis die Schokolade geschmolzen und glatt ist. Vom Feuer nehmen und umrühren.

DAS SCHMELZEN VON SCHOKOLADE ÜBER DIREKTER HITZE

Soll Schokolade laut Rezept mit einer Flüssigkeit wie Milch, Sahne oder mit Butter geschmolzen werden, kann man dazu einen direkt auf dem Feuer stehenden Topf benutzen.

1 Schokolade und Flüssigkeit in einen Topf mit schweren Boden geben, bei geringer Hitzezufuhr und unter häufigem Rühren schmelzen, bis die Schokolade vollständig aufgelöst und die Mischung glatt ist. Sofort vom Herd nehmen. Nach dieser Methode lassen sich auch Saucen, Glasuren und einige Süßigkeiten herstellen.

2 Schokolade läßt sich bei sehr schwacher Hitze auch im Backofen schmelzen. Den Ofen dazu auf 110 °C vorheizen. Die Schokolade in eine feuerfeste Schüssel geben und für einige Minuten in den Herd stellen. Bevor die Schokolade vollständig geschmolzen ist, aus dem Ofen nehmen und glattrühren.

DAS SCHMELZEN VON SCHOKOLADE IN DER MIKROWELLE

Die Schokolade in der Mikrowelle in kurzen Abständen prüfen. Die im folgenden angegebenen Zeiten gelten für Mikrowellenherde mit einer Leistung von 650–700 Watt.

1 115 g zartbittere oder halbsüße gehackte oder in Stücke gebrochene Schokolade in eine mikrowellenfeste Schüssel geben und die Mikrowelle für 2 Minuten auf mittlere Stufe (Medium) stellen. Die gleiche Menge Milchschokolade oder weiße Schokolade in zwei Minuten bei niedriger Stufe (Low) schmelzen.

2 Die Schokolade während des Schmelzens in kurzen Abständen prüfen. Sie behält beim Schmelzen in der Mikrowelle ihre Form; beginnt sie zu glänzen, dann herausnehmen und rühren, bis sie vollständig geschmolzen und glatt ist.

Das Temperieren von Schokolade

Das Temperieren von Schokolade

Beim Temperieren wird Schokolade langsam erwärmt und wieder abgekühlt, um eine Entmischung von Kakaobestandteilen und Butterfett zu verhindern. Nach diesem Verfahren arbeiten u. a. Konditoren, um ein bestimmtes Fließ- und Erstarrungsverhalten der Kuvertüre zu erreichen. Temperierte Schokoladenmasse kann sich schnell zusammenziehen (was das Herauslösen von Hohlkörpern, z. B. bei Ostereiern, aus der Gießform erleichtert) und läßt sich, ohne an Frische oder Glanz einzubüßen, einige Wochen oder Monate lang bei Raumtemperatur aufbewahren. In Konditoreien, Patisserien usw. wird alle feste Schokolade temperiert; da sich einmal geschmolzene Schokoladenüberzugsmasse entmischt, muß sie, falls die Verarbeitung nicht sofort erfolgt, später erneut temperiert werden, um die Masse wieder homogen zu machen. Nicht temperierte Schokolade blüht leicht aus, wird grau und streifig oder nimmt ein stumpfes Aussehen an. Das kann verhindert werden, indem man die geschmolzene Masse sofort in den Kühlschrank stellt; das schnelle Auskühlen der Schokolade läßt die Kakaobutter erstarren, ehe sie an die Oberfläche gelangen und dort „ausblühen" kann. Für das Backen und die Bereitung von Süßspeisen zu Hause ist das Temperieren – eine ziemlich knifflige Prozedur, die einige Übung braucht – nicht erforderlich. Man sollte jedoch davon Gebrauch machen, wenn man komplizierte Garnituren, Schokoladehohlkörper oder Überzüge herstellen will. Die meisten Formen lassen sich ohne vorheriges Temperieren der Kuvertüre anfertigen, wenn man sie sofort kühlt.

Das Handwerkszeug

Um beim Temperieren von Schokolade das gewünschte Ergebnis zu erhalten, braucht man eine Marmorplatte oder eine andere kühle und glatte Fläche wie etwa ein umgedrehtes Kuchenblech. Zum Breitstreichen der geschmolzenen Schokolade ist ein biegsamer Plastikspatel sehr gut geeignet, aber man kann auch eine Palette benutzen. Da die Temperatur eine wichtige Rolle spielt, wird ein Schokoladenthermometer benötigt. Das bekommen Sie in einem Fachgeschäft für Küchenbedarf zu kaufen, wo auch gebrauchsfertige temperierte Schokolade in Blockform erhältlich ist.

1 Die Schokolade in kleine Stücke brechen und in einen Wasserbadtopf oder in eine feuerfeste Schüssel über einem Topf mit heißem Wasser geben. Langsam erwärmen, bis die Schokolade knapp geschmolzen ist.

2 Etwa drei Viertel der geschmolzenen Schokolade auf eine Marmorplatte oder eine kühle, glatte Arbeitsfläche gießen.

3 Mit einem biegsamen Plastikspatel oder einer Palette die Schokolade dünn ausstreichen, dann wieder zusammenschieben und von neuem ausstreichen. Diese Arbeitsgänge 5 Minuten lang wiederholen und die Schokolade dabei immer bewegen.

4 Währenddessen die Temperatur der Masse mit einem Schokoladethermometer prüfen. Sobald die Schokolade sich auf 28 °C abgekühlt hat, in die Schüssel zurückgießen und unter die restliche Schokolade rühren.

5 Bei einer Temperatur von 32 °C ist die flüssige Schokoladenmasse gebrauchsfertig. Zur Probe ein wenig Schokolade von einem Löffel auf die Marmorplatte tropfen lassen; die Masse muß sehr schnell fest werden.

Tips

Schokolade läßt sich unter günstigen Bedingungen bis zu einem Jahr aufbewahren, ohne daß sie an Qualität verliert. Sie muß nur an einem trockenen Platz bei einer Temperatur um 20 °C gelagert werden. Bei höheren Temperaturen können sich, wenn das Fett an die Oberfläche gelangt, auf der Schokolade weiße Streifen bilden. Obwohl sie das Aroma nicht verderben, werden doch das Aussehen der Schokolade und ihre Verwendbarkeit für Garnituren beeinträchtigt. Bewahren Sie Schokolade kühl und trocken abseits von stark riechenden Lebensmitteln in einem luftdicht verschließbaren Behälter auf. Überprüfen sie vorher die auf der Verpackung angegebene Haltbarkeitsdauer.

Das Aufspritzen von Schokolade

Spritzen Sie die Schokolade direkt auf den Kuchen oder auf beschichtetes Backpapier, um Ornamente, kleine vorgezeichnete Formen oder unregelmäßige Muster herzustellen. Lassen Sie die Schokolade nach dem Schmelzen leicht abkühlen, so daß sie an einem hineingetauchten Löffel einen Überzug bildet. Fließt sie leicht vom Löffel ab, dann ist sie noch zu flüssig, um beim Aufspritzen ihre Form zu behalten. Hat sie die richtige Konsistenz, dann müssen Sie rasch arbeiten, da die Schokolade schnell fest wird. Benutzen Sie ein Spritztütchen aus Papier; drücken Sie nur sehr wenig darauf, denn die Schokolade fließt auch so ohne weiteres.

Das Herstellen einer Spritztüte aus Papier

Ein Stück beschichtetes Papier, zu einem Kegel gerollt, eignet sich ausgezeichnet zum Aufspritzen kleiner Mengen von geschmolzener Schokolade. Im Gegensatz zu herkömmlichen Spritztüten, die man reinigen muß nach Gebrauch, können die Papierkegel weggeworfen werden.

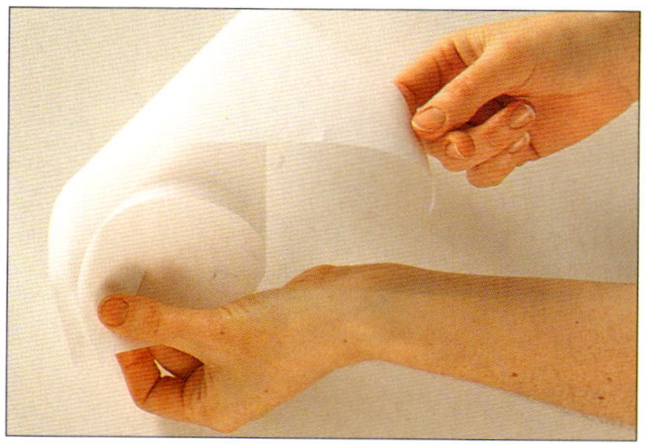

1 Ein quadratisches Stück von beschichtetem Backpapier in der Mitte zu einem Dreieck falten. Die linke Ecke des Dreiecks, dessen Spitze zu Ihnen zeigt, nach unten zur Spitze falten.

2 Die rechte Ecke nach unten falten und über die gefaltete linke Ecke ziehen, so daß ein Kegel entsteht. Die überstehenden Enden falten.

3 Die geschmolzene Schokolade mit einem Löffel in den Papierkegel füllen und dann den oberen Rand zusammenfalten. Unmittelbar vor dem Aufspritzen die Spitze des Kegels gerade und nur so weit abschneiden, daß eine kleine Öffnung von etwa 3 mm Durchmesser entsteht.

4 Man kann auch einen kleinen, strapazierfähigen Gefrierbeutel oder eine Plastiktüte verwenden. Eine Tülle in eine Ecke der Tüte stecken, so daß sie die richtige Position zum Aufspritzen hat. Füllen wie oben angegeben, die flüssige Masse in die Ecke drücken und zum Verschließen der Tüte deren oberen Teil zusammendrehen. Die Tütenecke soweit abschneiden, daß die Spitze der Tülle herausschaut. Zum Aufspritzen eines Musters die Tüte leicht drücken.

Verzierungen aus Schokolade

Es macht großen Spaß, zufällige Formen oder mit ruhiger Hand besondere Muster herzustellen, die als Garnitur auf Kuchen oder Keksen großartig aussehen.

1 Die Schokolade schmelzen und in einen Papierkegel oder eine kleine Spritztüte mit sehr kleiner einfacher Tülle geben. Die Schokolade auf ein mit beschichtetem Backpapier ausgelegtes Kuchenblech zu einzelnen kleinen Gittermustern in Form von Kreisen oder Quadraten aufspritzen. 30 Minuten erstarren lassen und dann vom Papier lösen.

2 Aus Schokolade lassen sich vielerlei Formen wie Blüten oder Schmetterlinge herstellen. Dazu auf vorgezeichnete Umrisse beschichtetes Backpapier legen und die Schokolade in den gewünschten Formen aufspritzen.

3 Zur Herstellung von Schmetterlingen Schokolade auf einzelne Papierquadrate in Schmetterlingsumrissen aufspritzen und bis kurz vor dem Festwerden liegenlassen. Die Quadrate so über eine lange, schmale Schachtel oder über die Vertiefungen in einem Eierkarton legen, daß sie sich in der Mitte durchbiegen und die aufgespritzten Flügel nachher leicht hochgestellt sind. Bis zum Verbrauch kühl stellen.

Das Aufspritzen von Garnierungen auf Kuchen

Auf einem mit Kaffeeglasur überzogenen Kuchen sehen gespritzte Garnierungen sehr wirkungsvoll aus.

1 Je 50 g weiße Schokolade und dunkle Bitterschokolade einzeln schmelzen und leicht abkühlen lassen. Die Schokolade in verschiedene Spritztüten aus Papier geben. Die Tütenspitzen gerade abschneiden.

2 Beide Spritztüten abwechselnd über den Kuchen halten und die Schokolade wie im Bild gezeigt aufspritzen oder aber erst mit der einen, dann mit der anderen Spritztüte ein Muster aus einer zusammenhängenden, gekrümmten und verschlungenen Linie aufspritzen.

Das Spritzen von Schokoladenlocken

Stellen Sie eine größere Menge dieser Locken her und bewahren Sie sie als fertige Kuchengarnitur an einem kühlen Platz auf. Versuchen Sie auch einmal, dazu Schokolade in kontrastierenden Farben zu verwenden; damit können unterschiedliche Effekte erzielt werden.

1 115 g Schokolade schmelzen und leicht abkühlen lassen. Backpapier um ein Nudelholz legen und mit Klebestreifen befestigen. Eine Spritztüte aus Papier mit geschmolzener Schokolade füllen und ein kleines Stück der Tütenspitze gerade abschneiden.

2 Die Spritztüte über dem Backpapier hin- und herführen und dabei gewellte Schokoladenlinien aufspritzen.

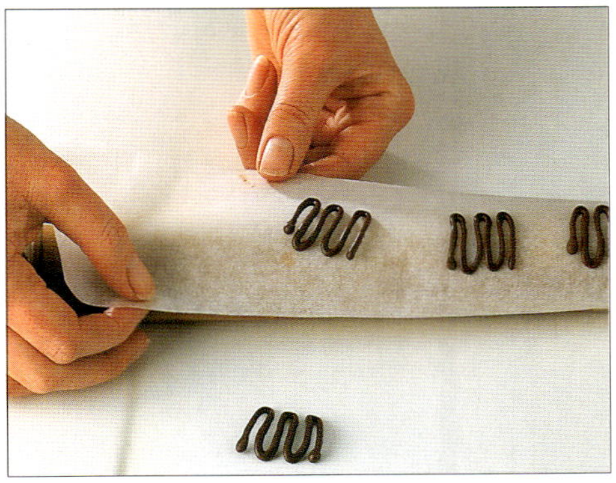

3 Die aufgespritzen Schokoladenlocken zum Erstarren an einen kühlen Platz setzen, dann vorsichtig vom Backpapier abziehen. Die Locken mit einer Palette auf den Kuchen setzen.

Fiedern und Marmorieren von Schokolade

Diese zwei verwandten Techniken gehören zu den einfachsten und wirkungsvollsten Arten, die Oberseite eines Kuchens zu garnieren. Man benutzt sie auch, um eine spiralförmig gemusterte Masse für Schokoladenornamente zu bereiten. Auch Schokoladensauce und Double Cream lassen sich als Garnierung für ein Dessert fiedern oder marmorieren.

1 Schokolade zweier unterschiedlicher Farben schmelzen und eine davon auf den Kuchen oder die zu garnierende Fläche streichen.

2 Die andersfarbige Schokolade in eine Spritztüte füllen und damit gerade Linien oder Schnörkel auf den Schokoladengrund spritzen.

3 Ehe die Schokolade erstarrt, rasch einen Spieß oder Cocktailsticker durch die aufgespritzten Linien ziehen, so daß ein Feder- oder Marmoreffekt entsteht.

Gespritzte Schokoladenornamente

Spritzen Sie den Umriß der Ornamente in einer Schokoladenfarbe und füllen Sie die Mitte mit einer anderen aus. Die Ornamente können recht wirkungsvoll aussehen.

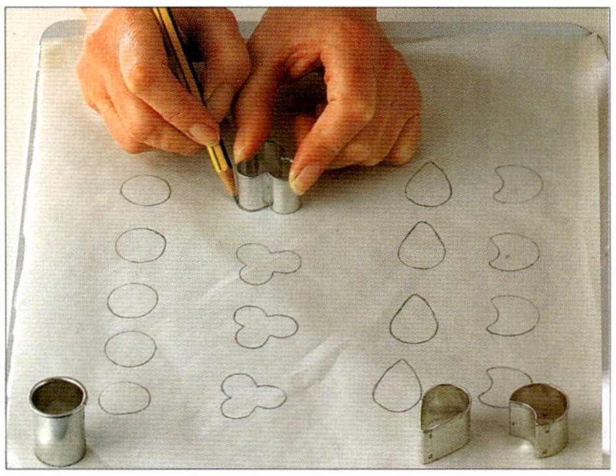

1 Ein Stück fettdichtes Papier mit Klebestreifen auf einem Backblech oder einem flachen Brett befestigen. Auf dem Papier Ausstechformen nachzeichnen. Einen Bogen Backpapier darauflegen und befestigen.

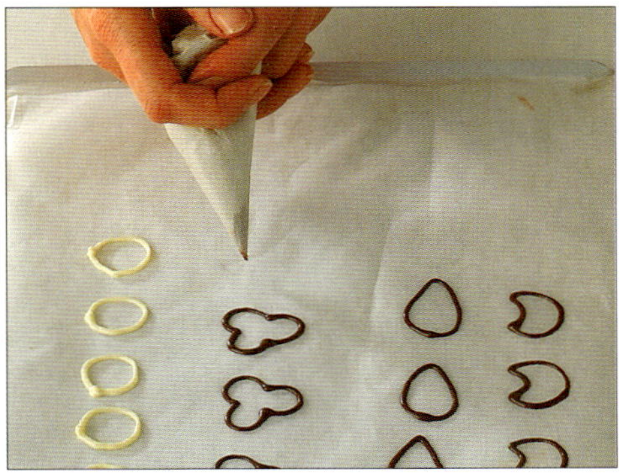

2 Die aufgezeichneten Umrisse in einer zusammenhängenden Linie aufspritzen.

3 Die Spitze der anderen Spritztüte etwas höher als die erste abschneiden und die aufgespritzten Umrisse so ausfüllen, daß sie ein leicht erhöhtes Profil bekommen. An einem kühlen Platz erstarren lassen, dann mit einer Palette vorsichtig vom Backpapier abheben.

Garnierungen aus Schokolade

Schokoladenraspel

Schokoladenraspel lassen sich von Hand oder in der Küchenmaschine herstellen. Achten Sie darauf, daß die Schokolade dabei die richtige Temperatur hat.

1 Die Schokolade kalt stellen. Zum Raspeln mit einem gefalteten Stück Folie oder Küchenpapier halten, damit sie nicht durch die Wärme Ihrer Hände schmilzt. Eine Raspel über einen großen Teller halten und die Schokolade darauf mit gleichbleibendem Druck raspeln.

2 Eine Küchenmaschine mit Metallschneidwerk läßt sich ebenfalls zum Raspeln von Schokolade benutzen. Die Schokolade muß jedoch so weich sein, daß man sie mit einem scharfen Messer schneiden kann. Die Küchenmaschine anschalten und die in kleine Stücke geschnittene Schokolade nach und nach in die Einfüllöffnung geben. Es entstehen sehr feine Schokoladenspäne. Um größere Späne herzustellen, den Raspeleinsatz verwenden und die Schokoladenstücke mit dem Stopfer gegen die Raspelscheibe drücken.

Tip

Schokolade, aus der Garnituren hergestellt werden sollen, darf nicht zu kalt sein, da sie sonst splittert; aus warmer Schokolade entstehen weichere, lockerere Schokoladenröllchen. Allzu weiche oder zu warme Schokolade jedoch läßt sich schwer bearbeiten und kann ausblühen. Die besten Ergebnisse erzielt man mit temperierter Schokolade.

Tip

Soll zum Raspeln von Schokolade eine Metallreibe verwendet werden, dann legen Sie sie vorher in den Gefrierschrank; die Schokolade schmilzt dann nicht so leicht.
Zum Herstellen von Schokoladenröllchen kann man verschiedene Utensilien ausprobieren – Paletten aus Metall, Farbspachtel, Eßlöffel und selbst breite, gerade Teigschaber eignen sich gut dazu.

Kleine Schokoladenröllchen

Schokoladenröllchen sind eine ideale Garnierung für viele Desserts und Kuchen, ganz gleich ob sie auch bitterer, halbbitterer oder weißer Schokolade bestehen. Die Röllchen kann man sehr schnell mit Hilfe eines Kartoffelschälers herstellen. Sie lassen sich in einem luftdicht verschließbaren Behälter an einem kühlen, trockenen Platz mehrere Wochen lang aufbewahren.

1 Ein dickes Stück oder eine Tafel Schokolade auf Zimmertemperatur anwärmen. (Bei zu kalter Schokolade entstehen Raspel, bei zu warmer Schokolade erhält man Scheiben.) Über einem Teller oder einem Bogen Backpapier die Schneide des Kartoffelschälers fest an der Schokoladenkante entlangziehen und die Röllchen nebeneinander und nicht übereinander auf die Unterlage fallen lassen.

2 Die Röllchen mit einem Cocktailspieß aufnehmen und auf das Dessert oder den Kuchen legen.

Dicke Schokoladenröllchen

Diese Röllchen lassen sich am besten aus dunkler Schokolade herstellen, die mit reinem hellem Pflanzenöl (etwa 5 ml auf 25 g Schokolade) geschmolzen wurde, das das völlige Erstarren der Schokolade verhindert.

1 175 g bittere oder halbbittere Schokolade mit 2 EL reinem hellem Pflanzenfett schmelzen und glattrühren. In eine kleine rechteckige oder quadratische, mit beschichtetem Backpapier ausgelegte Form gießen, so daß ein Block von etwa 2,5 cm Dicke entsteht. Zum Festwerden kaltstellen.

2 Den Block auf Raumtemperatur anwärmen lassen, aus der Form nehmen, mit einem zusammengelegten Stück Folie oder Küchenpapier festhalten (damit die Schokolade nicht schmilzt) und mit einem Kartoffelschäler kurze, dicke Röllchen abschälen. Der Schokoladenblock kann auch geraspelt werden.

Tip

Sollten Sie es sich nicht zutrauen, Schokoladenornamente ohne Vorlage auszuschneiden, dann benutzen Sie kleine Ausstechformen. Ausgeschnittene Schokoladenornamente sehen besonders gut als Garnierung für die Seitenflächen von Kuchen und Torten aus. Setzen Sie die Ornamente in regelmäßigen Abständen oder einander überlappend auf das Gebäck.

Schokoladenspäne und kurze Röllchen

Temperieren Sie dazu dunkle oder weiße Schokolade oder verwenden Sie die Schokoladenmasse für dicke Schokoladenröllchen, um die Späne herzustellen.

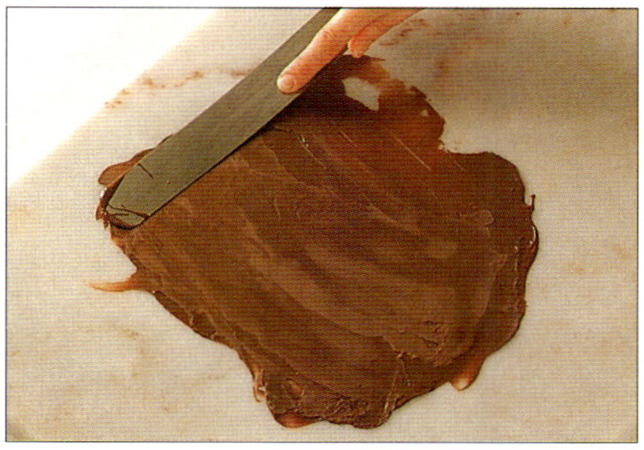

1 Die vorbereitete Schokolade gleichmäßig auf eine Marmorplatte oder die Rückseite eines Kuchenbleches gießen. Mit einer Metallpalette zu einer etwa 3 mm dicken Schicht breitstreichen und etwa 30 Minuten stehenlassen, bis die Masse gerade fest ist.

2 Um lange Späne herzustellen, eine lange, scharfe Messerklinge auf die Schokoladenfläche setzen und mit beiden Händen im Winkel von 25–45° vom Körper wegdrücken und so eine dünne Schokoladenschicht abschaben. Den Messergriff um etwa einen Viertelkreis drehen, um Schokoladentütchen herzustellen.
Mit einem Teelöffel körbchenförmige Röllchen herausschaben.

3 Je nach Arbeitsgerät und der Temperatur der Schokolade lassen sich Garnituren unterschiedlicher Größe und Form herstellen.

Schokoladenschnörkel

Schokolade schmelzen und recht dünn auf einer kühlen, glatten Fläche breitstreichen, gerade fest werden lassen, dann einen Zitrusschäler fest über die Schokoladenfläche ziehen und Röllchen oder Schnörkel formen.

Ausgeschnittene Schokoladenornamente

Abstrakte Formen oder Kreise, Quadrate und Rhomben lassen sich ohne Vorlage mit einem scharfen Messer ausschneiden.

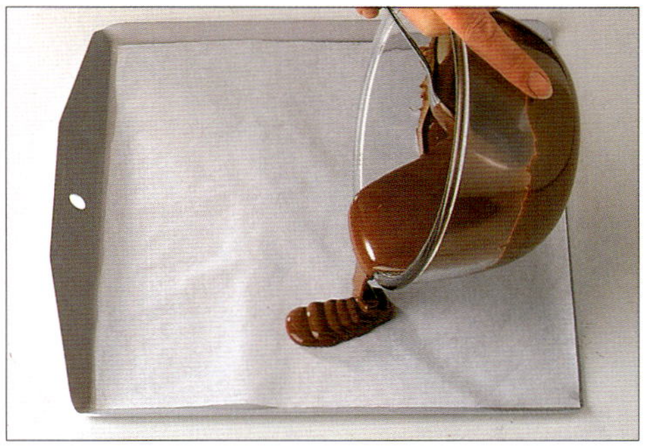

1 Backpapier auf ein Kuchenblech legen und an jeder Ecke mit Klebeband befestigen.
115 g weiße Schokolade oder Milchschokolade schmelzen. Die Schokolade auf das Blech gießen.

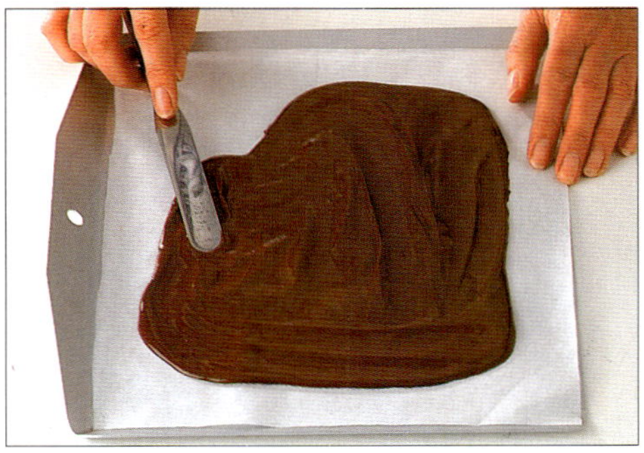

2 Die Schokolade mit einer Palette gleichmäßig verteilen. Stehenlassen, bis die Oberfläche schnittfest, aber nicht so hart ist, daß sie bricht. Bei leichter Berührung mit dem Finger soll sie sich nicht mehr klebrig anfühlen.

3 Eine Ausstechform fest durch die Schokolade hindurchpressen, die ausgeschnittene Schokoladenform mit einer Palette vom Papier heben. Die Oberfläche nicht berühren, damit das Aussehen der Schokolade nicht beeinträchtigt wird.

4 Die fertigen Formen so lassen, wie sie sind oder als dekorativen Effekt mit farblich kontrastierender Schokolade bespritzen.

5 Abstrakte Formen lassen sich ohne Vorlage mit einem Messer schneiden. Sie sehen wirkungsvoll aus, wenn man sie an die Seiten eines Kuchens drückt, der mit Buttercreme oder mit Schokoladenbuttercreme überzogen ist.

Tip

Einfache Schokoladenornamente lassen sich gut als Garnierung für alle Arten von Kuchen und Desserts verwenden. Wenn Sie die Arbeitstechnik beherrschen, dann versuchen Sie auch einmal, für eine besonders wirkungsvolle Verzierung dunkle und helle Schokolade zu marmorieren.

Schokoladenblätter

Zur Herstellung von Schokoladenblättern verwendet man frische, ungiftige Blätter mit besonders auffallenden Blattadern. Rosen-, Lorbeer- und Zitronenblätter eignen sich dafür. Benötigt man kleine Schokoladenblätter zur Garnierung, kann man die Blätter von Pfefferminze oder Zitronenmelisse verwenden.

1 Die frischen Blätter sorgfältig waschen und trocknen. Haushaltschokolade oder weiße Schokolade schmelzen und mit Hilfe einer Butterbürste oder eines Löffels jeweils die geaderte Blattseite völlig mit der Schokolade überziehen.

2 Die Blätter mit der schokoladenüberzogenen Seite nach oben auf einem mit Backpapier belegten Kuchenblech zum Erstarren des Überzugs ablegen.

3 Am Stielende beginnend, die frischen Blätter vorsichtig abziehen. Die Schokoladenblätter bis zum Verbrauch an einem kühlen Platz aufbewahren.

Schokoladenkörbchen

Diese Körbchen lassen sich als hübsche, eßbare Gefäße für Mousse oder Eis verwenden.

Ergibt 6 Stück

175 g weiße Schokolade, Bitter- oder Milchschokolade, 25 g Butter

1 Aus beschichtetem Backpapier 6 Kreise von je 15 cm Durchmesser schneiden.

2 Die Schokolade mit der Butter in einer feuerfesten Schüssel über knapp siedendem Wasser schmelzen. Glattrühren. Auf jeden Kreis ein Sechstel der Masse geben, mit einem Teelöffel bis 2 cm zum Rand breitstreichen.

Unten: Schokoladenschälchen können mit vielen köstlichen Desserts wie Mousse, Eis oder Tiramisu gefüllt werden.

3 Die schokoladebedeckten Papierkreise vorsichtig aufnehmen, über eine umgedrehte Tasse oder Auflaufform legen und die Ränder so formen, daß sie wie Rüschen aussehen.

4 Die Schokoladenschicht erstarren lassen, dann die Schokoladenform vorsichtig abnehmen und das Papier abziehen.

5 Um unterschiedliche Effekte zu erzielen, die Schokolade mit einer Bürste über das Papier streichen, so daß ein gezackter Rand entsteht. Die Körbchen auf Dessertteller setzen, das Papier vorsichtig abziehen. Nach Belieben füllen und darauf achten, daß die Schokoladenform nicht zerbricht.

6 Für eine einfache Füllung Sahne mit etwas Orangenlikör schlagen und die Mischung in Rosetten in die Schokoladenkörbchen spritzen und mit zur Hälfte in Schokolade getauchten Mandarinenspalten garnieren.

Schokoladenschälchen

Zur Herstellung von Schokoladenschälchen, die später mit Eis, Mousse oder Likör gefüllt werden, kann man große oder kleine Teekuchenformen aus Papier oder Behältnisse von Süßigkeiten verwenden. Um die Papierformen haltbarer zu machen, setzt man je zwei Stück ineinander.

1 Die Schokolade schmelzen. Boden und Seiten der Papierform mit Hilfe eines Löffels oder einer Butterbürste völlig mit Schokolade überziehen. Erstarren lassen und den Arbeitsgang noch ein- oder zweimal wiederholen, um einen mehrschichtigen Überzug herzustellen. Einige Stunden zum Festwerden stehenlassen.

2 Die Papierform vorsichtig abziehen, die Schokoladenschälchen auf ein Backblech setzen und nach Belieben füllen.

Schokoladen-Mürbeteig (1)

Ein gehaltvoller, dunkler Schokoladenteig für süße Tarts und Pasteten.

115 g Haushaltschokolade, in Quadrate gebrochen
225 g Weizenmehl
115 g ungesalzene Butter
1–2 TL kaltes Wasser

1 Die Schokolade in einer feuerfesten Schüssel über heißem Wasser schmelzen. Von der Wärmequelle wegsetzen und abkühlen, jedoch nicht fest werden lassen.

2 Das Mehl in eine Rührschüssel geben. Die Butter unterarbeiten, bis die Mischung wie kleine Brotkrumen aussieht.

3 In die Mitte der Mischung eine Vertiefung drücken. Der abgekühlten Schokolade soviel kaltes Wasser zugeben, um einen festen Teig herzustellen. Leicht kneten, dann in Klarsichtfolie wickeln und vor dem Ausrollen kalt stellen. Ausgerollt in eine kalte Form geben und nochmals kalt stellen.

Links: Diese winzigen Schokoladenschälchen sind ideal als Behältnis für Süßigkeiten. Man kann sie auch mit Nüssen und Früchten für Petits fours füllen. Sie lassen sich in verschiedenen Größen herstellen.

Schokoladen-Mürbeteig (2)

Ein süßer Schokoladenteig, der im Unterschied zum ersten Rezept nicht mit Schokolade, sondern mit Kakaopulver hergestellt wird.

175 g Weizenmehl
2 EL Kakaopulver
2 EL Puderzucker
115 g Butter
1–2 EL kaltes Wasser

1 Mehl, Kakaopulver und Puderzucker in eine Rührschüssel sieben.
2 Die Butter mit dem Wasser in einen Topf geben. Langsam erhitzen, bis die Butter gerade geschmolzen ist. Abkühlen lassen.
3 Die Butter zu dem Mehl geben und beides zu einem glatten Teig verarbeiten. Zum Festwerden kalt stellen, dann ausrollen und nach Rezept weiterverarbeiten.

Tips zur Verwendung von Schokolade in der Küche

Lassen Sie die Schokolade langsam schmelzen, da ein Überhitzen das Aroma und die Textur beeinträchtigt.

Erwärmen Sie dunkle Schokolade nicht über 49 °C, Milchschokolade und weiße Schokolade nicht über 43 °C.

Lassen Sie schmelzende Schokolade nicht mit Wasser oder Wasserdampf in Berührung kommen; die Schokolade kann dadurch stocken. Gelangt Wasserdampf an die Schokolade, dann geben Sie etwas reines Pflanzenöl zu und mischen es unter. Sollte das nicht helfen, ein neues Stück Schokolade schmelzen. Werfen Sie festgewordene Schokolade nicht weg; sie läßt sich mit anderen Zutaten wie Milch, Butter oder Sahne wieder schmelzen.

Denken Sie daran – nur mit Schokolade ausgezeichneter Qualität lassen sich beste Ergebnisse erzielen. Der Gehalt an Kakaobestandteilen ist aus den Angaben auf der Schokoladenverpackung ersichtlich.

Decken Sie Schokolade nach dem Schmelzen nicht zu; das Kondenswasser kann sie stocken lassen.

GEBÄCK ZUM TEE

EINFACHER SCHOKOLADENKUCHEN

FÜR 6–8 PERSONEN

115 g Haushaltschokolade, kleingehackt
3 EL Milch
150 g ungesalzene weiche Butter oder Margarine
150 g helle Muskovade
3 Eier
200 g Fertigmehl
1 EL Kakaopulver
1 Portion Schokoladenbuttercreme für die Füllung
Puderzucker und Kakaopulver zum Bestäuben

1 Den Herd auf 180 °C vorheizen. Zwei runde Sandwichkuchenformen (je 18 cm Durchmesser) fetten und den Boden mit beschichtetem Backpapier auslegen. Einen kleinen Topf und eine in der Größe passende feuerfeste Schüssel bereitstellen. Schokolade und Milch in die Schüssel geben. In dem Topf Wasser bis knapp unter den Siedepunkt erhitzen. Die Schüssel mit der Schokoladenmischung daraufsetzen. Etwa 5 Minuten stehenlassen, bis die Schokolade weich ist, dann glattrühren. Die Schüssel auf dem Topf lassen, den Topf jedoch vom Herd nehmen.

2 In einer Schüssel die Butter oder Margarine mit dem Zucker verrühren, bis die Masse blaßgelb und schaumig ist. Die Eier einzeln nacheinander zugeben, jedesmal gut unterschlagen. Die Schokolademischung rühren, bis alle Zutaten gut miteinander vermischt sind.

3 Mehl und Kakaopulver über die Mischung sieben und mit einem Metallöffel gleichmäßig unterheben. Die Masse in die vorbereiteten Kuchenformen geben, glattstreichen und 35–40 Minuten bzw. so lange, bis der Teig gut aufgegangen und fest ist, backen. Herausnehmen und auf einem Kuchengitter abkühlen lassen.

4 Kuchen mit einer dicken, gleichmäßigen Schicht Schokoladenbuttercreme bestreichen, den anderen Kuchen darauflegen, mit einer Mischung aus Puderzucker und Kakaopulver bestäuben.

Einfacher Schokoladen-Biskuitkuchen

Für 8–10 Personen

175 g weiche Margarine, zimmerwarm
115 g Streuzucker
4 EL heller Zuckersirup
175 g Fertigmehl, gesiebt
2 EL Kakaopulver, gesiebt
½ TL Salz
3 Eier, geschlagen
etwas Milch (nach Belieben)
150 ml Schlagsahne
1–2 EL fein zerkleinerte Orangenmarmelade
gesiebter Puderzucker zum Verzieren

1 Den Herd auf 180 °C vorheizen. Zwei runde Sandwichkuchenformen (je 18 cm Durchmesser) fetten. Margarine, Streuzucker, Flüssigzucker, Mehl, Kakaopulver, Salz und Eier in einer Schüssel cremig rühren.

2 Falls die Mischung etwas dick erscheint, soviel Milch unterrühren, daß sie weich vom Löffel tropft. Die Mischung in die vorbereiteten Kuchenformen füllen und etwa 30 Minuten backen. Wenn nötig, die Kuchen nach 15 Minuten Backzeit auf eine andere Schiene schieben und weiterbacken, bis sie gerade fest sind und sich elastisch anfühlen.

3 Die Kuchen 5 Minuten abkühlen lassen, dann aus der Form nehmen und auf einem Kuchengitter erkalten lassen.

4 Die Sahne schlagen und unter die Orangenmarmelade heben. Die Mischung auf einen Kuchen aufstreichen, den anderen Kuchen daraufsetzen. Mit gesiebtem Puderzucker bestreuen.

SCHOKOLADE-ROTE-BEETE-SCHICHTKUCHEN

FÜR 10–12 PERSONEN
Kakaopulver zum Bestäuben
225 g ganze gekochte und rote Beete (Konserve), abgetropften Saft zurückbehalten
115 g weiche ungesalzene Butter
425 g brauner Zucker
3 Eier
1 EL Vanillearoma
75 g halbbittere Schokolade, geschmolzen
225 g Weizenmehl
2 TL Backpulver
½ TL Salz
120 ml Buttermilch
Schokoladenröllchen (nach Belieben)

FÜR DEN SCHOKOLADEN-CANACHE-ÜBERZUG
475 ml Schlagsahne oder Double Cream
500 g gute Zartbitter- oder Bitterschokolade, kleingehackt
1 EL Vanillearoma

1 Den Herd auf 180 °C vorheizen. Zwei Kuchenformen (je 23 cm Durchmesser) fetten und Boden und Rand mit Kakaopulver bestäuben. Rote Beete raspeln und zu dem abgetropften Saft geben. Beiseite stellen. Mit dem elektrischen Handmixer Butter, braunen Zucker, Eier und Vanillearoma in einer Rührschüssel schlagen, bis die Mischung blaßgelb ist. Die Geschwindigkeit verringern und die geschmolzene Schokolade einrühren. Mehl, Backpulver und Salz in eine Schüssel sieben.

2 Nach und nach abwechselnd Mehlmischung und Buttermilch mit dem Mixer bei niedriger Stufe unter die Buttermasse rühren. Rote Beete und den abgetropften Saft dazugeben und eine Minute schlagen. Die Masse auf die Kuchenformen aufteilen und 30–35 Minuten bzw. so lange, bis an einem in die Kuchenmitte gesteckten Teststäbchen kein Teig mehr haften bleibt, backen. Die Kuchen 10 Minuten abkühlen lassen, danach auf einem Kuchengitter kalt werden lassen.

3 Für den Canache-Überzug die Sahne in einem Topf mit schwerem Boden bei mittlerer Hitze zum Kochen bringen, dabei gelegentlich umrühren, um das Anbrennen zu verhindern. Vom Herd nehmen und die Schokolade zugeben, dabei ständig rühren, bis die Schokolade geschmolzen und die Mischung glatt ist. Das Vanillearoma unterrühren. Durch ein Sieb in eine Schüssel gießen. Abkühlen lassen, dann kalt stellen und eine Stunde lang alle 10 Minuten umrühren, bis die Masse streichfähig ist.

4 Den Kuchen zusammensetzen. Dazu eine Schicht auf eine Kuchenplatte legen und mit einem Drittel der Canachecreme bestreichen. Die zweite Schicht darauflegen und den fertigen Kuchen oben und an der Seite mit der restlichen Canache bestreichen. Nach Belieben mit Schokoladenröllchen verzieren. Den Canache-Überzug 20–30 Minuten fest werden lassen und den Kuchen danach bis zum Auftragen kalt stellen.

Französischer Schokoladenkuchen

Für 10 Personen
250 g halbbittere Schokolade, kleingehackt
225 g ungesalzene Butter, kleingeschnitten
90 g Kristallzucker
2 EL Weinbrand oder Orangenlikör
5 Eier
1 EL Weizenmehl
Puderzucker zum Bestäuben
Schlagsahne oder saure Sahne zum Servieren

1 Den Herd auf 180° C vorheizen. Eine Springform (23 cm Durchmesser und 5 cm Höhe) reichlich fetten. Den Boden mit beschichtetem Backpapier auslegen und fetten. Boden und Rand der Springform von außen mit Folie umhüllen, damit kein Wasser in den Kuchen eindringen kann.
2 In einem Topf bei schwacher Hitze Schokolade, Butter und Zucker schmelzen, dabei häufig rühren, bis die Masse glatt ist. Vom Herd nehmen, leicht abkühlen lassen und Weinbrand oder Orangenlikör unterrühren.
3 Die Eier in einer großen Schüssel 1 Minute leicht schlagen. Das Mehl unterschlagen, dann langsam die Schokolademischung einrühren, bis alles gut vermischt ist. In die Kuchenform gießen.

4 Die Springform auf den Boden einer große Bratpfanne stellen. Die Pfanne 2 cm hoch mit kochendem Wasser füllen. 25–30 Minuten backen, bis der Kuchen am Rand fest, in der Mitte jedoch noch weich ist. Die Springform aus der Pfanne nehmen und die Folie entfernen. Auf einem Kuchengitter auskühlen lassen. Der Kuchen sinkt in der Mitte ein, und erhält so beim Auskühlen seine klassische flache Form. Ein leichtes Einreißen seiner Oberfläche beeinträchtigt die Qualität nicht.

5 Den Rand der Springform entfernen und den Kuchen auf ein Gitter setzen. Den Boden der Springform abheben und dann das Backpapier sorgfältig vom Kuchen abziehen. Den Kuchen mit dem Boden nach oben auf dem Kuchengitter lassen, bis er ganz erkaltet ist.

6 Beschichtetes Backpapier zu 6–8 Streifen von je 2,5 cm Breite schneiden und regellos über dem Boden des Kuchens verteilen. Mit Puderzucker bestäuben, dann die Papierstreifen vorsichtig entfernen. Den Kuchen auf einer Platte mit Schlagsahne oder saurer Sahne auftragen.

Haselnuss-Schokoladenkuchen

Für 10 Personen

115 g weiche ungesalzene Butter
150 g Haushaltschokolade
115 g Streuzucker
4 Eier, getrennt
115 g gemahlene und leicht geröstete Haselnüsse
50 g frische Weißbrotkrumen
abgeriebene Schale von $1\frac{1}{2}$ Orangen
2 EL Orangenmarmelade, durch ein Sieb passiert und erwärmt
4 EL gehackte Haselnüsse zum Garnieren

Für die Glasur

150 g Bitterschokolade, kleingehackt
50 g Butter, gewürfelt

1 Den Herd auf 180 °C vorheizen. Eine runde Kuchenform (23 cm Durchmesser) buttern und den Boden mit fettdichtem Papier auslegen.

2 Die Schokolade schmelzen und beiseite stellen. Butter und Zucker zusammen schlagen, dann nach und nach die Eigelb zugeben und gut unterschlagen. Die Masse kann etwas gerinnen. Die geschmolzene Schokolade, dann die Haselnüsse, Weißbrotkrumen und die abgeriebene Orangenschale unterarbeiten. Die Eiweiß steifschlagen und unter die Schokoladenmischung heben. In die Kuchenform geben und 40–50 Minuten backen, bis die Masse fest ist.

3 Aus dem Herd nehmen, mit einem feuchten Tuch bedecken und 5 Minuten stehen lassen, dann auf einem Kuchengitter auskühlen lassen.

4 Die Glasur herstellen. Dazu Schokolade und Butter in eine feuerfeste Schüssel geben, auf einen Topf mit siedendem Wasser stellen und die Masse glattrühren. Auskühlen und dick werden lassen. Kuchen mit Marmelade, dann mit Glasur bestreichen, Nüsse darüberstreuen.

Schokoladen-Orangen-Biskuitkuchen

Für 10 Personen
25 g Weizenmehl
2 EL Kakaopulver
2 EL Maisstärke
1 Prise Salz
5 Eiweiß
½ TL Weinstein
115 g Streuzucker
gebrühte und zerkleinerte Schale von 1 Orange zum Garnieren
Für die Glasur
200 g Streuzucker
75 ml kaltes Wasser
1 Eiweiß

1 Den Herd auf 180 °C vorheizen. Mehl, Kakaopulver, Maisstärke und Salz dreimal zusammen sieben. Die Eiweiß in einer großen Schüssel schaumig schlagen. Den Weinstein zu den Eiweiß geben und mit dem Schneebesen schlagen, bis sich zarte Spitzen bilden.

2 Streuzucker löffelweise unter den Eischnee schlagen. Ein Drittel der Mehl-Kakao-Mischung hineinsieben und vorsichtig unterarbeiten. Den Arbeitsgang mit je einem Drittel der restlichen Mehl-Kakao-Mischung noch zweimal wiederholen. Die Masse mit einem Löffel in eine beschichtete Backform (23 cm Durchmesser) füllen und glattstreichen. 35 Minuten bzw. so lange backen, daß ein leichter Druck mit den Fingerspitzen auf dem Teig keine Eindrücke mehr hinterläßt. Nach dem Abkühlen den Kuchen in der Form auf ein Kuchengitter stürzen.

3 Die Glasur herstellen. Zucker und Wasser in einen Topf geben. Bei niedriger Hitze rühren, bis der Zucker aufgelöst ist. Die Zuckerlösung kochen, bis das Zuckerthermometer 120 °C anzeigt bzw. ein Siruptropfen in einer Tasse mit kaltem Wasser zu einer weichen Kugel wird. Den Topf vom Herd nehmen. Den Kuchen aus der Backform lösen.

4 Die Eiweiß steifschlagen. Den Sirup langsam zugießen, die Masse dabei ununterbrochen schlagen, bis sie sehr dick und schaumig ist. Den ausgekühlten Kuchen oben und an den Seiten mit der Glasur bestreichen. Den Kuchen mit Orangenschale bestreuen und auf eine Platte legen. Servieren.

SCHOKOLADEN-KIRSCH-POLENTA-KUCHEN

FÜR 8 PERSONEN
50 g Schnellkochpolenta
200 g Haushaltschokolade, kleingehackt
5 Eier, getrennt
175 g Streuzucker
115 g gemahlene Mandeln
5 EL Weizenmehl
fein zerkleinerte Schale von 1 Orange
115 g kandierte Kirschen, halbiert
Puderzucker zum Bestäuben

1 Die Polenta in eine feuerfeste Schüssel geben und mit kochendem Wasser (etwa 120 ml) begießen, bis sie gerade bedeckt ist.
Gut verrühren und die Schüssel zugedeckt etwa 30 Minuten stehenlassen, bis die Polenta alle überschüssige Feuchtigkeit aufgenommen hat.
2 Den Herd auf 190 °C vorheizen. Eine tiefe runde Kuchenform (22 cm Durchmesser) fetten und deren Boden mit beschichtetem Backpapier auslegen. Die Schokolade schmelzen.
3 Eigelb und Zucker mit dem Schneebesen schlagen, bis die Masse dick und blaßgelb ist.

Die Schokolade unterschlagen, dann die Polenta, geriebene Mandeln, Mehl und Orangenschale unterheben.

4 In einer fettfreien Schüssel die Eiweiß steifschlagen. Etwa 15 ml Eischnee zum Auflockern in die Schokoladenmischung rühren, dann den Rest unterheben. Schließlich die Kirschen unterheben. Die Masse in die vorbereitete Form geben und 45–55 Minuten bzw. so lange, bis sie gut aufgegangen und fest ist, backen. Aus der Form nehmen und auf einem Kuchengitter auskühlen lassen. Vor dem Servieren mit Puderzucker bestäuben.

Marmorierter Erdnussbutter-Schokoladenkuchen

Für 12–14 Personen
115 g halbbittere Schokolade, kleingehackt
225 g weiche ungesalzene Butter
225 g Erdnußbutter, weich oder im Block
200 g Kristallzucker
225 g weicher brauner Zucker
5 Eier
225 g Weizenmehl
2 TL Backpulver
½ TL Salz
120 ml Milch
50 g Schokoladensplitter

Für die Schokolade-Erdnussbutter-Glasur
25 g Butter, in Stücke geschnitten
2 EL glatte Erdnußbutter
3 EL heller Zuckersirup
1 TL Vanillearoma
175 g Bitterschokolade, kleingehackt
1 EL Wasser

1 Den Herd auf 180 °C vorheizen. Eine Napfkuchenform oder eine Springform (Fassungsvermögen 3 Liter) reichlich fetten und mit Mehl ausstäuben. Die Schokolade schmelzen. In einer großen Rührschüssel Butter, Erdnußbutter, Kristallzucker und brauen Zucker schlagen, bis die Masse leicht und cremig ist. Nach und nach die Eier gut unterschlagen.

2 Mehl, Backpulver und Salz zusammen in eine mittelgroße Schüssel sieben. Im Wechsel mit der Milch zur Buttermasse geben, bis alles gerade so vermengt ist. Die Hälfte der Mischung in eine andere Schüssel schütten. Die geschmolzene Schokolade mit dem Teig in der einen Schüssel gut verrühren. Die Schokoladensplitter in die andere Schüssel einrühren.

3 Mit einem großen Löffel abwechselnd die Schokolademischung und die Erdnußbuttermasse in die vorbereitete Backform geben. Danach ein Messer durch den Teig ziehen, um den Kuchen zu marmorieren. 50–60 Minuten backen, bis ein leichter Druck auf die Oberfläche keine Spuren mehr hinterläßt. Den Kuchen in der Form 10 Minuten abkühlen lassen. Herausnehmen und auf einem Gitter auskühlen lassen.

4 Die Glasur herstellen. Alle Zutaten in einem kleinen Topf vermengen. Bei kleinem Feuer schmelzen und rühren, bis alles gut vermischt und die Masse glatt ist. Leicht abkühlen lassen. Ist die Glasurmasse etwas angedickt, dann über den Kuchen verteilen und an den Seiten herablaufen lassen.

SCHOKOLADEN-ORANGEN-BATTENBURG

3 Das restliche Mehl und das Kakaopulver in die andere Schüssel geben und unterziehen, soviel Milch zugeben, daß die Masse weich vom Löffel tropft. Eine Hälfte der Backform mit der Orangenmasse, die zweite mit der Schokoladenmischung füllen. Die Oberfläche mit einem feuchten Löffel glattstreichen. 15 Minuten backen, dann die Hitze auf 160 °C reduzieren und weitere 20–30 Minuten backen, bis die Oberfläche gerade fest ist. Einige Minuten in der Form abkühlen lassen. Die Kuchen herausnehmen und auf einem Brett in je zwei gleich große Streifen schneiden. Die Seiten glattschneiden, dann auskühlen lassen.

4 Die Kuchenstreifen mit Schokolade-Nuß-Mus bestreichen. Einen Orangen- und einen Schokostreifen aneinandersetzen, die beiden anderen Teigstreifen – Schoko auf Orange und umgekehrt – daraufsetzen. Die Seiten ebenfalls mit Schokolade-Nuß-Mus bestreichen. Auf einem mit etwas Maisstärke bestreuten Brett die weiße Mandelpaste zu einem 18 cm breiten und zum Umhüllen des Kuchens genügend langen Rechteck ausrollen. Die Mandelpaste nun vorsichtig um den Kuchen legen, so daß die Ränder an dessen Unterseite aufeinandertreffen. Andrücken. Mit einem Messer ein Kreuzmuster in die Mandelpaste ritzen, dann die Ecken zusammendrücken, wenn gewünscht. Kühl stellen. Vor dem Servieren mit einem scharfen Messer in Scheiben schneiden.

FÜR 8 PERSONEN

115 g weiche Margarine
115 g Streuzucker
2 Eier, geschlagen
einige Tropfen Vanillearoma
115 g gemahlene Mandeln
115 g Fertigmehl, gesiebt
zerkleinerte Schale und Saft von ½ Orange
2 EL Kakaopulver, gesiebt
2–3 EL Milch
1 Glas Schokolade-Nuß-Brotaufstrich
Maisstärke zum Bestäuben
225 g weiße Mandelpaste

1 Den Herd auf 180 °C vorheizen. Eine Backform (18 cm × 18 cm) fetten und mit Backpapier auslegen. Mit einem doppelt gefalteten Stück Alufolie in zwei gleich große Rechtecke teilen.

2 Margarine und Zucker in einer Schüssel cremig rühren, dann die Eier, Vanillearoma und gemahlene Mandeln unterschlagen. Jeweils die Hälfte der Masse in zwei verschiedene Schüsseln geben. In die eine Schüssel die Hälfte des Fertigmehls geben und unterziehen, dann Orangenschale und soviel Saft unterrühren, daß die Masse weich vom Löffel abtropft. Die orangengewürzte Masse beiseite stellen.

Walnusskuchen mit Schokoladensplittern

Ergibt 1 Kastenkuchen

115 g Streuzucker
115 g Weizenmehl
1 TL Backpulver
4 EL Maisstärke
115 g weiche Butter
2 Eier, geschlagen
1 TL Vanillearoma
2 EL Korinthen oder Rosinen
25 g Walnüsse, fein gehackt
abgeriebene Schale von $\frac{1}{2}$ Zitrone
3 EL Bitterschokoladensplitter
Puderzucker zum Bestäuben

1 Den Herd auf 180 °C vorheizen. Eine Kastenform (22cm × 12 cm) mit Backpapier auslegen und fetten. $1\frac{1}{2}$ EL von dem Streuzucker hineingeben und gleichmäßig über den Boden und die Seiten der Form verteilen. Überschüssigen Zucker entfernen.

2 Mehl, Backpulver und Maisstärke in eine Rührschüssel sieben. Den Arbeitsgang noch zweimal wiederholen. Beiseite stellen.
3 Die Butter mit einem elektrischen Mixer cremig rühren. Den restlichen Zucker hinzufügen und weiterschlagen, bis die Masse leicht und schaumig ist. Die Eier einzeln unterschlagen.
4 Die trockenen Zutaten in drei Portionen vorsichtig unter die Buttermasse ziehen; nicht zu kräftig vermengen.

5 Vanillearoma, Korinthen oder Rosinen, Walnüsse, Zitronenschale und Schokoladensplitter unterziehen, bis alles knapp vermischt ist.
6 Die Masse in die vorbereitete Form gießen und 45–50 Minuten backen. 5 Minuten in der Form abkühlen lassen, dann herausnehmen und auf einem Kuchengitter auskühlen lassen. Auf eine Kuchenplatte legen und vor dem Auftragen mit einer gleichmäßigen Schicht Puderzucker bestäuben. Der Kuchen kann auch mit einer Zuckerglasur versehen und mit Walnußhälften verziert werden.

Schokoladenkuchen mit Pomeranzenmarmelade

Für 8 Personen
115 g Haushaltschokolade, kleingehackt
3 Eier
200 g Streuzucker
175 ml saure Sahne
200 g Fertigmehl

Für die Füllung und die Glasur
175 g Pomeranzenmarmelade
115 g Haushaltschokolade, kleingehackt
4 EL saure Sahne
zerkleinerte Orangenschale zum Garnieren

1 Den Herd auf 180 °C vorheizen. Eine 900 g fassende Kastenform leicht fetten und mit beschichtetem Backpapier auslegen. Die Schokolade schmelzen.

2 Eier und Zucker zusammen in eine Rührschüssel geben. Mit dem elektrischen Handmixer zu einer dicken, cremigen Masse schlagen, danach saure Sahne und die geschmolzene Schokolade unterrühren. Das Fertigmehl unterziehen, indem man einen Metallöffel in Form einer Acht durch die Masse zieht.

3 Die Masse in die vorbereitete Form geben und etwa 1 Stunde bzw. so lange, bis der Teig gut aufgegangen ist und sich fest anfaßt, backen. Einige Minuten in der Form abkühlen lassen, dann herausnehmen und auf einem Kuchengitter auskühlen lassen.

4 Die Füllung herstellen. Zwei Drittel der Marmelade in einen kleinen Topf geben und bei mäßiger Hitze schmelzen. Die Schokolade schmelzen und mit der sauren Sahne in die Marmelade einrühren.

5 Den Kuchen in drei Schichten schneiden, die Schichten mit etwa der Hälfte der Füllung bestreichen und den Kuchen wieder zusammensetzen. Die andere Hälfte der Füllung auf den Kuchen auftragen und fest werden lassen. Die restliche Marmelade mit einem Löffel auf dem Kuchen verteilen und als Garnierung mit zerkleinerter Orangenschale bestreuen.

Marzipan-Schokoladenkuchen

Für einen Kastenkuchen

115 g weiche ungesalzene Butter
150 g helle Muskovade
2 Eier, geschlagen
3 EL Kakaopulver
150 g Fertigmehl
130 g Marzipan
4 EL Schokoladensplitter

1 Den Herd auf 180 °C vorheizen. Eine 900 g fassende Kastenform fetten und deren Boden mit beschichtetem Backpapier auslegen. Butter und Zucker in einer Schüssel verrühren, bis die Masse leicht und schaumig ist.

2 Nach und nach die Eier unterschlagen und mit der Masse gut vermischen.

3 Kakaopulver und Mehl über die Masse sieben und gleichmäßig unterziehen.

4 Marzipan mit einem scharfen Messer in kleine Stücke hacken. In eine Schüssel geben und mit den Schokoladensplittern mischen. Etwa 4 EL davon abnehmen und den Rest gleichmäßig unter den Kuchenteig ziehen.

5 Die Masse in die Form füllen, glattstreichen und mit den zurückbehaltenen Marzipanwürfeln und Schokoladensplittern bestreuen.

6 45–50 Minuten bzw. so lange, bis der Teig aufgegangen und fest geworden ist, backen. Einige Minuten in der Form abkühlen lassen, dann herausnehmen und auf einem Kuchengitter auskühlen lassen.

Kokos-Schokoladenrolle

4 Die Masse in die vorbereitete Form geben, dabei die Ecken richtig ausfüllen. Die Oberfläche mit einem Palettenmesser glattstreichen, dann 20–25 Minuten bzw. so lange, bis der Teig gut aufgegangen ist und ein leichter Druck mit den Fingerspitzen keine Spur mehr hinterläßt, backen.

5 Den gebackenen Teig samt Backpapier auf das zuckerbestreute fettdichte Papier stürzen und das Backpapier vorsichtig abziehen. Die Teigplatte mit einem feuchten sauberen Tuch bedecken und auskühlen lassen.

6 Die Füllung herstellen. In einer Schüssel Sahne und Whisky schlagen, bis die Masse gerade ihre Form behält, Kokospaste raspeln und mit dem Zucker dazugeben.

Für 8 Personen

115 g Streuzucker
5 Eier, getrennt
50 g Kakaopulver

Für die Füllung

300 ml Double Cream
3 EL Whisky oder Weinbrand
50 g feste Kokospaste
2 EL Streuzucker

Für die Garnitur

1 Stück frische Kokosnuß
dunkle Schokolade für Röllchen

1 Den Herd auf 180 °C vorheizen. Ein Backblech von (33 cm × 23 cm) fetten und mit Backpapier auslegen. Die Arbeitsfläche mit einem großen Bogen fettdichten Papiers oder beschichteten Backpapiers bedecken und gleichmäßig mit 2 EL Zucker bestreuen.

2 Die Eigelb in eine feuerfeste Schüssel geben. Den restlichen Zucker hinzufügen und mit dem elektrischen Handmixer schlagen, bis die Masse dick genug ist, daß man mit dem Löffel eine Spur darin ziehen kann. Kakaopulver darübersieben, mit einem Löffel vorsichtig unterziehen.

3 Die Eiweiß in einer sauberen, fettfreien Schüssel schlagen, bis sie weiche Spitzen bilden. Etwa 1 EL davon zum Auflockern unter die Schokoladenmasse ziehen, dann den Rest gleichmäßig unterheben.

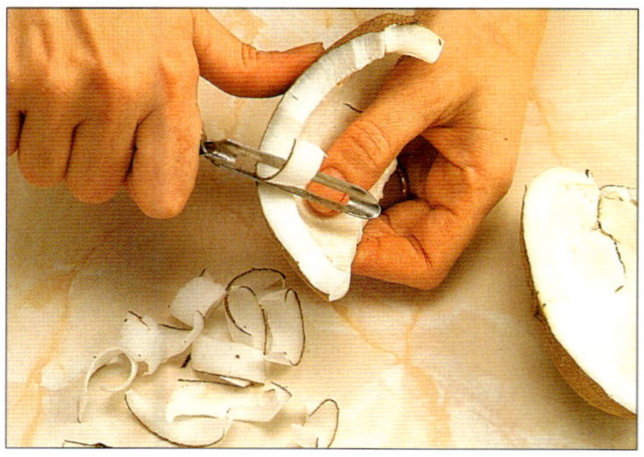

7 Das feuchte Tuch von der Teigplatte entfernen und etwa drei Viertel der Sahnemischung auftragen. Von einer Längsseite her vorsichtig zusammenrollen und die restliche Sahnemasse auf die Rolle aufspritzen oder mit einem Löffel aufstreichen. Das Kokosnußstück und die dunkle Schokolade mit einem Kartoffelschäler zu Locken schälen und auf die Rolle häufen.

Walnuss-Schokoladenrolle

Für 10–12 Personen
175 g halbbittere Schokolade, kleingehackt
2 EL Kakaopulver, gesiebt
4 EL heißer starker Kaffee oder Espresso
6 Eier, getrennt
75 g Streuzucker
1 Prise Weinstein
1 TL echte Vanillearoma
Kakaopulver zum Bestäuben

Für die Walnusscreme-Füllung
475 ml Double Cream
2 EL Rum oder Kaffeelikör
350 g gesüßtes Walnußpüree aus der Dose
115 g halbbittere Schokolade, geraspelt

1 Den Herd auf 180 °C vorheizen. Boden und Rand eines Backblechs (39 cm × 27 cm × 2,5 cm) leicht fetten. Mit beschichtetem Backpapier belegen, das Papier dabei 2,5 cm über den Rand hinausragen lassen. Die Schokolade schmelzen. Das Kakaopulver in heißem Kaffee auflösen und zu einer Paste verrühren. Beiseite stellen.

2 In einer Rührschüssel Eigelb und die Hälfte des Zuckers mit dem Handmixer zu einer hellen dicken Masse schlagen. Geschmolzene Schokolade und Kakao-Kaffee-Paste langsam einrühren, bis alles knapp vermischt ist. In einer zweiten Schüssel Eiweiß und Weinstein schlagen, bis sich steife Spitzen bilden. Den restlichen Zucker in zwei Portionen zugeben und schlagen, bis der Eischnee steif ist und glänzt, danach die Vanillearoma untermengen.

3 Die Schokoladenmasse mit einem Löffel Eischnee auflockern, dann den Rest unterheben. Auf dem Backblech verteilen. 20–30 Minuten bzw. so lange, bis ein leichter Druck mit den Fingerspitzen keine Spur mehr hinterläßt, backen.

4 Ein Küchentuch mit Kakao bestäuben. Die fertige Teigplatte sofort auf das Tuch stürzen, das Backpapier entfernen. Zu knusprig gebackene Ecken abschneiden. Von einer Schmalseite her Teigplatte und Tuch zu einer Biskuitrolle zusammenrollen. Auskühlen lassen.

5 Die Füllung herstellen. Sahne und Rum oder Likör schlagen, bis sich weiche Spitzen bilden. In das Walnußpüree zum Auflockern einen Löffel davon einrühren, den Rest und die geraspelte Schokolade unterziehen. Ein Viertel der Mischung zum Garnieren beiseite stellen. Den Teig wieder aufrollen und mit der Walnußcreme bestreichen, dabei 2,5 cm bis zum Rand frei lassen.

6 Die Teigplatte mit Hilfe eines darunterliegenden Tuches wieder zusammenrollen. Mit der Abschlußkante nach unten auf eine Kuchenplatte legen. Die Oberseite der Rolle mit einem Teil der zurückbehaltenen Walnußmasse bestreichen, mit dem Rest Rosetten aufspritzen. Die Rolle mit kandierten Walnüssen verzieren.

MARMORIERTE BISKUITROLLE

FÜR 6–8 PERSONEN
90 g Weizenmehl
1 EL Kakaopulver
25 g Haushaltschokolade, geraspelt
25 g weiße Schokolade, geraspelt
3 Eier
115 g Streuzucker
2 EL kochendes Wasser
FÜR DIE FÜLLUNG
1 Portion Schokoladenbuttercreme
3 EL gehackte Walnüsse

1 Den Herd auf 200 °C vorheizen. Ein Backblech (30 cm × 20 cm) fetten und mit beschichtetem Backpapier auslegen. Die Hälfte des Mehls mit dem Kakaopulver in eine Schüssel sieben. Geraspelte Schokolade untermischen. Das restliche Mehl in eine zweite Schüssel sieben. Die geraspelte weiße Schokolade untermischen.

2 In einer feuerfesten Schüssel über einem Topf mit heißem Wasser Eier und Zucker schlagen, bis die Masse ihre Form behält, d. h. wenn beim Herausziehen des Schneebesens eine bänderartige Spur zurückbleibt.

3 Die Schüssel von dem Topf herunternehmen und die Hälfte der Masse in eine zweite Schüssel geben. Unter die eine Hälfte der Eier-Zucker-Masse die Bitterschokoladenmischung, unter die andere Hälfte die weiße Schokoladenmischung ziehen. Die Massen mit je 1 EL kochendem Wasser geschmeidig machen.

BAKED ALASKA

Mit Baked Alaskas nach Ihrem individuellen Rezept können Sie in wenigen Minuten ein köstliches Dessert zaubern. Geben Sie dazu auf einige Scheiben der Biskuitrolle Eiscreme, bedecken Sie Kuchen und Eis dick mit Baisermasse und lassen Sie das Ganze unter Aufsicht 2–3 Minuten bei 230 °C backen, bis die Baisermasse eine leicht bräunliche Färbung annimmt.

4 Mit einem Löffel abwechselnd hellen und dunklen Teig auf das vorbereitete Backblech geben. Für den Marmoreffekt ein Messer oder einen schmalen Metallspießer in Spiralen leicht durch den Teig ziehen. 12–15 Minuten oder so lange, bis ein leichter Druck mit den Fingerspitzen keine Spur mehr hinterläßt, backen. Die Teigplatte auf einen Bogen beschichteten Backpapiers, mit dem die Arbeitsfläche bedeckt ist, stürzen.

5 Die Teigränder sauber abschneiden und die Teigplatte mit einem feuchten sauberen Tuch abdecken. Kühl stellen.

6 Für die Füllung Schokoladenbuttercreme und Walnüsse in einer Schüssel mischen. Das Tuch von der Teigplatte nehmen, das Papier abziehen und die Teigoberfläche mit der Buttercreme bestreichen. Von einer Längsseite her vorsichtig zusammenrollen und auf eine Kuchenplatte legen. Vor dem Servieren in Scheiben schneiden.

SCHOKOLADENSTAMM ZUM WEIHNACHTSFEST

FÜR 12–14 PERSONEN
1 Schokoladenbiskuitrolle, siehe Schokolade-Walnuß-Rolle
1 Portion Schokoladen-Canache oder Schokoladenbuttercreme

FÜR DIE WEISSE SCHOKOLADENCREME-FÜLLUNG
200 g gute weiße Schokolade, kleingehackt
475 ml Double Cream
2 EL Weinbrand oder Kakaolikör (nach Belieben)

FÜR DIE PREISELBEERSAUCE
450 g frische oder gefrorene Preiselbeeren, gewaschen und verlesen
275 g kernlose Himbeeren aus der Dose, püriert
115 g Kristallzucker (oder Menge nach Geschmack)

1 Eine Preiselbeersauce herstellen. Die Preiselbeeren dazu in einer Küchenmaschine mit einer Metallschneide zerkleinern, bis sie flüssig sind. Durch ein Sieb in eine kleine Schüssel drücken und den Rückstand wegwerfen. Die pürierten Konservenhimbeeren und Zucker nach Geschmack darunterrühren. Ist die Sauce zu dick, etwas Wasser zum Verdünnen zugeben. Zudecken und in den Kühlschrank stellen.

2 Die Füllung herstellen. In einem kleinen Topf die Schokolade zusammen mit 120 ml Sahne bis zum Schmelzen erwärmen, umrühren. Durch ein Sieb in eine Schüssel gießen und auf Raumtemperatur kühlen. In einer anderen Schüssel die restliche Sahne mit Weinbrand oder Likör schlagen, bis die Masse weiche Spitzen bildet; unter die Schokoladenmasse ziehen.

3 Die Biskuitrolle auseinanderrollen, mit der Masse bestreichen und von einer langen Seite her wieder zusammenrollen. Ein Viertel der Rolle schräg abschneiden und beide Stücke auf einer Kuchenplatte so anordnen, daß sie wie ein Stück von einem Baumstamm aussehen.

4 Wird für den Überzug Schokoladen-Canache verwendet, die Masse bei Zimmertemperatur weich werden lassen, dann schlagen, bis sie streichfähig ist. Den Stamm mit Canache oder Buttercreme überziehen und mit einer Gabel ein Baumrindenmuster in den Überzug ritzen. Leicht mit Puderzucker bestäuben und mit einem Stechpalmenzweig oder ähnlichem weihnachtlichen Schmuck verzieren. Mit Preiselbeersauce auftragen.

BAISER-PILZE

Als Schmuck für den „Julblock“ verwendet man traditionell kleine, dekorative Pilze. Die Pilzhüte und -stiele werden einzeln aus Baisermasse gespritzt, bei schwacher Hitze im Herd getrocknet, dann mit Canache-Creme oder Schokoladenbuttercreme zusammengefügt und nach Belieben mit Kakaopulver bestäubt.
Die Pilze lassen sich auch aus Marzipan herstellen.

Festliche Kuchen und Torten

Dattel-Schokoladentorte

Für 8 Personen
4 Eiweiß
115 g Streuzucker
200 g Haushaltschokolade
175 g Medjool-Datteln, entsteint und fein gehackt
175 g Walnüsse oder Pekannüsse, gehackt
1 TL Vanillearoma
Für den Überzug
200 g Frischkäse
200 g Mascarpone
einige Tropfen Vanillearoma
Puderzucker nach Geschmack

1 Den Herd auf 180 °C vorheizen. Eine Springform (Durchmesser 20 cm) fetten. Den Boden der Form mit beschichtetem Backpapier auslegen.

2 Den Überzug herstellen. Dazu Fromage frais und Mascarpone miteinander mischen, einige Tropfen Vanillearoma und Puderzucker nach Geschmack zugeben und beiseite stellen.

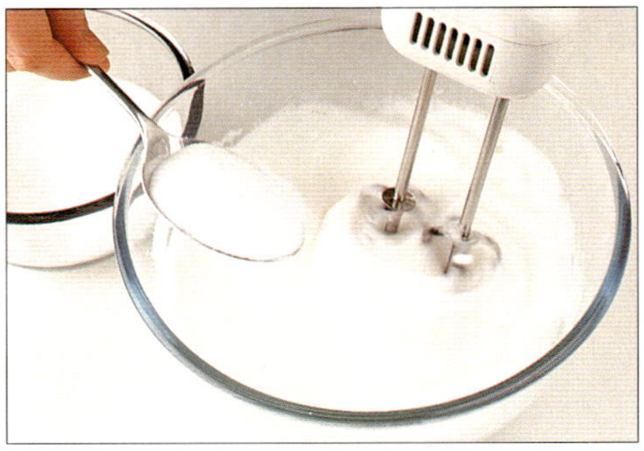

3 In einer Schüssel die Eiweiß schlagen, bis sich steife Spitzen bilden. 2 TL Streuzucker unterschlagen, bis die Baisermasse dick und glänzend ist, dann den Rest unterziehen.

4 Einen Teil der Schokolade (175 g) hacken, dann mit Datteln, Nüssen und Vanillearoma vorsichtig unter die Baisermasse ziehen. In die vorbereitete Form gießen, glattstreichen und etwa 45 Minuten backen, bis die Masse rundherum aufgegangen ist.

5 Den Kuchen in der Form 10 Minuten abkühlen lassen, dann auf ein Gitter stürzen. Das Backpapier abziehen und den Kuchen auskühlen lassen.

6 Den Überzug herstellen. Dazu alle Zutaten zusammen durchschlagen, dann auf der Torte verteilen. Die restliche Schokolade schmelzen. Mit einer Spritztüte aus Papier bei gleichmäßigem Druck auf den Überzug aufspritzen. Dabei rasch arbeiten. Die Torte vor dem Servieren kalt stellen und in keilförmige Stücke schneiden.

SCHOKOLADENTORTE MIT ROTEN JOHANNISBEEREN

FÜR 8–10 PERSONEN

115 g weiche ungesalzene Butter
115 g dunkle Muskovade
2 Eier
150 ml saure Sahne
150 g Fertigmehl
1 TL Backpulver
50 g Kakaopulver
75 entstielte rote Johannisbeeren und 115 g rote Johannisbeeren am Stiel zum Garnieren

FÜR DEN ÜBERZUG

150 g Haushaltschokolade, kleingehackt
3 EL Gelee von roten Johannisbeeren
2 EL dunkler Rum
120 ml Double Cream

1 Den Herd auf 180 °C vorheizen. Eine Springform (1,2 Liter) fetten und leicht mit Mehl bestäuben. In einer Rührschüssel Butter und Zucker zu einer blaßgelben schaumigen Masse schlagen. Eier und saure Sahne unterschlagen, bis alles gründlich vermischt ist.

2 Mehl, Backpulver und Kakaopulver über die Masse sieben, dann leicht und gleichmäßig unterziehen. Die entstielten Johannisbeeren unterheben. Die Masse in die vorbereitete Form geben und glattstreichen. 40–50 Minuten bzw. so lange, bis der Teig gut aufgegangen und fest geworden ist, backen. Aus der Form nehmen und auf einem Kuchengitter auskühlen lassen.

3 Den Überzug herstellen. Dazu Schokolade, Johannisbeergelee und Rum in einer feuerfesten Schüssel miteinander mischen. Die Schüssel bei mäßiger Hitze auf ein Gefäß mit siedendem Wasser setzen, gelegentlich rühren, bis die Masse geschmolzen ist. Vom Herd nehmen und auf Raumtemperatur kühlen, dann nach und nach die Sahne zugeben. Gut vermischen.

4 Den Kuchen auf eine Servierplatte stellen. Die Überzugsmasse gleichmäßig über den Kuchen verteilen und an den Seiten hinablaufen lassen. Vor dem Auftragen mit Johannisbeerrispen garnieren.

TIP

Verwenden Sie für diese Torte am besten eine Gugelhupfform, wenn vorhanden.
Mischen Sie unter das Mehl zum Bestäuben der gefetteten Form etwas Kakaopulver; das verhindert, daß das Mehl auf dem fertigen Kuchen weiße Streifen hinterläßt.

Sachertorte

Für 10–12 Personen
225 g dunkle Bitterschokolade, kleingehackt
150 g weiche Butter
115 g Streuzucker
8 Eier, getrennt
115 g Weizenmehl

Für den Überzug
225 g Aprikosenkonfitüre
1 EL Zitronensaft

Für die Glasur
225 g dunkle Bitterschokolade, kleingeschnitten
200 g Streuzucker
1 EL heller Zuckersirup
250 ml Double Cream
1 TL Vanillearoma
Bitterschokoladenröllchen zum Garnieren

1 Den Herd auf 180 °C vorheizen. Eine runde Springform (23 cm) fetten und mit beschichtetem Backpapier auslegen. Schololade in einer feuerfesten Schüssel über knapp siedendem Wasser schmelzen, dann beiseite stellen.

2 In einer Schüssel Butter und Zucker zu einer blaßgelben schaumigen Masse rühren, dann nach und nach die Eigelb zugeben, die Masse jedesmal gut durchschlagen. Die geschmolzene Schokolade unterschlagen, dann das Mehl über die Masse sieben und gleichmäßig unterziehen.

3 In einer sauberen, fettfreien Schüssel die Eiweiß steifschlagen, dann etwa ein Viertel des Eischnees zum Auflockern unter die Schokoladenmasse rühren. Den restlichen Eischnee unterheben.

4 Schokolademischung in die vorbereitete Form geben und glattstreichen. Etwa 50–55 Minuten bzw. so lange, bis die Oberfläche fest ist, backen. In der Form 5 Minuten abkühlen lassen, dann vorsichtig herausnehmen und auf einem Kuchengitter auskühlen lassen.

5 Den Überzug herstellen. Dazu die Aprikosenmarmelade zusammen mit dem Zitronensaft in einem kleinen Topf erwärmen, bis alles geschmolzen ist, dann durch ein Sieb streichen und in die Schüssel geben. Den ausgekühlten Kuchen quer in zwei gleich große Schichten teilen.

6 Die Oberflächen und Seiten der beiden Schichten mit der Aprikosenüberzugsmasse bestreichen und die Schichten aufeinandersetzen. Auf ein Kuchengitter legen.

7 Die Glasur herstellen. Dazu in einem schweren Topf Schokolade, Flüssigzucker, Sahne und Vanillearoma mischen. Bei mäßiger Hitze ständig rühren, bis die Masse dick und glatt ist. 3–5 Minuten leise köcheln lassen, ohne zu rühren, bis das Zuckerthermometer 95 °C anzeigt. Die Glasurmasse rasch über den Kuchen gießen und Oberfläche und Seiten vollständig damit bestreichen. Fest werden lassen, mit Schokoladenröllchen verzieren. Nach Belieben mit Schlagsahne servieren.

Königin von Saba-Kuchen

Für 8–10 Personen

100g ganze blanchierte Mandeln, schwach geröstet
115 g Streuzucker
40 g Weizenmehl
115 g weiche ungesalzene Butter
150 g Haushaltschokolade, geschmolzen
3 Eier, getrennt
2 EL Mandellikör (nach Belieben)
gehackte geröstete Mandeln zum Garnieren

Für die Schokoladenglasur

175 ml Schlagsahne
225 g Haushaltschokolade, gehackt
25 g ungesalzene Butter
2 EL Mandellikör (nach Belieben)

1 Den Herd auf 180 °C vorheizen. Eine Springform (20–23 cm Durchmesser) fetten und mit Backpapier auslegen. Leicht mit Mehl ausstäuben.

2 In einer Küchenmaschine die mit Zucker vermischten Mandeln mit der Metallschneide sehr fein zerkleinern. Die Masse in eine Schüssel geben und das Mehl darübersieben. Alles miteinander verrühren und dann beiseite stellen.

3 Die Butter cremig schlagen, dann die Hälfte des restlichen Zuckers zugeben und etwa 1–2 Minuten durchschlagen, bis die Masse sehr hell ist. Nach und nach geschmolzene Schokolade unterschlagen, dann die Eigelb einzeln zugeben, die Masse dabei jedesmal gut durchschlagen. Den Likör (falls gewünscht) unterrühren.

4 In einer anderen Schüssel die Eiweiß schlagen, bis sie weiche Spitzen bilden. Den restlichen Zucker zugeben und schlagen, bis die Eiweiß steif und glänzend, jedoch nicht trocken sind. Ein Viertel des Eischnees zum Auflockern unter die Schokoladenmasse heben, dann in je drei Portionen abwechselnd Mandelmasse und restlichen Eischnee unterziehen. Die Masse in die vorbereitete Form füllen und glattstreichen.

5 30–35 backen, bis der Kuchen an den Rändern aufgegangen und fest, in der Mitte jedoch noch weich ist. 15 Minuten in der Form abkühlen lassen, dann den Rand der Form lösen und den Kuchen auf ein Gitter stürzen. Nach dem Auskühlen den Boden der Springform und das Papier abnehmen.

6 Für den Schokoladenüberzug die Sahne in einem Topf zum Kochen bringen. Vom Herd nehmen, die Schokolade zugeben und sacht rühren, bis sie geschmolzen und die Masse glatt ist. Butter und (wenn gewünscht) Mandellikör unterschlagen. Etwa 20–30 Minuten abkühlen lassen, bis die Masse dicklich ist, gelegentlich rühren.

7 Das Gitter mit dem Kuchen auf ein Backblech stellen und den Kuchen mit dem größten Teil der warmen Überzugsmasse vollständig begießen. Etwas abkühlen lassen, dann die Mandeln auf den Rand drücken. Die restliche Überzugsmasse als Garnierung aufspritzen. Den Kuchen auf eine Platte legen und bis zum Auftragen kalt stellen.

Kuchen aus Schokoladen-Ahorn-Walnuss-Spiralen

Für 12 Personen
450 g kleberstarkes Weizenmehl
½ TL gemahlener Zimt
50 g ungesalzene Butter, kleingeschnitten
50 g Streuzucker
1 Päckchen Trockenhefe
1 Eigelb
120 ml Wasser
4 EL Milch
3 EL Ahornsirup zum Bestreichen
Für die Füllung
40 g ungesalzene Butter, zerlassen
50 g helle Muskovade
175 g Bitterschokoladensplitter
75 g gehackte Walnüsse

1 Eine Springform (23 cm Durchmesser) mit hohem Rand fetten. Mehl und Zimt in eine Schüssel sieben, dann die Butter hineinkneten, so daß die Masse schließlich wie grobe Semmelbrösel aussieht.

2 Zucker und Hefe untermengen. In einem Krug oder einer Schüssel das Eigelb mit Wasser und Milch verschlagen, dann mit den trockenen Zutaten zu einem weichen Teig verrühren.

3 Den Teig auf einer leicht bemehlten Fläche kneten, bis er glatt ist, dann zu einem Rechteck von etwa 40 cm × 30 cm ausrollen.

4 Zum Füllen die Teigoberfläche mit zerlassener Butter bepinseln und mit Muskovade, Schokoladensplittern und gehackten Walnüssen bestreuen.

5 Die Teigplatte von einer Längsseite her wie eine Biskuitrolle zusammenrollen, dann in 12 dicke gleichstarke Scheiben schneiden. In der Form mit den Schnittflächen nach oben eng zusammensetzen. Abdecken und an einem warmen Platz etwa 1½ Stunden stehenlassen, bis der Teig aufgegangen und elastisch ist. Inzwischen den Herd auf 220 °C vorheizen.

6 30–35 Minuten goldbraun backen. Aus der Form nehmen und auf einem Kuchengitter abkühlen lassen. Noch warm mit Ahornsirup bepinseln. Zum Servieren in einzelne Spiralen zerpflücken.

Schichtkuchen aus weisser Schokoladenmousse und Erdbeeren

4 Die Mousse-Füllung herstellen. Dazu in einem mittelgroßen Topf bei niedriger Hitze Schokolade und Sahne unter häufigem Rühren schmelzen lassen, bis die Masse glatt ist. Rum oder Erdbeerlikör unterrühren und alles in eine Schüssel gießen. Bis zum Festwerden kalt stellen. Mit dem Schneebesen leicht aufschlagen.

Für 10 Personen

115 g gute weiße Schokolade, kleingehackt
120 g Double Cream
120 ml Milch
1 EL Vanillearoma
115 g weiche ungesalzene Butter
175 g Kristallzucker
3 Eier
225 g Weizenmehl
2 TL Backpulver
1 Prise Salz
675 g frische Erdbeeren, in Scheiben geschnitten und einige Früchte zum Garnieren
750 ml Schlagsahne
2 EL Rum oder Erdbeerlikör

Für die weisse Schokoladenmousse-Füllung

250 g weiße Schokolade, kleingehackt
350 ml Double Cream
2 EL Rum oder Erdbeerlikör

1 Den Herd auf 180 °C vorheizen. Zwei Kuchenformen (je 23 cm × 5 cm) fetten und mit Mehl ausstäuben. Den Boden der Formen mit beschichtetem Backpapier auslegen. Schokolade und Schlagsahne in einem Wasserbadtopf bei geringer Hitze schmelzen lassen, glattrühren. Milch und Rum oder Vanillearoma unterrühren und zum Abkühlen beiseite stellen.

2 In einer großen Rührschüssel Butter und Zukker 3–5 Minuten mit dem elektrischen Handmixer schlagen, bis die Masse hell und cremig ist, dabei gelegentlich die an der Seite der Schüssel haftende Masse abschaben. Nach und nach die Eier zugeben, jedesmal gut unterschlagen. In einer kleinen Schüssel Mehl, Backpulver und Salz miteinander vermengen. Abwechselnd Mehl und geschmolzene Schokolade portionsweise zu der Eiermasse geben, bis alles knapp vermischt ist. Die Masse in die Backformen füllen und glattstreichen.

3 20–25 Minuten backen, bis am Teststäbchen kein Teig mehr haften bleibt. 10 Minuten in der Form abkühlen lassen, dann herausnehmen und auf ein Kuchengitter legen, das Papier abziehen und auskühlen lassen.

5 Mit einem Sägemesser beide Kuchen quer durchschneiden, so daß vier gleichstarke Schichten entstehen. Zum Zusammensetzen eine Schicht auf die Kuchenplatte legen und ein Drittel der Schokoladenmousse daraufstreichen. Mit einem Drittel der Erdbeerscheiben belegen. Darauf die zweite Kuchenschicht setzen, mit einem weiteren Drittel der Mousse bestreichen und ebenfalls mit einem Drittel der Erdbeerscheiben belegen. Die dritte Schicht aufsetzen und die restliche Mousse darauf verteilen. Die restlichen Erdbeerscheiben daraufgeben, und die letzte Kuchenschicht auflegen.

6 Sahne und Rum oder Erdbeerlikör schlagen, bis die Masse feste Spitzen bildet. Oberfläche und Seiten des Kuchens mit etwa der Hälfte der Schlagsahne bestreichen. Den Rest in eine Spritztüte mit mittelgroßer Sterntülle füllen und in Schnörkeln auf den Kuchen spritzen. Die Hälfte der übrigen Erdbeerscheiben als Garnitur auf die mit Sahne bestrichenen Seiten drücken, den Rest auf dem Kuchen anordnen.

Ingwer-Schokoladenkuchen

Für 6 Personen

150 Haushaltschokolade, kleingehackt
50 g ungesalzene Butter
115 g Ingwer-Nuß-Kekse
4 Stück Ingwer (Konserve)
2 EL Ingwersirup
3 EL Kokosraspel

Zum Garnieren

25 g Milchschokolade, kleingehackt
einige Stücke kandierter Ingwer

1 Den Rand einer Springform (15 cm Durchmesser) fetten und auf ein Stück Backpapier legen. In einer feuerfesten Schüssel über knapp siedendem Wasser die Schokolade zusammen mit der Butter schmelzen. Vom Herd nehmen und beiseite stellen.
2 Die Kekse in kleine Stücke zerbröckeln und in eine Schüssel geben.
3 Den Ingwer recht fein hacken und unter die Keksstücke mischen.
4 Keksmasse, Ingwersirup und Kokosraspel in die geschmolzene Schokolade-Butter-Mischung einrühren, alles gut und gleichmäßig vermischen.
5 Die Masse in den vorbereiteten Springformrand geben, fest und gleichmäßig andrücken. Bis zum Festwerden im Kühlschrank lassen.
6 Den Rand entfernen und den Kuchen auf eine Platte gleiten lassen. Milchschokolade schmelzen und den Kuchen damit verzieren. Den Kuchen mit kandierten Ingwerstücken garnieren.

Schokoladenfudge-Kuchen

Für 6–8 Personen

115 g Haushaltschokolade, kleingehackt
175 g weiche ungesalzene Butter oder Margarine
200 g helle Muskovade
1 TL Vanillearoma
3 Eier, geschlagen
150 ml fettreicher flüssiger Joghurt
150 g Fertigmehl
Puderzucker und Schokoladenröllchen zum Garnieren

Für den Überzug

115 g dunkle Bitterschokolade, kleingehackt
50 g ungesalzene Butter
350 g Puderzucker
6 EL fettreicher flüssiger Joghurt

1 Den Herd auf 190 °C vorheizen. Zwei runde Sandwichkuchenformen fetten und deren Boden mit beschichtetem Backpapier auslegen. Die Schokolade schmelzen.
2 In einer Rührschüssel Butter oder Margarine mit dem Zucker zu einer blaßgelben schaumigen Masse schlagen. Vanillearoma unterrühren, dann nach und nach die Eier zugeben, jedesmal gut unterschlagen.
3 Geschmolzene Bitterschokolade und Joghurt gleichmäßig unterrühren. Mit einem Metallöffel das Mehl unterziehen.
4 Die Masse zu gleichen Teilen in beide Backformen geben. 25–30 Minuten bzw. so lange, bis sich die Kuchen fest anfassen, backen. Aus der Form nehmen und auf einem Kuchengitter abkühlen lassen.
5 Den Überzug herstellen. Dazu Schokolade und Butter bei niedriger Hitze in einem Topf schmelzen. Vom Herd nehmen und Puderzucker sowie Joghurt unterrühren. Mit einem Gummispatel zu einer glatten Masse vermischen, dann durchschlagen, bis die Masse auszukühlen beginnt und etwas eindickt. Mit etwa einem Drittel der Masse die Kuchen auf je einer Seite bestreichen, die bestrichenen Seiten aufeinandersetzen.
6 Mit dem Rest den Kuchen rasch oben und an der Seite bestreichen. Mit Puderzucker bestreuen und mit Schokoladenröllchen verzieren.

Festliche Torte mit Schokoladenblättern

Für 8 Personen
75 g dunkle Bitterschokolade, in Quadrate gebrochen
150 ml Milch
175 g weiche ungesalzene Butter
250 g helle Muskovade
3 Eier
250 g Weizenmehl
2 TL Backpulver
5 EL Kaffeesahne
Für Füllung und Überzug
4 EL Himbeeren aus der Dose
1 Portion Schokoladen-Canache
dunkle und weiße Schokoladenblätter

1 Den Herd auf 190 °C vorheizen. Zwei runde Sandwichkuchenformen (22 cm) fetten und mit Backpapier belegen. Schokolade mit der Milch bei niedriger Hitze schmelzen und danach etwas abkühlen lassen.

2 In einer Rührschüssel Butter mit heller Muskovade zu einer hellen schaumigen Masse verrühren. Nach und nach die Eier zugeben, jedesmal gut unterschlagen.

3 Mehl und Backpulver über die Masse sieben und vorsichtig, aber sorgfältig unterziehen. Schokoladenmasse und Kaffeesahne hinzufügen und glattrühren. Die Masse gleichmäßig auf die vorbereiteten Formen aufteilen und glattstreichen.

4 Die Kuchen etwa 30–35 Minuten bzw. so lange, bis sie gut aufgegangen sind und sich fest anfühlen, backen. Einige Minuten in der Form abkühlen lassen, dann herausnehmen und auf zwei Kuchengitter setzen.

5 Die Himbeeren auf die zuunterst liegende Kuchenschicht geben, darauf die andere Schicht legen. Die Schokoladen-Canache auf dem zusammengesetzten Kuchen mit einem Messer verteilen. Den Kuchen auf eine Platte setzen und mit den Schokoladenblättern verzieren.

Mandelmousse-Schokoladenkuchen

Für 8 Personen

50 g dunkle Bitterschokolade, in Quadrate gebrochen
200 g Marzipan, geraspelt oder gehackt
200 ml Milch
115 g Fertigmehl
2 Eier, getrennt
75 g helle Muskovade
Für die Mousse-Füllung
115 g Haushaltschokolade, kleingehackt
2 Eier, getrennt
2 EL Amaretto di Saronno

Für den Überzug

1 Portion Schokoladen-Canache
geröstete Mandelblättchen zum Garnieren

1 Den Herd auf 190 °C vorheizen. Eine quadratische Kuchenform (17 cm Seitenlänge) mit hohem Rand fetten und mit beschichtetem Backpapier auslegen. Schokolade, Marzipan und Milch in einen Topf geben und vorsichtig erhitzen, nicht kochen lassen, glattrühren.

2 Das Mehl in eine Schüssel sieben und Schokoladenmasse und Eigelb dazugeben, schlagen, bis alles gleichmäßig vermischt ist.

3 Die Eiweiß in einer sauberen, fettfreien Schüssel schlagen, bis die Masse steif genug ist, und feste Spitzen stehen bleiben. Den Zucker nach und nach unterschlagen. Etwa 1 EL Eischnee zum Auflockern unter die Schokoladenmasse rühren, dann den Rest unterheben.

4 Die Masse in die Backform geben, glattstreichen. 45–50 Minuten backen, bis der Teig gut aufgegangen ist, eine feste Oberfläche hat und bei leichtem Druck mit den Fingerspitzen keine Spur zurückbleibt. Auf einem Kuchengitter auskühlen lassen.

5 Die Mousse-Füllung herstellen. Dazu die Schokolade mit der Butter in einem kleinen Topf bei geringer Hitze schmelzen, dann vom Herd nehmen und die Eigelb und den Amaretto unterschlagen. Die Eiweiß in einer sauberen, fettfreien Schüssel steifschlagen, dann unter die Schokoladenmischung heben.

6 Den erkalteten Kuchen quer in zwei gleichstarke Schichten schneiden. Eine Schicht in die saubere Kuchenform zurücklegen und die Schokoladenmousse darübergießen. Die andere Kuchenschicht darüberdecken und leicht andrücken. Bis zum Festwerden kalt stellen.

7 Den Kuchen aus der Form nehmen und auf eine Platte setzen. Die Schokoladen-Canache bei Zimmertemperatur weich werden lassen, dann durchschlagen, bis sie streichfähig ist. Die Canache auf Oberfläche und Seiten des Kuchens streichen, dann geröstete Mandelblättchen auf die Seiten drücken. Vor dem Servieren kalt stellen.

Torte „Tod durch Schokolade“

Für 16–20 Personen

225 g dunkle Bitterschokolade, kleingehackt
115 g ungesalzene Butter
150 ml Milch
225 g helle Muskovade
2 TL Vanillearoma
2 Eier, getrennt
150 ml saure Sahne
225 g Fertigmehl
1 TL Backpulver

Für Füllung und Überzug

4 EL Himbeerkonfitüre, kernlos
4 TL Weinbrand
400 g dunkle Schokolade, kleingehackt
200 g ungesalzene Butter
1 Portion Schokoladen-Canache
Röllchen von weißer Schokolade und Haushaltschokolade zum Garnieren

1 Den Herd auf 180 °C vorheizen. Eine Springform mit hohem Rand (23 cm Durchmesser) fetten und mit Backpapier auslegen. Schokolade, Butter und Milch in einen Topf geben. Bei geringer Hitze rühren, bis die Masse glatt ist. Vom Herd nehmen, Zucker und Vanillearoma unterschlagen, dann etwas abkühlen lassen.

2 Eigelb und saure Sahne in einer Schüssel durchschlagen, dann unter die Schokoladenmasse schlagen. Mehl und Backpulver darübersieben und unterziehen.

3 In einer fettfreien Schüssel die Eiweiß steifschlagen. Etwa 2 EL Eischnee zum Auflockern unter die Schokoladenkuchenmischung rühren. Den restlichen Eischnee mit einem Metalllöffel unterheben.

4 Die Masse in die vorbereitete Form füllen und etwa 45–55 Minuten bzw. so lange, bis die Oberfläche sich fest anfühlt, backen. Den Kuchen 15 Minuten in der Form abkühlen lassen, dann auf ein Gitter stürzen, die Form abnehmen und den Kuchen bis zum Erkalten beiseite stellen.

5 Den kalten Kuchen quer in drei gleich starke Schichten schneiden. Die Füllung herstellen. Dazu in einem kleinen Topf die Himbeerkonfitüre und 1 EL Weinbrand erwärmen, zwei der Kuchenschichten mit der Mischung bepinseln. Fest werden lassen.

6 Den restlichen Weinbrand zusammen mit Schokolade und Butter in einen Topf geben. Langsam erhitzen und rühren, bis die Mischung glatt ist. In eine Schüssel gießen und auskühlen lassen, bis die Mischung dick zu werden beginnt.

7 Die unterste Kuchenschicht mit der Hälfte der Füllung bestreichen, dabei nicht die Konfitüreschicht zerstören. Die zweite Lage mit der Konfitüreschicht nach oben auf die erste setzen und mit der restlichen Füllung bestreichen. Die letzte Kuchenschicht auflegen und leicht andrücken.

8 Fest werden lassen, dann den Kuchen oben und an den Seiten mit Schokoladen-Canache bestreichen. Mit Schokoladenlocken und nach Belieben mit in Schokolade getauchten Kapstachelbeeren garnieren.

Schokoladentorte für Veganer

Für 8–10 Personen
275 g Vollkornfertigmehl
50 g Kakaopulver
3 EL Backpulver
225 g Streuzucker
einige Tropfen Vanillearoma
9 EL Sonnenblumenöl
350 ml Wasser
Gesiebtes Kakaopulver zum Bestreuen
25 g gehacke Nüsse zum Garnieren

Für die Schokoladenfudge
50 g Margarine (Soja) für Veganer
3 EL Wasser
250 g Puderzucker
2 EL Kakaopulver
1–2 EL heißes Wasser

1 Den Herd auf 160 °C vorheizen. Eine runde Kuchenform (20 cm) mit hohem Rand fetten, mit beschichtetem Backpapier auslegen und das Papier mit etwas Sonnenblumenöl leicht fetten.
2 Mehl, Kakaopulver und Backpulver in eine große Rührschüssel sieben. Streuzucker und Vanillearoma hinzugeben, dann nach und nach das Sonnenblumenöl unterschlagen. Auf dieselbe Weise das Wasser zugeben, dabei die Mischung ständig weiterschlagen, bis ein glatter dicker Teig entsteht.
3 Die Kuchenmischung in die vorbereitete Form füllen und mit dem Löffelrücken glattstreichen.

4 Den Kuchen etwa 45 Minuten bzw. so lange, bis an einem in die Kuchenmitte gesteckten Teststäbchen oder einem dünnen Metallspieß kein Teig mehr haften bleibt, backen. Aus dem Herd nehmen, aber noch 5 Minuten in der Form lassen. Danach auf ein Kuchengitter setzen. Backpapier abziehen und den Kuchen abkühlen lassen. In zwei gleich dicke Schichten teilen.

5 Die Schokoladenfudge herstellen. Dazu Margarine und Wasser in einen Topf geben und langsam erwärmen, bis die Margarine geschmolzen ist. Vom Herd nehmen und Puderzucker sowie Kakaopulver, beides gesiebt, zugeben. Die Mischung schlagen, bis sie glänzt, bei Bedarf noch etwas Wasser hinzufügen. In eine Schüssel gießen und abkühlen lassen, bis die Mischung fest genug zum Aufstreichen und Spritzen ist.

6 Die untere Kuchenschicht auf eine Platte legen und mit zwei Dritteln der Schokoladenfudge-Masse bestreichen. Die andere Kuchenschicht daraufsetzen. Einen Spritzbeutel mit Sterntülle mit der restlichen Schokoladenfudge füllen und Sterne auf den Kuchen spritzen. Mit Kakaopulver bestreuen und mit gehackten Nüssen garnieren.

Schwarzwälder Kirschtorte

4 Die Kuchenschichten mit einem Spieß oder einer Gabel einstechen, dann mit Kirschwasser besprengen. In einer Schüssel die Sahne mit dem elektrischen Handmixer schlagen, bis sie dick zu werden beginnt, dann nach und nach Puderzucker und Vanillearoma zugeben und weiterschlagen, bis die Masse ihre Form behält.

5 Die Torte zusammensetzen. Dazu eine Kuchenschicht mit einer dicken Schicht Vanilleschlagsahne versehen, darauf etwa die Hälfte der Kirschen geben. Die zweite Schicht mit Sahne bestreichen, mit den restlichen Kirschen belegen und auf die erste Schicht setzen, dann mit der dritten Kuchenschicht abdecken.

6 Die restliche Sahne über die Torte verteilen. Eine Platte mit Puderzucker bestäuben und die Torte vorsichtig in die Mitte setzen. Geraspelte Schokolade an die Seiten drücken und die Torte mit Schokoladenröllchen und frischen oder abgetropften Sauerkirschen aus der Dose garnieren.

Für 8–10 Personen

6 Eier
200 g Streuzucker
1 TL Vanillearoma
50 g Weizenmehl
50 g Kakaopulver
115 g ungesalzene Butter, zerlassen

Für Füllung und Überzug

4 EL Kirschwasser
600 ml Double Cream
2 EL Puderzucker
$\frac{1}{2}$ TL Vanillearoma
675 g entsteinte Schattenmorellen, gut abgetropft

Für die Garnierung

Puderzucker zum Bestäuben
geraspelte Schokolade
Schokoladenlocken
Frische oder abgetropfte Schattenmorellen aus der Dose

1 Den Herd auf 180 °C vorheizen. Drei runde Sandwichkuchenformen (je 19 cm) fetten. Ihre Böden mit beschichtetem Backpapier auslegen. Eier, Zucker und Vanillearoma zusammen in eine Schüssel geben und mit dem elektrischen Handmixer zu einer blaßgelben und sehr dicken Masse schlagen.

2 Mehl und Kakaopulver über die Mischung sieben und mit einem Metallöffel leicht und gleichmäßig unterziehen. Langsam in die geschmolzene Butter einrühren.

3 Die Masse auf die vorbereiteten Formen aufteilen und glattstreichen. 15–18 Minuten backen, bis die Kuchen aufgegangen sind und ihre Oberfläche sich elastisch anfühlt.
5 Minuten in der Form abkühlen lassen, dann auf Kuchengitter setzen und auskühlen lassen. Das Backpapier entfernen.

WEISSE SCHOKOLADEN-CAPPUCCINO-TORTE

FÜR 8 PERSONEN

4 Eier
115 g Streuzucker
1 EL starker schwarzer Kaffee
½ TL Vanilleessenz
115 g Weizenmehl
75 g weiße Schokolade, grob geraspelt

FÜR DIE FÜLLUNG

120 ml Double Cream oder Schlagsahne
1 EL Kaffeelikör

FÜR DEN ÜBERZUG

1 EL Kaffeelikör
1 Portion Weiße Schokoladenglasur
Kakaopulver oder gemahlener Zimt zum Bestreuen

1 Den Herd auf 180 °C vorheizen. Zwei runde Sandwichkuchenformen (je 18 cm) fetten und deren Böden mit beschichtetem Backpapier auslegen.

2 Eier, Streuzucker, Kaffee und Vanillearoma in einer großen feuerfesten Schüssel vermengen. Die Schüssel auf einen Topf mit heißem Wasser setzen und die Mischung schlagen, bis sie blaßgelb und dick ist.

3 Die Hälfte des Mehls über die Masse sieben; vorsichtig und gleichmäßig unterziehen. Das restliche Mehl mit der geraspelten weißen Schokolade unterziehen.

4 Die Masse gleichmäßig auf die vorbereiteten Formen verteilen und glattstreichen. 20–25 Minuten backen, bis der Teig fest und goldbraun ist, dann aus der Form nehmen und auf Kuchengittern auskühlen lassen.

5 Die Füllung herstellen. In einer Schüssel Sahne und Kaffeelikör schlagen, bis die Sahne ihre Form behält. Auf die eine Tortenschicht streichen, die andere daraufsetzen.

6 Kaffeelikör unter die weiße Schokoladenglasur rühren. Die Torte oben und an der Seite damit bestreichen, mit einem Palettenmesser Muster ziehen. Weiße Schokoladenröllchen daraufgeben und mit Kakaopulver oder Zimt bestreuen. Die Torte auf eine Platte setzen und beiseite stellen, bis der Überzug fest ist. Möglichst am Herstellungstag verzehren.

Torte mit Schokoladen-Weinbrand-Snaps

Für 8 Personen

225 g dunkle Bitterschokolade, gehackt
225 g weiche ungesalzene Butter
200 g dunkle Muskovade
6 Eier, getrennt
1 TL Vanillearoma
150 g gemahlene Haselnüsse
4 EL frische weiße Brotkrumen
fein zerkleinerte Schale von einer großen Orange
1 Portion Schokoladen-Canache zum Füllen und Überziehen
Puderzucker zum Bestäuben

Für die Weinbrandsnaps

50 g ungesalzene Butter
50 g Streuzucker
75 g heller Zuckersirup
50 g Weizenmehl
1 TL Weinbrand

1 Den Herd auf 180 °C vorheizen. Zwei Sandwichkuchenformen (je 20 cm Durchmesser) fetten und mit beschichtetem Backpapier auslegen. Schokolade schmelzen, beiseite stellen und leicht abkühlen lassen.

2 In einer Rührschüssel Butter und Zucker zu einer hellen schaumigen Masse verrühren. Eigelb und Vanillearoma unterschlagen. Die Schokolade zugeben und alles sorgfältig vermischen.

3 In einer sauberen, fettfreien Schüssel die Eiweiß schlagen, bis sie weiche Spitzen bilden, dann den Eischnee mit gemahlenen Haselnüssen, Brotkrumen und Orangenschale unter die Schokoladenmasse heben.

4 Die Mischung gleichmäßig auf die vorbereiteten Formen aufteilen und glattstreichen. 25–30 Minuten bzw. so lange, bis der Teig gut aufgegangen ist und eine feste Oberfläche hat, backen. Aus der Form nehmen und auf Kuchengitter setzen. Den Herd nicht abschalten.

5 Die Weinbrandsnaps herstellen. Dazu zwei Bleche mit beschichtetem Backpapier belegen. Butter, Zucker und Flüssigzucker zusammen schmelzen.

6 Die Buttermasse glattrühren. Vom Herd nehmen, Mehl und Weinbrand unterrühren.

7 Die Masse mit einem kleinen Löffel portionsweise und in ausreichenden Abständen auf die Bleche setzen und 8–10 Minuten goldgelb backen. Einige Sekunden abkühlen und fest genug werden lassen, daß sie auf ein Kuchengitter gelegt werden können.

8 Sofort die Ränder der einzelnen Snaps so zusammendrücken, daß eine rüschenähnliche Form entsteht. Sind die Stücke zu fest geworden, im Herd kurz wieder weich werden lassen.

9 Die Hälfte der Schokoladen-Canache auf die eine Tortenschicht streichen, die andere Schicht darauflegen. Auf eine Platte setzen und die Oberseite mit der restlichen Canache bestreichen. Die Weinbrandsnaps auf der Torte verteilen und mit Puderzucker bestäuben.

Tip

Um Zeit zu sparen, können Sie fertige Weinbrandsnaps kaufen. Sie werden einfach ein paar Minuten im Herd gewärmt, bis sie biegsam genug sind, um sich formen zu lassen. Man kann sie auch so verwenden, wie sie sind, mit Sahne füllen und von der Tortenmitte her fächerförmig anordnen.

Baisertorte mit Schokoladenmascarpone

Für etwa 10 Personen
4 Eiweiß
1 Prise Salz
175 g Streuzucker
1 TL gemahlenen Zimt
75 g dunkle Bitterschokolade, geraspelt
Puderzucker und Rosenblätter zum Garnieren
Für die Füllung
115 g Haushaltschokolade, kleingehackt
1 TL Vanillearoma oder Rosenwasser
115 g Mascarpone

1 Den Herd auf 150 °C vorheizen. Zwei große Backbleche mit beschichtetem Backpapier belegen. In einer sauberen, fettfreien Schüssel die Eiweiß mit etwas Salz schlagen, bis sie steife Spitzen bilden.
2 Nach und nach die Hälfte des Zuckers unterschlagen, dann den Rest zugeben und die Baisermasse schlagen, bis sie steif und glänzend ist. Zimt und Schokolade hinzufügen und leicht unterschlagen.

3 Auf einem Blech einen Kreis (20 cm Durchmesser) auf das Backpapier zeichnen, das Papier mit der Unterseite nach oben drehen und auf den vorgezeichneten Kreis die Hälfte der Baisermasse streichen. Auf beide Backbleche die restliche Masse zu 28–30 akkuraten Häufchen setzen. $1\frac{1}{2}$ Stunden backen, bis sie knusprig sind.

4 Die Füllung herstellen. In einer feuerfesten Schüssel über heißem Wasser die Schokolade schmelzen. Leicht abkühlen, Vanillearoma oder Rosenwasser und Mascarpone zugeben. Die Mischung abkühlen lassen, daß sie ihre Form hält.

5 Die Schokoladenmasse in einen großen Spritzbeutel füllen und je zwei Baiserhäufchen mit einer Schicht Schokolademasse dazwischen zusammensetzen. Etwas Füllung zum Zusammensetzen der Torte zurückbehalten.
6 Die gefüllten Baiserhäufchen auf einer Servierplatte zu einer Pyramide aufsetzen. Mit einigen Tupfern der zurückbehaltenen Füllmasse befestigen. Die Pyramide mit Puderzucker bestäuben, mit Rosenwasser besprengen und sofort auftragen, damit die Baisers nicht weich werden.

Karibischer Schokoladenring mit Rumsirup

Für 8–10 Personen

115 g ungesalzene Butter
115 g helle Muskovade
2 Eier, geschlagen
2 reife Bananen, zerdrückt
2 EL Kokosraspel
2 EL saure Sahne
115 g Fertigmehl
3 EL Kakaopulver
½ TL Natron

Für den Sirup

115 g Streuzucker
2 EL dunkler Rum
50 g dunkle Bitterschokolade, gehackt

Für die Garnierung

Verschiedene Südfrüchte wie Mango, Papaya, Sternfrucht und Kapstachelbeeren
Schokoladeornamente oder -locken

1 Den Herd auf 180 °C vorheizen. Eine Ringform (1,5 Liter) buttern.

2 In einer Schüssel Butter und Zucker rühren, bis die Masse hell und schaumig ist. Nach und nach die Eier zugeben, gut unterschlagen, dann Bananen, Kokosraspel und saure Sahne untermischen.

3 Mehl, Kakaopulver und Natron über die Masse sieben, sorgfältig und gleichmäßig unterziehen.

4 Die Masse in die vorbereitete Form füllen und glattstreichen. 45–50 Minuten backen, bis sich die Oberfläche fest anfühlt. 10 Minuten in der Form abkühlen lassen, dann herausnehmen und auf einem Kuchengitter erkalten lassen.

5 Den Sirup herstellen. Dazu den Zucker in einen kleinen Topf geben. 4 EL Wasser zugeben und unter gelegentlichem Rühren langsam erwärmen, bis der Zucker aufgelöst ist. Die Lösung zum Kochen bringen, 2 Minuten kochen lassen, ohne umzurühren. Vom Herd nehmen.

6 Rum und Schokolade zu dem Sirup geben und rühren, bis die Mischung geschmolzen und glatt ist, dann mit einem Löffel gleichmäßig über die Oberseite des Kuchens verteilen.

7 Den Ring mit Südfrüchten und Schokoladenornamenten oder -locken garnieren.

Kuchen für besondere Anlässe

Erdbeer-Schokoladentorte zum Valentinstag

Für 8 Personen
175 g Fertigmehl
2 TL Backpulver
75 g Kakaopulver
115 g Streuzucker
2 Eier, geschlagen
1 EL schwarzer Sirup
150 ml Sonnenblumenöl
150 ml Milch

Für die Füllung
3 EL Erdbeerkonfitüre
150 ml Double Cream oder Schlagsahne
115 g Erdbeeren, in Scheiben geschnitten

Für die Garnierung
1 Portion Schokoladenfondant
Schokoladenherzen
Puderzucker zum Bestäuben

1 Den Herd auf 160 °C vorheizen. Eine herzförmige Kuchenform (20 cm Durchmesser) mit hohem Rand fetten und deren Boden mit beschichtetem Backpapier auslegen. Fertigmehl, Backpulver und Kakao in eine große Rührschüssel sieben. Den Zucker untermischen, dann in die Mitte der trockenen Mischung eine Vertiefung drücken.

2 Eier, Sirup, Öl und Milch zugeben. Die trockenen Zutaten mit einem Löffel untermischen, dann mit dem elektrischen Handmixer zu einer glatten und cremigen Masse verrühren.

3 Die Masse in die vorbereitete Form füllen und glattstreichen. Etwa 45 Minuten backen, bis der Teig gut aufgegangen und die Oberfläche fest ist. In der Form einige Minuten abkühlen lassen, dann herausnehmen und auf einem Kuchengitter auskühlen lassen.

4 Den Kuchen mit einem scharfen Messer säuberlich in zwei Schichten teilen. Die untere Schicht auf ein Brett oder eine Platte legen. Mit Erdbeerkonfitüre bestreichen.

5 In einer Schüssel die Sahne schlagen. Die Erdbeeren untermischen, dann auf die Konfitüreschicht streichen. Die zweite Kuchenschicht daraufsetzen.

6 Den Schokoladenfondant ausrollen und den Kuchen damit bedecken. Mit Schokoladenherzen garnieren und mit Puderzucker bestäuben.

Tip

Besitzen Sie keine Herzform, dann versuchen Sie, eine solche Kuchenform in einer Einrichtung für Küchenbedarf auszuleihen. Es gibt sie hier – oft für eine nur geringe Gebühr – in allen Größen.

VERLOBUNGSKUCHEN „ZWEI HERZEN"

FÜR 20 PERSONEN

Zutaten für Einfachen Schokoladen-Biskuitkuchen (doppelte Menge)
Zutaten für Schokoladebuttercreme (doppelte Menge)
Puderzucker zum Bestäuben
frische Himbeeren und Schokoladenspäne zum Garnieren

ANDERE GARNIERUNGEN

Die Kuchen mit einfacher Buttercreme bestreichen, die einen feinen Rosenfarbton hat. Mit Erdbeeren garnieren, die vorher zur Hälfte in geschmolzene Schokolade getaucht wurden. Die Herzkuchen mit Schokoladen-Canache bestreichen und geschmolzene Schokolade auf die Oberseiten spritzen. Auf der Oberseite in Schokolade getauchte Früchte anordnen. Beide Kuchen mit Schokoladenfondant überziehen und mit zart aprikosen- oder cremefarbenen Zuckerrosen und Schokoladenblättern belegen. Jeden Kuchen mit einem schmalen aprikosen- oder cremefarbenen Band schmücken.

1 Den Herd auf 160 °C vorheizen. Zwei herzförmige Backformen (20 cm Durchmesser) fetten und deren Böden mit fettdichtem Papier auslegen. Die Mischung für den Einfachen Schokoladen-Biskuitkuchen zu gleichen Teilen in die Backformen geben und glattstreichen. 30 Minuten backen. Herausnehmen, auf ein Kuchengitter legen, das Papier abziehen und die Kuchen abkühlen lassen.

2 Jeden Kuchen in der Mitte quer durchschneiden. Die Kuchen mit einem Drittel der Buttercreme füllen, dann je zwei Hälften wieder zusammensetzen. Die Oberseite jedes Kuchens mit Buttercreme bestreichen.

3 Beide Kuchen auf einer Platte anordnen. Mit der restlichen Buttercreme die Seiten der Kuchen bestreichen. Darauf achten, daß die Cremeschicht dick genug ist.

4 Beide Kuchen oben und an den Seiten dicht mit den Schokoladenspänen bedecken, jeweils an der Oberseite beginnen, die Späne wie in der Abbildung gezeigt anordnen und dabei leicht in die Buttercremeschicht eindrücken.

5 Die Oberseite der Kuchenherzen mit etwas Puderzucker bestäuben und mit Himbeeren garnieren. Bis zum Auftragen kalt stellen.

Weisser Schokoladenfestkuchen

Für 40–50 Personen
900 g Weizenmehl
½ TL Salz
4 TL Natron
450 g weiße Schokolade, gehackt
475 ml Schlagsahne
450 g weiche ungesalzene Butter
900 g Streuzucker
12 Eier
4 TL Zitronenaroma
abgeriebene Schale von 2 Zitronen
335 ml Buttermilch
Zitronencreme (Lemon curd) für die Füllung
Schokoladenblätter zum Garnieren

Für den Zitronensirup
200 g Kristallzucker
250 ml Wasser
4 EL Zitronensaft

Für die Buttercreme
675 g weiße Schokolade, gehackt
1 kg Sahnequark
500 g ungesalzene Butter, zimmerwarm
4 EL Zitronensaft
1 TL Zitronenaroma

1 Zur besseren Überschaubarkeit alle Zutaten in zwei gleich große Mengen aufteilen. Aus jeder Menge einen Kuchen backen. Den Herd auf 180 °C (Gas: Stufe 4) vorheizen. Eine runde Backform (30 cm Durchmesser) fetten und deren Boden mit beschichtetem Backpapier auslegen. Mehl, Salz und Natron in eine Schüssel sieben und beiseite stellen. In einem Topf bei mittlerer Hitze Schokolade und Sahne schmelzen, glattrühren. Beiseite setzen und auf Zimmertemperatur abkühlen lassen.

Andere Garnierung

Für ein sommerliches Fest läßt sich der Kuchen mit Himbeeren und weißen Schokoladeblättern garnieren. Für die Blätter Foliequadrate von 20 cm × 7,5 cm Größe zurechtschneiden. Geschmolzene weiße Schokolade in Form von Rosenblättern dünn auf jedes Foliestück aufstreichen. Die Folie biegen, bevor die Schokolade erstarrt, und so die Blattform betonen. Nach dem Festwerden die Folie abziehen.

2 Die Butter cremig schlagen, Zucker zufügen und 2–3 Minuten schlagen. Die Eier, danach langsam die geschmolzene Schokolade, die Zitronenaroma und -schale langsam unterschlagen. Nach und nach abwechselnd Mehlmischung und Buttermilch zugeben und zu einer glatten flüssigen Masse verrühren. In die Backform gießen und 1 Stunde oder so lange, bis an einem Teststäbchen kein Teig mehr haften bleibt, backen.

3 Den Kuchen 10 Minuten in der Form abkühlen lassen, dann auf ein Gitter stürzen und auskühlen lassen. Bis zum Zusammensetzen des Kuchens in Klarsichtfolie hüllen. Die zweite Teilmenge der Zutaten in der gleichen Weise zu einem Kuchen verarbeiten.

4 Zitronensirup herstellen. Dazu Zucker und Wasser zusammen in einen kleinen Topf geben. Bei mittlerer Hitze zum Kochen bringen und rühren, bis der Zucker aufgelöst ist. Vom Herd nehmen, Zitronensaft einrühren und erkalten lassen. Bis zum Verarbeiten in einem luftdichten Behälter aufbewahren.

5 Buttercreme herstellen. Dazu die Schokolade schmelzen. Leicht abkühlen lassen. Sahnequark in einer Schüssel glattrühren. Danach die abgekühlte weiße Schokolade, dann Butter, Zitronensaft und -aroma unterschlagen. Kalt stellen.

6 Die Kuchen quer halbieren. Mit einem Löffel auf jede Schicht Sirup geben, einziehen lassen, den Arbeitsgang wiederholen. Die untere Hälfte der Kuchen mit Zitronencreme bestreichen und die oberen Hälften daraufsetzen.

7 In einer Schüssel die Buttercreme leicht schlagen, bis sie cremig ist. Ein Viertel davon auf die Oberseite eines gefüllten Kuchens streichen. Den zweiten gefüllten Kuchen auf den ersten setzen. Den Kuchen durch Bestreichen der Oberseite und der Seiten mit etwas weicher Butter außen glatt und krümelfrei machen. 15 Minuten kalt stellen, damit die Buttercreme etwas fest wird.

8 Den Kuchen auf eine Servierplatte setzen. Ein Viertel der restlichen Buttercreme zum Garnieren beiseite stellen, dann mit dem Rest die Oberseite und die Seiten des gefüllten Kuchens gleichmäßig bestreichen.

9 Die zurückbehaltene Buttercreme in eine große Spritztüte mit kleiner Sterntülle geben. Um den Kuchenrand ein Muschelmuster aufspritzen. Mit Blättern aus dunkler oder weißer Schokolade (oder beiden) und frischen Blüten verzieren.

Schokoladenschachtel mit Karamelmousse und Beeren

Für 8–10 Personen
275 g Haushaltschokolade, kleingehackt

Für die Mousse
4 × 50 g Karamelriegel mit Schokoüberzug, grob gehackt
25 ml Milch oder Wasser
350 g Double Cream
1 Eiweiß

Für die Karamelscherben
115 g Kristallzucker
60 ml Wasser

Für den Belag
115 g hochwertige weiße Schokolade, kleingehackt
350 ml Double Cream
450 g gemischte Beeren wie Himbeeren, Erdbeeren, Johannisbeeren oder in Stücke geschnittene Früchte wie Nektarinen- oder Orangenspalten

1 Die Schokoladenschachtel herstellen. Dazu eine quadratische Backform (23 cm Seitenlänge) mit dem Boden nach oben drehen. Ein Stück Alufolie darumformen, wieder umdrehen und innen mit Folie auskleiden, dabei die Folie möglichst glatt andrücken.

2 Eine feuerfeste Schüssel auf einen Topf mit siedendem Wasser setzen, die Bitterschokolade hineingeben. Rühren, bis die Schokolade geschmolzen und glatt ist. Sofort in die ausgekleidete Form gießen. Kippen, um Boden und Seiten der Form gleichmäßig mit Schokolade zu bedecken. Die oberen Seitenkanten dabei möglichst waagerecht lassen. Sobald die Seiten bedeckt sind, die Form nochmals nach allen vier Seiten neigen, um die Schokoladeschicht in den Ecken und an den Seiten zu verstärken. Bis zum Erstarren kalt stellen.

3 Die Karamelriegel mit Milch oder Wasser in eine feuerfeste Schüssel geben. Auf einen Topf mit siedendem Wasser setzen und rühren, bis die Riegel geschmolzen sind. Vom Topf wegsetzen und 10 Minuten abkühlen lassen, gelegentlich rühren.

4 In einer Schüssel mit dem elektrischen Handmixer die Sahne schlagen, bis sie weiche Spitzen bildet. Einen Löffel davon zum Auflockern unter die Karamelmasse rühren, dann die restliche Schlagsahne unterziehen. In einer zweiten Schüssel die Eiweiß steifschlagen. Den Eischnee unter die Moussemischung heben. In die Schokoschachtel gießen. Einige Stunden oder über Nacht kalt stellen, bis die Masse fest ist.

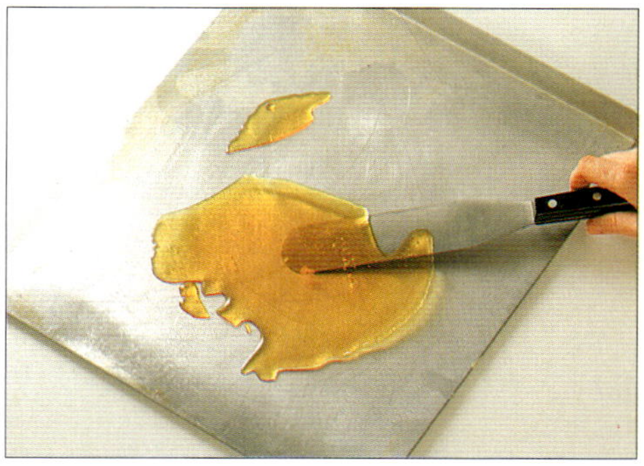

5 Inzwischen die Karamelscherben herstellen. Dazu ein Backblech leicht ölen. In einem kleinen Topf bei niedriger Hitze den Zucker mit Wasser auflösen, dabei den Topf sacht schwenken. Bei stärkerer Hitze 4–5 Minuten kochen lassen, bis der Zucker eine blasse goldgelbe Farbe annimmt. Als Handschutz einen Grillhandschuh überziehen und den Zucker sofort auf das geölte Blech gießen. Das Blech leicht kippen, um eine gleichmäßig starke Karamelschicht herzustellen. *(Nicht berühren – der Karamel ist gefährlich heiß!)* Vollständig erkalten lassen, dann mit einer Metallpalette den Karamel vom Blech heben und in Stücke brechen.

6 Den Belag herstellen. Dazu die weiße Schokolade und 120 ml Sahne in einem kleinen Topf vermengen und unter häufigem Rühren bei niedriger Hitze zu einer glatten Masse schmelzen. Durch ein Sieb in eine mittelgroße Schüssel gießen und auf Zimmertemperatur abkühlen, gelegentlich umrühren. Mit dem elektrischen Handmixer in einer weiteren Schüssel die restliche Sahne schlagen, bis sie feste Spitzen bildet. Einen Löffel Sahne in die weiße Schokoladenmasse geben, danach den Rest vorsichtig unterziehen.

7 Mit Hilfe der Alufolie die moussegefüllte Schokoschachtel aus der Form heben, die Folie vorsichtig von den Seiten, dann vom Boden abziehen. Die Schachtel vorsichtig auf eine Servierplatte setzen.

8 Die Schokoladencreme in einen Spritzbeutel mit mittlerer Sterntülle geben, ein dekoratives Rosen- oder Muschelmuster auf die feste Mousse aufspritzen. Die sahnebedeckte Schachtel mit gemischten Beeren oder in Stücke geschnittenen Früchten und Karamelscherben garnieren.

VERLIEBTE HÜNDCHEN

FÜR 8–10 PERSONEN

1 Schokoladenbiskuitrolle
115 g gelbes Marzipan
4 EL Schokoladenbuttercreme
115 g Kokosraspel
grüne, braune, rosa und rote Lebensmittelfarbe
450 g fertige Zuckerpaste
Puderzucker zum Bestäuben
4 TL Aprikosenkonfitüre, erwärmt und durch ein Sieb gestrichen

1 Die Biskuitrolle in zwei Hälften zerschneiden. Die Hälften sollen den Körper der Hündchen bilden. Für die Gesichter die Marzipanmenge halbieren und jede Portion zu einer Kugel, dann zu einem rundlichen Kegel rollen. Die Gesichtsteile mit Buttercreme auf den beiden Körpern befestigen.

2 Kokosraspel in eine Schüssel geben. Einige Tropfen grüne Lebensmittelfarbe und einige Tropfen Wasser hinzufügen und rühren, bis die Raspel grün und weiß gesprenkelt sind. Auf eine Kuchenplatte schütten, dann die zwei Hündchenkörper daraufsetzen.

3 Etwa 25 g Zuckerpaste abschneiden und in Klarsichtfolie gehüllt beiseite stellen. Eine Hälfte der restlichen Paste braun, die andere rosa färben. Etwa 50 g von jeder Farbe abschneiden, in Klarsichtfolie hüllen und beiseite setzen.

4 Die Arbeitsfläche leicht mit Puderzucker bestäuben und die größere Portion der braunen und rosa Zuckerpaste zu Rechtecken ausrollen, die ausreichen, um jedes Biskuitteil zu bedecken. Die Rechtecke halbieren und die Kanten glattschneiden. Die vier Teile mit Klarsichtfolie bedecken und beiseite legen.

5 Die zurückbehaltenen braunen und weißen Stücke ausrollen, mit einer Ausstechform mehrere Kreise ausstechen. Die Verzierungen zusammen in Klarsichtfolie hüllen und beiseite setzen. Die weißen Kreise auf eines der braunen Rechtecke, dann die braunen Kreise auf eines der rosa Rechtecke setzen, die Unterseite zuvor mit etwas Wasser benetzen. Mit dem Nudelholz leicht andrücken.

6 Mit einem scharfen Messer alle vier Rechtecke jeweils an den kurzen Seiten einschneiden. Beide Hälften der Biskuitrolle mit Konfitüre bestreichen und mit je einem Zuckerpaste-Rechteck ohne Kreise belegen. Etwas Wasser auf den „Rücken" der belegten Hälften geben, dann die mit Kreisen versehenen Teile – rosa auf rosa und braun auf braun – legen.

7 Die Hälfte der zurückbehaltenen rosa und braunen Paste mit den Händen zu kleinen Schwänzen rollen und mit etwas Konfitüre an den Körpern befestigen. Für den braunen Hund aus der braunen Paste Ponyfransen schneiden, für den rosa Hund einige rosa Pastestreifen mit einem Band zusammennehmen und mit etwas Wasser befestigen.

8 Aus der restlichen Zuckerpaste Augen, Nase und Mund für jeden Hund formen und befestigen.

Stachelschwein

Für 15 Personen

Zutaten für 1 Einfachen Schokoladen-Biskuitkuchen
500 g Schokoladenbuttercreme
60 g weißes Marzipan
cremefarbene, schwarze, grüne, rote Lebensmittelfarbe
lange Schokoladenröllchen
9 Cocktailspieße

1 Den Herd auf 180 °C vorheizen. Zwei Kuchenformen oder tiefe Schüsseln (900 ml und 600 ml) fetten und mit Backpapier auslegen. Die Formen oder Schüsseln zu je zwei Dritteln mit dem Kuchenteig füllen. Im vorgeheizten Herd den größeren Kuchen 55–60 Minuten, den kleineren 35–40 Minuten backen. Aus der Form nehmen und auf einem Kuchengitter abkühlen lassen.

2 Nach dem Erkalten beide Kuchen mit der Oberseite nach unten auf eine Arbeitsfläche setzen. Von dem kleineren Kuchen mit schräg angesetztem Messer seitlich zwei gleich große Stücke so abschneiden, daß ein keilförmiges Stück für die Stachelschweinnase entsteht.

3 Den größeren Kuchen hinter die Nase auf ein Brett legen. Eine der vom kleineren Kuchen abgeschnittenen Seiten halbieren und so setzen, daß die Hälften die seitlichen Lücken zwischen Nase und großem Kuchen ausfüllen. Das andere Seitenstück auf die noch verbliebene obere Lücke aufsetzen. Die einzelnen Teile mit etwas Buttercreme befestigen.

4 Mit der restlichen Buttercreme den Stachelschweinkörper bestreichen. Das spitz zulaufende Ende mit einem Cocktailspieß mit einer Streifenzeichnung versehen.

5 Die langen Schokoladenröllchen als Stacheln schräg in die Buttercreme stecken, Rücken und Seiten des Stachelschweins damit bedecken.

6 Eine kleine Portion Marzipan zurückbehalten. Je ein Drittel des Restes cremefarben, schwarz bzw. grün färben. Die kleine Marzipanportion für die Apfelstiele braun färben.

7 Aus dem cremefarbenen Marzipan Ohren und Pfoten, aus dem schwarzen und weißen Marzipan die Augen, aus schwarzem Marzipan Nasenspitze und Krallen formen. Aus dem grünen Marzipan Äpfel formen, mit einem feinen Pinsel stellenweise rote Farbe auftragen. Die Stiele anbringen. Alle Einzelteile außer den Äpfeln am Stachelschweinkuchen anbringen. Zuletzt die Äpfel neben das Stachelschwein legen.

APFELBAUM

FÜR 10–12 PERSONEN
Marmorierte Biskuitrolle
225 g einfache Buttercreme, mit Lebensmittelfarbe hellgrün gefärbt
½ Portion Schokoladenbuttercreme
Einfacher Schokoladen-Biskuitkuchen, in einer runden Form (450 g) gebacken
225 g Marzipan
rote und grüne Lebensmittelfarbe
Blumenband und -draht für die Äpfel
grüngefärbte Kokosraspel (siehe Verliebte Hündchen, Pkt. 2)
kleine frische Blüten zum Garnieren (nach Belieben)

1 Die Biskuitrolle aufrecht auf ein Kuchenbrett stellen, wenn nötig, geradeschneiden. Mit einem Klecks Buttercreme befestigen. Mit Schokoladenbuttercreme bestreichen, Rindenmuster und Astansätze andeuten. Den runden Biskuitkuchen mit einem Drittel der grünen Buttercreme dick bestreichen. Spitzen und Spiralen formen, um Blätter anzudeuten. Den Kuchen als Baumkrone auf den Biskuitstamm setzen.

2 Etwa 25 g Marzipan grün färben. Den Rest rot färben, dann zu kirschgroßen Äpfeln rollen. Das grüne Marzipan zu kleinen Würsten rollen, daraus Blätter und Blattstiele formen. Mit einem Cocktailspieß kleine Löcher in die Äpfel stechen, in jedes einen Stiel und ein Blatt stecken.

3 Blumendraht mit dem Blumenband umwickeln und in Stücke von je 7,5 cm Länge schneiden. Die Äpfel (einige zurückbehalten) mit dem Draht durchstechen, den Draht so biegen, daß die am Baum hängenden Äpfel nicht abfallen können. Die Äpfel an der Baumkrone festdrücken.

4 Eine Spritztüte mit der restlichen grünen Buttercreme füllen. Rund um die Baumkrone Blätter aufspritzen. Um den Fuß des Baumes grüne Kokosraspel streuen und einige Blätter aufspritzen. Wenn gewünscht, als hübschen Effekt einige frische Blüten über die grünen Kokosraspel verteilen. Vor dem Servieren die Blumendrahtstücke entfernen.

Warme Desserts

Schokoladen-Zimt-Kuchen mit Bananensauce

6 Einen Klecks Eischnee zum Auflockern unter die Schokoladenmasse ziehen. Den Rest in drei Portionen abwechselnd mit der gesiebten Mehlmischung unterziehen.

7 Die Masse in die vorbereitete Form gießen. 40–50 Minuten oder so lange, bis ein in die Kuchenmitte gestecktes Teststäbchen sauber bleibt, backen. Aus der Form nehmen und auf ein Kuchengitter setzen. Den Grill vorheizen.

Für 6 Personen

25 g Haushaltschokolade, kleingehackt
115 g ungesalzene Butter, zimmerwarm
1 EL lösliches Kaffeepulver
5 Eier, getrennt
225 g Kristallzucker
115 g Weizenmehl
2 TL gemahlener Zimt

Für die Sauce

4 reife Bananen
3 EL brauner Zucker
1 EL frischer Zitronensaft
175 ml Schlagsahne
1 EL Rum (nach Belieben)

1 Den Herd auf 180 °C vorheizen. Eine runde Kuchenform (20 cm) fetten.
2 Schokolade und Butter in einem Wasserbadtopf oder in einer feuerfesten Schüssel über siedendem Wasser vermengen. Rühren, bis alles geschmolzen ist. Vom Herd nehmen und das Kaffeepulver unterrühren. Beiseite stellen.
3 Eigelb mit Kristallzucker zu einer dicken zitronengelben Masse schlagen. Die Schokoladenmischung dazugeben und auf niedriger Stufe schlagen, bis alles knapp vermischt ist.
4 Mehl und Zimt in einer Schüssel vermischen.
5 In einer zweiten Schüssel die Eiweiß schlagen, bis steife Spitzen stehen bleiben.

8 Die Sauce herstellen. Dazu die Bananen in eine flache feuerfeste Schüssel schneiden. Braunen Zucker und Zitronensaft unterrühren. Acht Minuten unter den Grill stellen, dabei gelegentlich rühren, bis die Masse karamelisiert ist.
9 Die Bananenmischung zu einer fast glatten Masse zerdrücken. In eine Schüssel geben, Sahne und, wenn gewünscht, Rum unterrühren. Den Kuchen in Stücke schneiden und mit der Sauce auftragen.

WARMER SCHOKOLADEN-KAFFEE-KUCHEN

FÜR 6 PERSONEN
75 g Weizenmehl
2 TL Backpulver
1 Prise Salz
50 g Butter oder Margarine
25 g Haushaltschokolade, kleingehackt
115 g Streuzucker
5 EL Milch
1/2 TL Vanillearoma
Schlagsahne zum Servieren

FÜR DEN ÜBERZUG
2 EL lösliches Kaffeepulver
325 ml heißes Wasser
90 g dunkler brauner Zucker
65 g Streuzucker
2 EL ungesüßtes Kakaopulver

1 Den Herd auf 180 °C vorheizen. Eine quadratische Kuchenform (23 cm Seitenlänge) mit beschichtetem Backpapier auslegen.

2 Mehl, Backpulver und Salz in eine kleine Schüssel sieben. Beiseite stellen.

3 Butter oder Margarine, Schokolade und Streuzucker in einer feuerfesten Schüssel über siedendem Wasser oder im Wasserbadtopf schmelzen, dabei gelegentlich rühren. Vom Herd nehmen.

4 Die Mehlmischung zugeben und gut unterrühren. Milch und Vanillearoma einrühren. Die Mischung mit einem Holzlöffel verrühren, dann in die vorbereitete Backform gießen.

5 Den Überzug herstellen. Dazu in einer Schüssel Kaffeepulver in Wasser auflösen. Abkühlen lassen.

6 Braunen Zucker, Streuzucker und Kakaopulver in einer Schüssel vermengen. Die Mischung über den Teig streuen.

7 Den Kaffee gleichmäßig über die Oberseite des Kuchens gießen. 40 Minuten oder so lange, bis der Kuchen gut aufgegangen und an der Oberfläche fest ist, backen. Die Kaffeemischung wird dabei unter dem Kuchen zu einer köstlichen cremigen Sauce. Sofort mit Schlagsahne auftragen.

HEISSER SCHOKOLADENKUCHEN

ERGIBT 10–12 STÜCK KUCHEN

200 g backfertiges Vollkornmehl
25 g Kakaopulver
1 Prise Salz
175 g weiche Margarine
175 g brauner Zucker
einige Tropfen Vanillearoma
4 Eier
75 g weiße Schokolade, grob gehackt
Schokoladenblätter und -röllchen zum Garnieren

FÜR DIE WEISSE SCHOKOLADENSAUCE

75 g weiße Schokolade, kleingehackt
150 ml Sahne
2–3 EL Milch

1 Den Herd auf 160 °C vorheizen. Mehl, Kakaopulver und Salz in eine Schüssel sieben, dann die Siebrückstände zugeben. Margarine, Zucker und Vanillearoma schaumig rühren, vorsichtig ein Ei unterschlagen.

2 Die restlichen Eier nach und nach abwechselnd mit der Mehlmischung zugeben und zu einer glatten Masse verschlagen.

3 Weiße Schokolade untermischen und die Masse in eine Kastenform (675–900 g) oder in eine gefettete Kuchenform (18 cm Durchmesser) füllen. 30–40 Minuten oder so lange, bis die Oberfläche sich gerade fest anfühlt und sich von den Seiten der Form löst, backen.

4 Für die Sauce in einem Topf Schokolade und Sahne sehr vorsichtig erhitzen, bis die Schokolade geschmolzen ist. Die Milch zugeben und bis zum Abkühlen rühren. Auf jeden Teller etwas Sauce geben und eine Kuchenscheibe darauflegen. Erst kurz vor dem Auftragen mit Schokoladenblättern und -röllchen garnieren.

Warme Schokoladen-Frucht-Kuchen mit Schokoladensirup

Für 4 Personen
115 g dunkle Muskovade
1 Tafelapfel
75 g Preiselbeeren, bei Tiefkühlware aufgetaut
115 g weiche Margarine
2 Eier
115 g Fertigmehl
3 EL Kakaopulver
Für den Schokoladensirup
115 g Haushaltschokolade, gehackt
2 EL klarer Honig
1 EL ungesalzene Butter
½ TL Vanillearoma

1 Einen Dampfkochtopf oder eine zur Hälfte mit Wasser gefüllte Bratpfanne vorbereiten und das Wasser zum Kochen bringen. 4 einzelne Kuchenformen fetten und mit etwas Muskovade bestreuen, so daß die Innenseiten der Formen gut bedeckt sind.

2 Den Apfel schälen und das Kerngehäuse entfernen. In Würfel schneiden und mit den Preiselbeeren in einer Schüssel gut vermischen. Auf die vorbereiteten Kuchenformen aufteilen.

3 Die restliche Muskovade in eine Rührschüssel geben. Margarine, Eier, Mehl und Kakaopulver zugeben. Schlagen, bis die Masse gut vermischt und glatt ist.

4 Die Masse in die Kuchenformen füllen und mit einer doppelten Schicht Alufolie abdecken. Etwa 45 Minuten dämpfen lassen, bis die Kuchen gut aufgegangen und fest geworden sind. Wenn nötig, zwischendurch kochendes Wasser nachfüllen.

5 Den Sirup herstellen. Dazu Schokolade, Honig, Butter und Vanillearoma in einem kleinen Topf mischen. Langsam erhitzen und rühren, bis alles geschmolzen und die Masse glatt ist.

6 Mit einem Messer die Ränder der Kuchen lösen, die Kuchen herausnehmen und auf einzelne Teller setzen. Sofort mit Schokoladensirup auftragen.

Warmer Schokoladen-Dattel-Walnuss-Kuchen

Für 4 Personen

25 g gehackte Walnüsse
25 g gehacke Datteln
2 Eier
1 TL Vanillearoma
2 EL Streuzucker
3 EL Weizenvollkornmehl
1 EL Kakaopulver
2 EL entrahmte Milch

1 Den Herd auf 180 °C vorheizen. Eine Kuchenform (1,2 Liter) fetten und mit fettdichtem Papier auslegen. Walnüsse und Datteln hineingeben.

2 Eigelb, Vanillearoma und Zucker in einer feuerfesten Schüssel vermengen. Auf einen Topf mit heißem Wasser setzen.

3 Die Eigelbmischung schlagen, bis sie dick und blaßgelb ist, die Schüssel vom Topf nehmen. Mehl und Kakaopulver über die Mischung sieben und mit einem Metallöffel unterziehen. Die Milch unterrühren, um die Masse etwas weich zu machen. Die Eiweiß schlagen, bis sie weiche Spitzen bilden, dann unterheben.

4 Die Masse über die Walnüsse und Datteln in die Form füllen und 40–50 Minuten oder so lange, bis der Kuchen gut aufgegangen ist und sich fest anfühlt, backen. Die Ränder mit einem Messer von der Form lösen, den Kuchen herausnehmen, auf einen Teller setzen und sofort auftragen.

WARMER SCHOKOLADEN-ZAUBERKUCHEN

FÜR 4 PERSONEN

50 g Butter, zusätzlich ein wenig zum Fetten
90 g Fertigmehl
1 TL gemahlener Zimt
5 EL Kakaopulver
200 g helle Muskovade oder Demererazucker
475 ml Milch
Crème fraîche, flüssiger, fettreicher Joghurt oder Vanilleeis zum Servieren

1 Den Herd auf 180 °C vorheizen. Eine feuerfeste Form (1,5 Liter) buttern, auf ein Backblech setzen und beiseite stellen.

2 Mehl und gemahlenen Zimt in eine Schüssel sieben. 1 TL Kakaopulver darübersieben und alles gut vermischen.

3 Die Butter in einen Topf geben. 115 g Zucker und 150 ml Milch zugeben. Langsam erhitzen, nicht kochen lassen. Von Zeit zu Zeit umrühren, bis die Butter geschmolzen und der Zucker aufgelöst ist. Den Topf vom Herd nehmen.

4 Die Mehlmischung zugeben und gleichmäßig unterrühren. Die Masse in die vorbereitete Form geben und glattstreichen.

5 Den restlichen Zucker und Kakao in einer Schüssel vermischen, dann über den Teig streuen.

6 Die restliche Milch gleichmäßig über den Teig gießen.

7 45–50 Minuten oder so lange, bis der Teig gut aufgegangen ist und sich fest anfühlt, backen. Heiß und mit Crème fraîche, Joghurt oder Vanilleeis servieren.

Warmer Kuchen mit Bananen und Schokosplittern

Für 4 Personen

200 g Fertigmehl
75 g ungesalzene Butter oder Margarine
2 reife Bananen
75 g Streuzucker
4 EL Milch
1 Ei, geschlagen
4 EL Bitterschokoladensplitter oder gehackte Schokolade
Glänzende Schokoladensauce zum Servieren

1 Einen Dampfkochtopf vorbereiten oder eine Pfanne zur Hälfte mit Wasser füllen, Wasser zum Kochen bringen. Eine Kuchenform (1 Liter) fetten. Das Mehl in eine Schüssel sieben und mit ungesalzener Butter zu einem Teig verkneten, der wie große Brotkrumen aussieht.

2 In einer Schüssel die Bananen zerdrücken. In die Mehlmischung geben, Zucker zufügen und alles gut vermischen.

3 Milch und Eier in einer Kanne oder in einer kleinen Schüssel verschlagen, dann unter den Teig schlagen. Schokoladensplitter oder gehackte Schokolade unterrühren.

4 Die Masse in die vorbereitete Form füllen, dicht mit einer doppelten Schicht Alufolie verschließen und 2 Stunden dämpfen lassen. Zwischendurch Wasser nachfüllen, wenn nötig.

5 Den Kuchenrand mit einem Messer von der Form lösen, den Kuchen herausnehmen und auf einen Teller setzen. Heiß und mit der Schokoladensauce auftragen.

Dunkle Schokoladen-Ravioli mit weisser Schokoladen-Frischkäse-Füllung

Für 4 Personen
175 g Weizenmehl
25 g Kakaopulver
2 EL Puderzucker
2 große Eier, geschlagen
1 EL Olivenöl
Salz
Sahne und geraspelte Schokolade zum Servieren

Für die Füllung
175 g weiße Schokolade, gehackt
350 g Sahnequark
1 Ei und 1 geschlagenes Ei zum Bestreichen

1 Die Pasta herstellen. Dazu Mehl mit Kakaopulver und Puderzucker auf die Arbeitsfläche sieben. Eine Vertiefung in die Mitte drücken und Eier und Öl hineingeben. Mit den Fingern vermischen. Zu einem weichen Teig verkneten. Der Teig kann auch in der Küchenmaschine zubereitet und anschließend von Hand geknetet werden. Abdecken und mindestens 30 Minuten ruhen lassen.

2 Für die Füllung weiße Schokolade in einer feuerfesten Schüssel über heißem Wasser schmelzen. Leicht abkühlen lassen. Sahnequark in einer Schüssel schlagen, dann Schokolade und Eier unterschlagen. In eine Spritztüte mit gerader Tülle geben.

3 Den Teig in zwei Hälften teilen und eine Portion in Klarsichtfolie hüllen. Den Teig auf leicht bemehlter Arbeitsfläche zu einem Rechteck dünn ausrollen, evtl. eine Nudelmaschine benutzen. Mit einem feuchten, sauberen Tuch bedecken und den Arbeitsgang mit dem restlichen Nudelteig wiederholen.

4 Die Füllung in geraden Reihen und im Abstand von 4 cm in kleinen Häufchen (etwa je 1 TL) auf dem einen Teigstück verteilen. Mit einer Butterbürste den Teig um die Füllung herum mit geschlagenem Ei bestreichen.

5 Mit Hilfe eines Nudelholzes die andere Teigplatte über die erste mit den Füllungen legen. Fest in die Räume zwischen die Füllungen drücken, alle Luftblasen herausdrücken. Die gefüllte Schokoladenpasta mit einem Raviolischneider mit gezacktem Rand oder mit einem scharfen Messer schneiden. Auf ein bemehltes Tuch setzen. Eine Stunde trocknen lassen.

6 In einer Pfanne Wasser zum Kochen bringen, jeweils einige Ravioli hineingeben und bewegen, damit sie nicht zusammenkleben. (Einige Tropfen neutrales Öl im Kochwasser verhindern das Zusammenkleben ebenfalls.) 3–5 Minuten in leicht siedendem Wasser lassen, mit einem Schaumlöffel herausnehmen und mit einem reichlichen Schuß Sahne und geraspelter Schokolade auftragen.

Heisse Mokka-Rum-Soufflés

Für 6 Personen

25 g ungesalzene Butter, zerlassen
65 g Kakaopulver
75 g Streuzucker
4 EL starker schwarzer Kaffee
2 EL dunkler Rum
6 Eiweiß
Puderzucker zum Bestäuben

1 Den Herd auf 190 °C vorheizen. Sechs Souffléformen (je 250 ml) mit zerlassener Butter fetten.

2 1 EL Kakaopulver mit 1 EL Streuzucker in einer Schüssel mischen, alle Formen damit ausstreuen, die Formen so bewegen, daß sie gleichmäßig mit der Mischung bedeckt sind.

3 In einer mittelgroßen Schüssel den restlichen Kakao mit Kaffee und Rum mischen.

4 In einer sauberen, fettfreien Schüssel die Eiweiß schlagen, bis sie feste Spitzen bilden. Den restlichen Streuzucker unterschlagen. Einen reichlichen Löffel Eischnee zum Auflockern unter die Kakaomase rühren, dann den Rest unterheben.

5 Die Masse in die vorbereiteten Formen füllen, glattstreichen. Auf ein heißes Backblech setzen und 12–15 Minuten oder so lange, bis der Teig gut aufgegangen ist, backen. Mit Puderzucker bestäuben und sofort servieren.

Schnelle Schokoladen-Orangen-Soufflés

Für 4 Personen

600 ml Milch
50 g Weizengrieß
50 g brauner Zucker
abgeriebene Schale von 1 Orange
90 ml Orangensaft
3 Eier, getrennt
65 g Haushaltschokolade, geraspelt
Puderzucker zum Bestreuen
Sahne zum Servieren

1 Den Herd auf 200 °C vorheizen. Eine flache feuerfeste Form (1,75 Liter) buttern. Ein Backblech zum Aufwärmen in den Herd schieben.

2 Die Milch in einen Topf mit schwerem Boden gießen, Grieß und braunen Zucker darüberstreuen, dann erhitzen und ständig rühren, bis die Milch kocht und der Grieß quillt. Vom Herd nehmen. Leicht abkühlen lassen, dann abgeriebene Orangenschale und Saft, Eigelb und geraspelte Schokolade (1 EL davon abnehmen) unterschlagen.

3 In einer sauberen, fettfreien Schüssel die Eiweiß schlagen, bis sie steif, jedoch nicht trocken sind. In drei Portionen locker unter die Grießmasse heben. Die Masse in die Form füllen. Die Form auf das Backblech setzen und etwa 30 Minuten backen, bis der Teig in der Mitte gut aufgegangen und fest geworden ist. Die Oberseite mit der zurückbehaltenen Schokolade bestreuen und mit Puderzucker bestäuben. Mit Sahne auftragen.

Schokoladen-Amaretti-Pfirsiche

Für 4 Personen

115 g Amaretti-Kekse, in Stücke zerbrochen
50 g Haushaltschokolade, gehackt
abgeriebene Schale von 1/2 Orange
1 EL klarer Honig
1/2 TL gemahlener Zimt
1 Eiweiß, leicht geschlagen
4 feste reife Pfirsiche
150 ml Weißwein
1 EL Streuzucker
Schlagsahne zum Servieren

1 Den Herd auf 190 °C vorheizen. Zerbrochene Kekse, Schokolade, Orangenschale, Honig und Zimt in einer Schüssel mischen. Geschlagenes Eiweiß zugeben und die Masse damit binden.

2 Die Pfirsiche halbieren und entsteinen, Schokoladenmasse in die Vertiefungen füllen, leicht anhäufen.

3 Die gefüllten Pfirsichhälften in eine leicht gebutterte, flache feuerfeste Form setzen, in die die Pfirsiche gut hineinpassen. In einem Kännchen Wein und Zucker vermischen.

4 Die Weinmischung um die Pfirsiche gießen. 30–40 Minuten backen, bis die Pfirsiche weich (mit einem schmalen Metallspieß prüfen) und die Füllung goldgelb ist. Mit etwas Kochflüssigkeit begießen und sofort auftragen. Dazu Schlagsahne reichen.

Pfirsich-Schokoladengebäck

Für 6 Personen

200 g dunkle Bitterschokolade, kleingehackt
115 g ungesalzene Butter
4 Eier, getrennt
115 g Streuzucker
425 g Pfirsichspalten (Konserve), abgetropft
Schlagsahne oder flüssiger, fettreicher Joghurt zum Servieren

1 Den Herd auf 160 °C vorheizen. Eine große feuerfeste Form buttern. Schokolade und Butter in einer feuerfesten Schüssel über knapp siedendem Wasser schmelzen. Vom Herd nehmen.

2 Die Eigelb mit Zucker schlagen, bis die Masse dick und blaßgelb ist. Die Eiweiß in einer sauberen, fettfreien Schüssel steifschlagen.

3 Schokolade unter die Eigelbmischung schlagen. Den Eischnee leicht unterheben.

4 Die Pfirsichspalten unter die Masse ziehen, die Masse in die vorbereitete Form füllen. 35–40 Minuten oder so lange, bis das Gebäck gut aufgegangen und knapp fest ist, backen. Mit Schlagsahne oder Joghurt servieren.

BLÄTTERTEIG-BIRNEN

FÜR 4 PERSONEN

225 g Blätterteig, bei Feinfrostware aufgetaut
2 Birnen, geschält
2 Stück Haushaltschokolade, gehackt
1 EL Zitronensaft
1 Ei, geschlagen
1 EL Streuzucker

1 Auf einer leicht bemehlten Fläche den Teig zu einem Quadrat von 25 cm Seitenlänge ausrollen. Die Ecken geradeschneiden, dann in vier gleich große Quadrate teilen. Mit Klarsichtfolie abdecken und beiseite legen.
2 Die Birnen halbieren, Kerngehäuse entfernen und die Höhlung mit gehackter Schokolade füllen. Jede Birne mit der Schnittfläche nach unten auf ein Teigquadrat setzen und mit Zitronensaft bestreichen, um das Braunwerden zu verhindern.
3 Den Herd auf 190 °C vorheizen. Den Teig um die Birnenhälften herum ausschneiden, dabei einen Rand von 2,5 cm lassen. Aus den Teigabschnitten Blätter formen. Den Teigrand mit geschlagenem Ei bestreichen.
4 Die Teigstücke mit den Birnenhälften auf ein Backblech setzen. Die Birnen tief einschneiden, (nicht durchschneiden) und mit Zucker bestreuen. 20–25 Minuten backen, bis sie leicht gebräunt sind. Warm oder kalt servieren.

ABWANDLUNG

Anstelle der Birnen nach Wunsch Äpfel verwenden. Den Teig in runde Stücke von 10 cm Durchmesser schneiden. 2 geschälte Tafeläpfel halbieren, die Kerngehäuse entfernen. In etwas Zitronensaft wenden, abtropfen lassen und auf den Teig setzen. Butterflöckchen (insgesamt 2 EL) daraufsetzen und mit gehackter Milchschokolade bestreuen. Wie die Blätterteig-Birnen backen. Noch heiß mit erwärmtem Gelee von roten Johannisbeeren bestreichen.

BIRNEN IM SCHOKOLADENFUDGE-MANTEL

FÜR 6 PERSONEN

6 reife Tafelbirnen
2 EL Zitronensaft
75 g Streuzucker
300 ml Wasser
1 Zimtstange

FÜR DIE SAUCE

200 ml Double Cream
150 g helle Muskovade
25 g ungesalzene Butter
2 EL heller Zuckersirup
120 ml Milch
200 g dunkle Bitterschokolade, in Quadrate gebrochen

1 Die Birnen dünn schälen, die Stiele nicht entfernen. Kerngehäuse ausstechen. Die Schnittflächen mit Zitronensaft bestreichen, um das Braunwerden zu verhindern.
2 Zucker und Wasser in einen großen Topf geben. Langsam erhitzen, bis der Zucker aufgelöst ist. Birnen, Zimtstange und den restlichen Zitronensaft zugeben, wenn nötig, mit etwas Wasser auffüllen, so daß die Birnen knapp bedeckt sind.
3 Das Wasser zum Kochen bringen, die Wärmezufuhr verringern, den Topf zudecken und die Birnen 15–20 Minuten leise köcheln lassen, bis sie knapp weich sind (mit einem schmalen Metallspieß prüfen).
4 Inzwischen die Sauce herstellen. Dazu Sahne, Zucker, Butter, Zuckersirup und Milch in einen Topf mit schwerem Boden geben. Langsam erhitzen, bis der Zucker aufgelöst ist und Butter und Sirup geschmolzen sind, dann zum Kochen bringen. Etwa 5 Minuten unter ständigem Rühren kochen lassen, bis die Sauce dick ist. Vom Herd nehmen, die Schokolade in mehreren Portionen zugeben und schmelzen lassen.
5 Die pochierten Birnen mit einem Schaumlöffel auf einen Teller legen. Warmhalten. Den Sirup auf 3–4 EL einkochen lassen. Die Zimtstange herausnehmen und den Sirup unter die Schokoladensauce rühren. Die mit der Sauce übergossenen Birnen in Dessertschüsseln auftragen.

PFLAUMENBEIGNETS IN SCHOKOLADEN-ARMAGNAC-SAUCE

FÜR 4 PERSONEN

75 g Weizenmehl
3 EL gemahlene Mandeln
3 EL Öl oder zerlassene Butter
1 Eiweiß
60 ml Wasser
Öl zum Ausbacken
175 g küchenfertige, entsteinte Pflaumen
3 EL Vanillezucker
1 EL Kakaopulver

FÜR DIE SAUCE

200 g Milchschokolade, kleingehackt
120 ml Crème fraîche
2 EL Armagnac oder Weinbrand

1 Zunächst die Sauce herstellen. Schokolade schmelzen, vom Herd nehmen, Crème fraîche zugeben und glattrühren, dann Armagnac oder Weinbrand zufügen. Die Schüssel zum Warmhalten auf den Topf mit heißem Wasser zurückstellen, nicht wieder auf den Herd setzen.

2 Mehl, Mandeln, Öl oder Butter und Eiweiß in einer Schüssel durchschlagen, dann soviel Wasser unterrühren, daß ein dicker glatter Teig entsteht.

3 Öl zum Ausbacken auf 180 °C oder so weit, daß ein trockenes Stück Brot innerhalb von 30–45 Sekunden braun wird, erhitzen. Die Pflaumen in den Teig tauchen, immer mehrere zugleich in dem Öl ausbacken, bis die Beignets an die Oberfläche steigen und goldbraun und knusprig sind.

4 Mit einem Schaumlöffel aus dem Öl nehmen, auf Küchenpapier abtropfen lassen und warmhalten. Vanillezucker und Kakaopulver in einer Schüssel oder in einer festen Papiertüte mischen, die abgetropften Beignets darin wenden, bis sie mit der Mischung überzogen sind.

5 Auf 4 Schüsseln verteilt und mit der Schokoladensauce begossen servieren.

TIP

Vanillezucker wird zwar in vielen europäischen Ländern im Handel angeboten, er läßt sich jedoch sehr leicht selbst herstellen. Einfach eine Vanilleschote einige Wochen in einem Glas mit Kristall- oder Streuzucker aufbewahren, bis der Zucker das Vanillearoma angenommen hat. Das Glas gelegentlich schütteln. Vanillezucker verleiht Kuchen, Keksen und Desserts ein köstliches Aroma.
Ist zum Bestreuen der Beignets kein Vanillezucker zur Hand, läßt sich nach Belieben auch einfacher Kristall- oder Streuzucker mit einer Prise gemahlenem Zimt verwenden.
Die Beignets nach der Zubereitung möglichst bald servieren, da sie sich schlecht aufbewahren lassen. Anstelle der Pflaumen kann man auch entsteinte Datteln oder getrocknete Aprikosen verwenden.

Blätterteigschlange mit Schokolade, Datteln und Mandeln

Für 6 Personen

275 g Blätterteig, bei Feinfrostware aufgetaut
50 g ungesalzene Butter, zerlassen
Puderzucker, Kakaopulver und gemahlener Zimt zum Bestäuben

Für die Füllung

75 g ungesalzene Butter
115 g dunkle Bitterschokolade, kleingehackt
115 g gemahlene Mandeln
115 g gehackte Datteln
75 g Puderzucker
2 TL Rosenwasser
½ TL gemahlener Zimt

1 Den Herd auf 180 °C vorheizen. Eine runde Kuchenform (22 cm) fetten. Die Füllung herstellen. Dazu die Butter mit der Schokolade schmelzen, danach mit den anderen Zutaten zu einer Paste verrühren. Abkühlen lassen.

2 Auf eine saubere Arbeitsfläche eine Schicht Blätterteig legen. Leicht mit zerlassener Butter bestreichen, dann eine zweite Schicht auflegen und ebenfalls mit zerlassener Butter bestreichen.

3 Eine Handvoll Schokoladen-Mandel-Masse zu einer langen Wurst rollen und an eine Längsseite des Schichtteiges legen. Den Teig fest um die Füllung legen und zu einer Rolle formen. Die Rolle mit den Händen gleichmäßig formen.

4 Die Rolle in die Backform einlegen, am Rand beginnend. Genug Rollen zum Ausfüllen der Form herstellen und in die Form einlegen.

5 Die Teigschlange mit der restlichen zerlassenen Butter bestreichen. Im Ofen 30–35 Minuten backen, bis der Teig goldbraun und knusprig ist.

6 Die Schlange aus der Form nehmen und auf einen Teller legen. Mit Puderzucker, Kakaopulver und Zimt bestreuen und warm auftragen.

Schokoladen-Mandelbaiser-Pie

Für 6 Personen
175 g Weizenmehl
50 g gemahlener Reis
150 g ungesalzene Butter
abgeriebene Schale von 1 Orange
1 Eigelb
Mandelblättchen und geschmolzene dunkle Bitterschokolade zum Garnieren

Für die Füllung
150 g dunkle Bitterschokolade, kleingehackt
50 g weiche ungesalzene Butter
75 g Streuzucker
2 TL Maisstärke
4 Eigelb
75 g gemahlene Mandeln

Für die Baisermasse
3 Eiweiß
150 g Streuzucker

1 Mehl und gemahlenen Reis in eine Schüssel sieben. Die Butter unterarbeiten, bis der Teig wie grobe Brotkrumen aussieht. Die Orangenschale untermischen. Eigelb zugeben; den Teig zu einer Kugel formen. Ausrollen und eine runde Tortenform (23 cm) damit belegen. Kalt stellen.

2 Den Herd auf 190 °C vorheizen. Den Teigboden einstechen, mit fettdichtem Papier belegen, darauf Bohnen zum Beschweren geben und 10 Minuten blind backen.

3 Die Füllung herstellen. Dazu Schokolade schmelzen, dann Butter und Zucker in einer Schüssel cremig rühren und Stärke und Eigelb unterschlagen. Die Mandeln, danach die geschmolzene Schokolade unterziehen. Papier und Bohnen vom Teig entfernen und die Füllung daraufgeben. Weitere 10 Minuten backen.

4 Die Baisermasse herstellen. Dazu in einer sauberen, fettfreien Schüssel die Eiweiß steifschlagen, nach und nach die Hälfte des Streuzuckers unterschlagen. Mit einem Metallöffel den restlichen Zucker unterziehen.

5 Die Baisermasse über die Schokoladenfüllung geben, dabei mit dem Löffelrücken Spitzen nach oben ziehen. Die Herdtemperatur auf 180 °C verringern und die Pie 15–20 Minuten oder so lange, bis der Baiserüberzug blaßgolden aussieht, backen. Warm und mit Mandeln bestreut und geschmolzener Schokolade garniert, servieren.

SCHOKOLADEN-PEKANNUSS-PIE

FÜR 6 PERSONEN
200 g Weizenmehl
5 EL Streuzucker
90 g weiche ungesalzene Butter
1 Ei, geschlagen
abgeriebene Schale von 1 Orange
FÜR DIE FÜLLUNG
200 g heller Zuckersirup
3 EL helle Muskovade
150 g Haushaltschokolade, kleingehackt
50 g Butter
3 Eier, geschlagen
1 TL Vanillearoma
175 g Pekannüsse

1 Das Mehl in eine Schüssel sieben, den Zucker untermengen. Die Butter mit den Fingern gleichmäßig unterarbeiten, bis alles vermischt ist.

2 Ei und Orangenschale in einer Schüssel durchschlagen, dann zu der Zucker-Mehl-Mischung geben und zu einem festen Teig verarbeiten. Etwas Wasser zugeben, wenn die Masse zu trocken ist, und kurz durchkneten.

3 Den Teig auf einer leicht bemehlten Fläche ausrollen und eine Springform (20 cm Durchmesser) mit hohem Rand damit auslegen. 30 Minuten kalt stellen.

4 Den Herd auf 180 °C vorheizen. Die Füllung herstellen. Dazu in einem kleinen Topf Sirup, Zucker, Schokolade und Butter schmelzen.

5 Den Topf vom Herd nehmen und Eier und Vanillearoma unterschlagen. Die Pekannüsse über den Teig streuen und vorsichtig die Schokoladenmasse darübergießen.

6 Die Form auf ein Backblech setzen und die Pie 50–60 Minuten oder so lange, bis die Füllung fest ist, backen. 10 Minuten in der Form abkühlen lassen, dann den Rand der Springform abnehmen. Die Pie so, wie sie aus der Form kommt, oder mit etwas Sahne auftragen.

SCHOKOLADEN-KÄSEKUCHEN MIT ROSINEN

FÜR 8–10 PERSONEN
75 g Weizenmehl
3 EL Kakaopulver
75 g Weizengrieß
50 g Streuzucker
115 g weiche ungesalzene Butter
FÜR DIE FÜLLUNG
225 g Sahnequark
120 ml Naturjoghurt
2 Eier, geschlagen
75 g Streuzucker
abgeriebene Schale von 1 Zitrone
75 g Rosinen
3 EL Bitterschokoladensplitter
FÜR DEN ÜBERZUG
75 g Haushaltschokolade, feingehackt
2 EL heller Zuckersirup
40 g Butter

1 Den Herd auf 150 °C vorheizen. Mehl und Kakaopulver in eine Rührschüssel sieben, Grieß und Zucker untermischen. Mit den Fingern die Butter in die Mehlmischung einarbeiten und alles zu einem festen Teig verkneten.
2 Den Teig auf den Boden einer Springform (22 cm Durchmesser) drücken. Mit einer Gabel mehrfach einstechen und im Herd 15 Minuten backen. Die Springform herausnehmen, den Herd jedoch nicht abschalten.

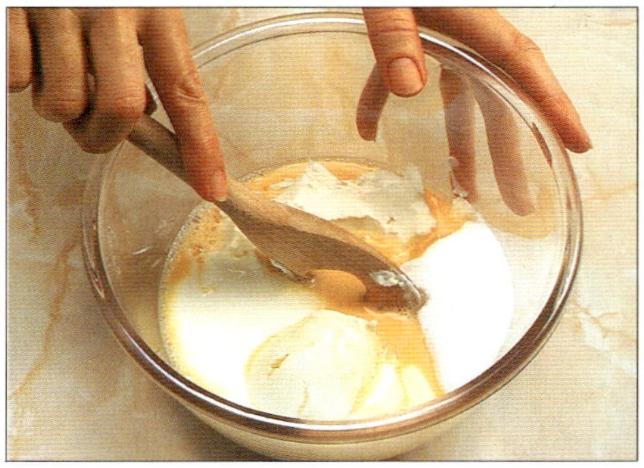

3 Die Füllung herstellen. Dazu in einer großen Schüssel Sahnequark mit Joghurt, Eiern und Zucker schlagen, bis alles gleichmäßig vermischt ist. Zitronenschale, Rosinen und Schokoladensplitter unterrühren.

4 Die Sahnequarkmischung auf den Teigboden streichen und weitere 35–45 Minuten oder so lange, bis die Füllung blaßgolden aussieht und knapp fest ist, backen. In der Form auf einem Kuchengitter abkühlen lassen.

5 Für den Überzug Schokolade, Sirup und Butter in einer feuerfesten Schüssel vermischen. Auf einen Topf mit siedendem Wasser setzen und unter gelegentlichem Rühren langsam erhitzen, bis alles geschmolzen ist. Die Überzugmasse über den Käsekuchen gießen und erstarren lassen. Den Rand der Backform abnehmen und den Rosinen-Schokoladen-Käsekuchen vorsichtig auf eine Servierplatte gleiten lassen. In Stücke geschnitten und nach Belieben mit Sahne auftragen.

RUM-RICOTTA-KÄSEKUCHEN
Anstelle von Sahnequark läßt sich für die Füllung auch Ricotta verwenden. In diesem Fall die Zitronenschale weglassen. Die Rosinen in 2 EL Rum einweichen, bevor sie mit den Schokoladensplittern untergerührt werden. 1 TL Rum zu der Überzugmasse geben.

SCHOKOLADEN-ORANGEN-FLADENKUCHEN

FÜR 4 PERSONEN
115 g Fertigmehl
2 EL Kakaopulver
2 Eier
50 g Haushaltschokolade, kleingehackt
200 ml Milch
abgeriebene Schale von 1 Orange
2 EL Orangensaft
Butter oder Öl zum Ausbacken
Schokoladenröllchen zum Garnieren

FÜR DIE SAUCE
2 große Orangen
25 g ungesalzene Butter
3 EL helle Muskovade
250 ml Crème fraîche
2 EL Grand Marnier oder Cointreau

1 Mehl und Kakaopulver in eine Schüssel sieben, in die Mitte eine Vertiefung drücken. Die Eier zugeben und gut unterschlagen, dabei nach und nach vom Rand her die trockenen Zutaten einarbeiten und einen glatten Teig herstellen.

2 Schokolade und Milch in einer Schüssel mischen. Langsam erhitzen, bis die Schokolade geschmolzen ist, dann unter die Mehlmischung schlagen, bis die Masse glatt und blasig ist. Orangenschale und Saft zugeben und alles zu einem Rührteig vermischen.

3 Eine große Bratpfanne mit schwerem Boden oder eine Eierkuchenpfanne erhitzen. Mit etwas Butter oder Öl fetten. Mit einem großen Löffel Teig in die heiße Pfanne geben, zwischen den einzelnen Fladen genug Platz lassen. Bei mäßiger Hitze backen. Sind die Fladen an der Unterseite leicht gebräunt und an der Oberseite blasig, wenden. Auf einen Teller gleiten lassen und warmhalten, weitere Fladen backen.

4 Die Sauce herstellen. Die Schale von 1 Orange in eine Schüssel reiben und beiseite stellen. Beide Orangen schälen, dabei die weiße Innenhaut sorgfältig entfernen, das Fruchtfleisch in recht dünne Scheiben schneiden.

5 Butter und Zucker in einem großen flachen Topf bei niedriger Hitze erwärmen und rühren, bis sich der Zucker auflöst. Crème fraîche unterrühren und langsam erhitzen.

6 Fladen und Orangenscheiben zu der Sauce geben, langsam 1–2 Minuten erwärmen, dann den Likör darübergeben. Mit der restlichen Orangenschale bestreuen. Die Schokoladenröllchen darüberstreuen und die Fladen sofort auftragen.

Bananen-Pancakes mit Schokoladensplittern

Ergibt 16 Stück
2 reife Bananen
2 Eier
200 ml Milch
150 g Fertigmehl, gesiebt
25 g gemahlene Mandeln
1 EL Streuzucker
1 Prise Salz
1 EL Bitterschokoladensplitter
Butter zum Ausbacken
50 g geröstete Mandelblättchen
Für den Überzug
150 ml Double Cream
1 EL Puderzucker

1 In einer Schüssel die Bananen zerdrücken. Eier und die Hälfte der Milch unterschlagen. Mehl, gemahlene Mandeln, Zucker und Salz untermengen. Die restliche Milch und die Schokoladensplitter zugeben.

2 Die Masse gut durchrühren, bis ein dicker Teig entsteht. In einer beschichteten Pfanne ein kleines Stück Butter erhitzen. Die Pancake-Masse mit dem Löffel in Häufchen in die Pfanne setzen, genügend Zwischenraum lassen. Sind die Pancakes an der Unterseite leicht gebräunt, wenden und die andere Seite bräunen lassen. Auf einen Teller geben und warmhalten, auf die gleiche Weise weitere Pancakes backen.

3 Die Überzugmasse herstellen. Dazu die Sahne in eine Schüssel gießen, leicht mit Puderzucker süßen und schlagen, bis sich weiche Spitzen bilden. Die Sahne auf die Pancakes geben und mit Mandelblättchen garnieren. Sofort auftragen.

SCHOKOLADEN-CRÊPES MIT PFLAUMEN UND PORTWEIN

Für 6 Personen
50 g Haushaltschokolade, kleingehackt
200 ml Milch
120 ml Sahne
2 EL Kakaopulver
115 g Weizenmehl
2 Eier
Öl zum Ausbacken

Für die Füllung
500 g rote oder gelbe Pflaumen
50 g Streuzucker
2 EL Wasser
2 EL Portwein
150 g Crème fraîche oder flüssiger, fettreicher Joghurt

Für die Sauce
150 g Haushaltschokolade, kleingehackt
175 ml Double Cream
1 EL Portwein

1 Den Crêpeteig herstellen. Dazu Schokolade und Milch in eine Schüssel geben. Unter gelegentlichem Rühren langsam erhitzen, bis die Schokolade aufgelöst ist. Die Mischung in einen Mixer oder in die Küchenmaschine geben und Sahne, Kakaopulver, Mehl und Eier zufügen. (Sollten Mixer oder Küchenmaschine zu klein sein, die Masse in Portionen aufteilen.) Zu einer glatten Masse mixen, in einen Krug geben und 30 Minuten kalt stellen.

2 Inzwischen die Füllung herstellen. Pflaumen halbieren und entsteinen. Zusammen mit Zucker und Wasser in einen Topf geben. Zum Kochen bringen, die Wärmezufuhr verringern, zugedeckt etwa 10 Minuten oder so lange, bis die Pflaumen weich sind, köcheln lassen. Den Portwein unterrühren, darauf achten, daß die Pflaumenhälften nicht kaputtgehen, noch 30 Sekunden köcheln. Vom Herd nehmen und warmhalten.

3 Einen Bogen beschichtetes Backpapier bereithalten. Eine Crêpe-Pfanne erhitzen, mit etwas Öl leicht fetten, dann genügend Teig hineingießen, daß der Pfannenboden bedeckt ist, gleichmäßig verteilen. Backen lassen, bis der Teig fest ist, dann wenden und die andere Seite backen lassen. Das fertige Gebäck auf das Backpapier gleiten lassen. Noch 9–11 Crêpes wie beschrieben backen. Die Pfanne nur etwas nachfetten, wenn der Teig festkleben sollte.

4 Die Sauce herstellen. Dazu Schokolade und Sahne zusammen in einen Topf geben. Langsam erhitzen und glattrühren. Den Portwein zugeben, unter Rühren 1 Minute langsam erhitzen.

5 Die Pflaumenfüllung auf die Crêpes aufteilen, einen Klecks Crème fraîche oder flüssigen, fettreichen Joghurt daraufgeben und die Crêpes vorsichtig zusammenrollen. Portionsweise in kleine Schalen legen, mit einem Löffel Schokoladensauce darübergeben und servieren.

SCHOKOLADENBRIOCHE

FÜR 4 PERSONEN

40 g ungesalzene Butter, zusätzlich etwas Butter zum Fetten
200 g Haushaltschokolade, kleingehackt
4 EL Pomeranzenmarmelade
4 kleine Brioches, in Hälften geschnitten oder eine große Brioche, in dicke Scheiben geschnitten
3 Eier
300 ml Milch
300 ml Sahne
2 EL Demererazucker

1 Den Herd auf 180 °C vorheizen. Eine flache feuerfeste Form mit der zusätzlichen Buttermenge leicht fetten.

2 In einer feuerfesten Schüssel über knapp siedendem Wasser Schokolade mit Marmelade und Butter schmelzen, gelegentlich rühren, bis die Masse glatt ist.

3 Die Schokoladenmischung auf die Brioche-Scheiben streichen. In einer Schale dachziegelartig anordnen.

4 In einer großen Schüssel die Eier schlagen, dann Milch und Sahne zugeben und gut vermischen. In einen Krug gießen und gleichmäßig über die Brioche-Scheiben geben. Mit Demererazucker bestreuen und 40 – 50 Minuten backen, bis der Guß leicht erstarrt ist und die Brioche-Scheiben eine goldbraune Farbe haben. Heiß auftragen.

SCHOKOLADENSOUFFLÉ-CRÊPES

ERGIBT 12 STÜCK

75 g Weizenmehl
1 EL Kakaopulver
1 TL Streuzucker
1 Prise Salz
1 TL gemahlener Zimt
2 Eier
175 ml Milch
1 TL Vanillearoma
50 g ungesalzene Butter, zerlassen
Puderzucker zum Bestäuben
Himbeeren, Ananas und Pfefferminzstengel zum Garnieren

FÜR DEN ANANASSIRUP

½ mittelgroße Ananas, geschält, ausgestochen und feingehackt
120 ml Wasser
2 EL Ahornsirup
1 TL Maisstärke
½ Zimtstange
2 EL Rum

FÜR DIE SOUFFLÉ-FÜLLUNG

250 g halbbittere Schokolade, kleingehackt
75 ml Double Cream
3 Eier, getrennt
2 EL Streuzucker

1 Den Sirup herstellen. In einem Topf bei mittlerer Hitze Ananas, Wasser, Ahornsirup, Maisstärke und Zimtstange zum Kochen bringen. 2–3 Minuten köcheln lassen, bis die Sauce dick wird, häufig durchschlagen. Vom Herd nehmen und den Zimt entfernen. In eine Schüssel gießen und den Rum unterrühren. Abkühlen lassen, dann kalt stellen.

TIP

Vielleicht bekommen Sie fertige Crêpes zu kaufen; das spart Zeit.

2 Die Crêpes herstellen. Dazu Mehl, Kakaopulver, Zucker, Salz und Zimt in eine Schüssel sieben. Verrühren, dann in die Mitte eine Vertiefung drücken. Eier, Milch und Vanille in einer Schüssel schlagen. Nach und nach gut unter die Mehlmischung rühren, dabei das Mehl vom Schüsselrand her unterschlagen und einen glatten Rührteig herstellen. Die Hälfte der zerlassenen Butter unterrühren und das Ganze in einen Krug gießen. eine Stunde stehenlassen.

3 Eine Crêpe-Pfanne (18–20 cm Durchmesser) erhitzen. Mit Butter bestreichen. Den Teig umrühren. 3 EL Teig in die Pfanne gießen, die Pfanne schwenken, um den Teig über den Pfannenboden zu verteilen. Bei mittlerer Hitze 1–2 Minuten backen, bis die Crêpe-Unterseite goldgelb aussieht. Wenden und noch 30–45 Sekunden backen lassen, dann auf einen Teller legen. Die fertigen Crêpes übereinandersetzen, jeweils ein Blatt beschichtetes Backpapier zwischenlegen, beiseite stellen.

4 Die Füllung herstellen. Dazu in einem Topf bei mittlerer Hitze Schokolade mit der Sahne zu einer glatten Masse schmelzen, dabei rühren.

5 In einer Schüssel die Eigelb und die Hälfte des Zuckers mit dem elektrischen Handmixer 3–5 Minuten schlagen, bis die Masse leicht und cremig ist. Nach und nach die Schokoladenmischung unterschlagen. Abkühlen lassen. In einer anderen Schüssel die Eiweiß mit gesäubertem Rührbesen schlagen, bis sie weiche Spitzen bilden. Nach und nach den restlichen Zucker unterrühren, bis steife Eischneespitzen entstehen. Einen großen Löffel Eischnee zum Auflockern unter die Schokoladenmasse schlagen, dann den Rest unterheben.

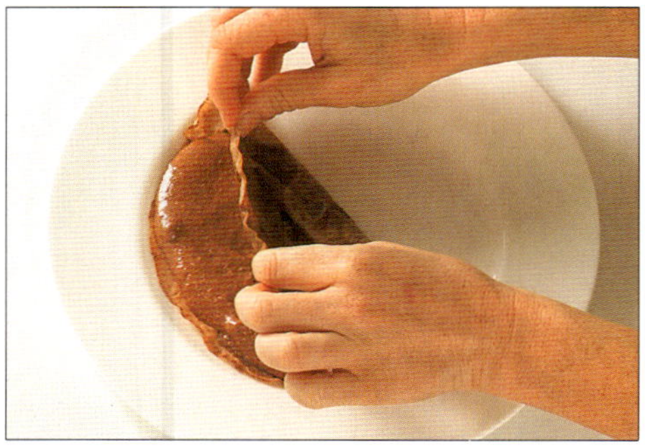

6 Den Herd auf 200 °C vorheizen. Je eine Crêpe mit der Unterseite nach oben auf einen Teller legen. Mit einem Löffel etwas Soufflé-Masse daraufgeben und bis zum Rand verstreichen. Die Crêpe über der Soufflé-Masse auf die Hälfte zusammenfalten, nochmals auf die Hälfte zusammenlegen, so daß ein gefülltes Dreieck entsteht. Auf ein gebuttertes Backblech legen. Den Arbeitsgang mit den restlichen Crêpes wiederholen. Dann mit zerlassener Butter bestreichen und 15–20 Minuten backen, bis die Füllung aufgegangen ist. Mit Himbeeren, Ananasstücken und Minzestengeln garnieren und mit dem Sirup auftragen.

ABWANDLUNG

Die Crêpes können auch einfach mit einem Löffel Ahornsirup anstelle von Ananassirup aufgetragen werden.

Schokoladen-Orangen-Marquise

Für 6–8 Personen

200 g Streuzucker
4 EL frisch gepreßter Orangensaft
350 g dunkle Bitterschokolade, kleingehackt
225 g ungesalzene Butter, gewürfelt
5 Eier
abgeriebene Schale von 1 Orange
3 EL Weizenmehl
Puderzucker und in Streifen geschnittene Orangenschale zum Garnieren

1 Den Herd auf 180 °C vorheizen. Eine runde Backform (23 cm Durchmesser, 6 cm hoher Rand) fetten. Den Boden mit beschichtetem Backpapier auslegen.

2 115 g Zucker in einen Topf geben. Orangensaft zugeben und bei mäßiger Hitze rühren, bis der Zucker aufgelöst ist.

3 Vom Herd nehmen, die Schokolade zugeben und rühren, bis sie geschmolzen ist. Butter würfelweise zugeben und schmelzen lassen, alles gleichmäßig vermischen.

4 In einer großen Schüssel Eier und den restlichen Zucker zu einer blaßgelben und sehr dicken Masse schlagen. Orangenschale zufügen. Die Schokoladenmischung mit einem Metalllöffel leicht und gleichmäßig unter die Eiermischung ziehen. Das Mehl darübersieben und unterziehen.

5 Die Masse in die vorbereitete Backform geben. In eine Bratpfanne setzen, in den Herd stellen und die Pfanne vorsichtig etwa bis zur Hälfte mit heißem Wasser füllen.

6 1 Stunde backen, bis sich der Kuchen fest anfühlt. Die Backform aus dem Wasserbad nehmen und auf einem Kuchengitter 15–20 Minuten abkühlen lassen. Den Kuchen auf ein Backblech stürzen, eine Kuchenplatte mit der Oberseite nach unten auf den Kuchen legen, das Backblech stürzen, so daß der Kuchen nun auf der Platte liegt.

7 Mit Puderzucker bestäuben, mit Orangenschalenstreifen garnieren und noch etwas warm oder kalt auftragen. Dieser Kuchen ist sehr gehaltvoll und feucht und kann deshalb ohne weitere Beigabe serviert werden. Nach Belieben kann jedoch Sahne dazu gereicht werden.

HEISSE SCHOKOLADEN-ZABAGLIONE

FÜR 6 PERSONEN
6 Eigelb
150 g Streuzucker
3 EL Kakaopulver
200 ml Marsala
Kakaopulver oder Puderzucker zum Bestäuben

1 Einen mittelgroßen Topf zur Hälfte mit Wasser füllen, das Wasser zum Kochen bringen. In eine entsprechend große feuerfeste Schüssel die Eigelb und den Zucker geben und rühren, bis die Masse blaßgelb und der gesamte Zucker aufgelöst ist.

2 Kakaopulver und Marsala zugeben, die Schüssel auf den Topf setzen. Mit dem elektrischen Handmixer schlagen, bis die Masse dick und schaumig ist.

3 Rasch in hohe feuerfeste Gläser gießen, leicht mit Kakaopulver oder Puderzucker bestäuben und zusammen mit Schokoladen-Zimt-Tuiles oder Amaretti-Keksen sofort servieren.

SCHOKOLADENFONDUE
FÜR 4–6 PERSONEN
225 g Haushaltschokolade, kleingehackt
300 ml Double Cream
2 EL Grand Marnier (nach Belieben)
25 g Butter, gewürfelt
Kirschen, Erdbeeren, Bananenscheiben, Mandarinenspalten und Biskuitkuchenwürfel zum Dippen

1 Schokolade, Sahne und Grand Marnier (wenn gewünscht) in einem Fonduetopf oder in einem kleinen Topf mit schwerem Boden mischen. Unter häufigem Rühren langsam erhitzen, bis alles geschmolzen ist.

2 Obst und Kuchenwürfel zum Dippen auf einem Teller anrichten. In der Fonduemasse die Butter schmelzen. Den Topf über die Flamme eines Spiritusbrenners stellen.

4 Lassen Sie die Gäste der Fondue-Runde aufgespießte Obst- oder Kuchenstücke ihrer Wahl in die Fonduemasse eintauchen, so daß die Stücke davon bedeckt sind. Wer dabei ein Stück verliert, zahlt ein Pfand.

Torten, Törtchen, Pies und Käsekuchen

Griechische Schokoladenmousse-Törtchen

Für 6 Personen
1 Portion Schokoladen-Mürbeteig
Schokoladenornamente zum Garnieren
Für die Füllung
200 g weiße Schokolade, kleingehackt
120 ml Milch
1 TL Gelatinepulver
2 EL Streuzucker
1 TL Vanillearoma
2 Eier, getrennt
250 ml flüssiger, fettreicher Joghurt

1 Den Herd auf 190 °C vorheizen. Den Teig ausrollen und sechs Springformen mit hohem Rand (10 cm Durchmesser) damit auslegen.

2 Den Teig mit einer Gabel einstechen, mit fettdichtem Papier belegen, zum Beschweren mit Backbohnen bedecken und 10 Minuten blind backen. Backbohnen und Papier entfernen, die Formen in den Ofen zurückstellen und weitere 15 Minuten backen. Die Teigböden in der Form abkühlen lassen.

3 Die Füllung herstellen. Dazu die Schokolade schmelzen. Milch in einen Topf gießen, Gelatinepulver darüberstreuen und langsam erhitzen. Dabei rühren, bis die Gelatine völlig aufgelöst ist. Vom Herd nehmen und die Schokolade unterrühren.

4 Zucker, Vanillearoma und die Eigelb in einer großen Schüssel schlagen, dann die Schokoladenmasse unterarbeiten. Joghurt unterschlagen, bis alles gleichmäßig vermischt ist.

5 Die Eiweiß in einer sauberen, fettfreien Schüssel steifschlagen und unter die Mischung heben. Die Masse auf die Teigböden verteilen und zum Festwerden 2–3 Stunden kalt stellen. Mit Schokoladenornamenten oder geschmolzener Schokolade garnieren.

Schokoladen-Tart mit Pinienkernen

Für 8 Personen
200 g Weizenmehl
50 g Streuzucker
1 Prise Salz
abgeriebene Schale von ½ Orange
115 g ungesalzene Butter, kleingeschnitten
3 Eigelb, leicht geschlagen
1–2 EL Eiswasser

Für die Füllung
2 Eier
3 EL Streuzucker
abgeriebene Schale von 1 Orange
1 EL Orangenlikör
250 ml Schlagsahne
115 g Haushaltschokolade, kleingehackt
75 g Pinienkerne, geröstet

Für die Garnierung
1 Orange
50 g Kristallzucker
120 ml Wasser

1 In einer Küchenmaschine mit Metallschneidwerk Mehl, Zucker, Salz und Orangenschale vermischen. Butter zugeben und 20–30 Sekunden unterarbeiten, bis die Mischung wie große Brotkrumen aussieht. Die Eigelb zufügen und unterarbeiten, bis der Teig beginnt zusammenzuhaften. Erscheint der Teig zu trocken, nach und nach Eiswasser zugeben, bis die Masse gerade zusammenhält. Den Teig vorsichtig kneten, dann in Klarsichtfolie wickeln. 2–3 Stunden oder über Nacht kalt stellen.

2 Eine Tart-Springform (23 cm Durchmesser) leicht fetten. Den Teig kurz weich werden lassen, dann auf einer gut bemehlten Fläche zu einem Kreis von 28 cm Durchmesser ausrollen. Den Teig in die Form einlegen, am Rand überstehenden Stücke mit bemehlten Fingern leicht nach unten drücken, und den Rand damit etwas dicker machen.

3 Mit einem Nudelholz Teigreste vom oberen Rand der Springform abrollen. Den verdickten oberen Teigrand gegen die Seiten der Form drücken und einen etwas hochstehenden Rand formen. Den Boden mit einer Gabel einstechen. 1 Stunde kalt stellen. Den Herd auf 200 °C vorheizen. Den Teig in der Form mit fettdichtem Papier belegen, Backbohnen daraufgeben und 5 Minuten blind backen. Papier und Bohnen entfernen, die Form in den Ofen zurückstellen und noch 5 Minuten backen, bis der Teig fest ist. In der Form auf einem Kuchengitter abkühlen lassen. Die Backtemperatur auf 180 °C verringern.

4 Die Füllung herstellen. Dazu Eier, Zucker, Orangenschale und Likör in einer Schüssel durchschlagen. Sahne unterrühren. Die Schokolade, dann die Pinienkerne gleichmäßig über den Teigboden verteilen.

5 Die Füllung langsam in die Teigform gießen. 20–30 Minuten backen, bis der Teig goldgelb und die Füllung fest ist. Auf ein Kuchengitter setzen und in der Form leicht abkühlen lassen.

6 Die Garnierung herstellen. Dazu die Orange dünn schälen (ohne weiße Innenhaut), und die Schale in dünne Streifen schneiden. In einem Topf bei mittlerer Hitze den Zucker in Wasser auflösen, die Orangenschalenstreifen zugeben. Etwa 5 Minuten kochen lassen, bis die Lösung dick ist und zu karamelisieren beginnt. Vom Herd nehmen und etwa 1 EL kaltes Wasser unterrühren, um das weitere Bräunen des Sirups zu verhindern.

7 Den Orangensirup auf die Tart streichen; die Tart mit den karamelisierten Streifen garnieren. Den Springformrand entfernen und die Tart auf einen Teller setzen. Warm auftragen.

Schokoladentrüffel-Tart

Für 12 Personen
115 g Weizenmehl
30 g Kakaopulver
50 g Streuzucker
½ TL Salz
115 g ungesalzene Butter, in Stücke geschnitten
1 Eigelb
1–2 EL Eiswasser
25 g gute weiße Schokolade oder Milchschokolade, geschmolzen
Schlagsahne zum Servieren (nach Belieben)

Für die Trüffelfüllung
350 ml Double Cream
350 g Kuvertüre oder gute halbbittere Schokolade, gehackt
50 g ungesalzene Butter, kleingeschnitten
2 EL Weinbrand oder Likör

1 Den Teig bereiten. Dazu Mehl und Kakaopulver in eine Schüssel sieben. In einer Küchenmaschine mit Metallschneidwerk zusammen mit Zucker und Salz mischen. Butter zugeben und 15–20 Sekunden unterarbeiten, bis die Masse wie grobe Brotkrumen aussieht.

2 In einer Schüssel Eigelb und Eiswasser leicht schlagen. Zu der Mehlmischung geben und unterarbeiten, bis der Teig beginnt, zusammenzuhaften. Den Teig herausnehmen und auf ein Stück Klarsichtfolie legen. Die Folie darüberschlagen und den Teig darin zu einer flachen Scheibe drücken. Fest mit der Folie umhüllen. Bis zum Festwerden 1–2 Stunden kaltstellen.

3 Eine Tart-Springform (23 cm) leicht fetten. Den Teig kurz weich werden lassen, dann zwischen 2 Bogen Wachspapier oder Klarsichtfolie zu einem Kreis (28 cm Durchmesser, etwa 5 mm stark) ausrollen. Den oberen Bogen abziehen und den Teig in die Tartform stürzen. Den unteren Bogen abnehmen. Den Teig in die Form einpassen. Mit einer Gabel einstechen. 1 Stunde kalt stellen.

4 Den Herd auf 180 °C vorheizen. Die Tart mit Alufolie oder beschichtetem Backpapier belegen, mit Backbohnen füllen. 5–7 Minuten blind backen. Folie und Bohnen entfernen, den Teig in den Ofen zurückstellen und weitere 5–7 Minuten backen, bis er knapp fest ist. Auf ein Kuchengitter setzen und in der Form auskühlen lassen.

5 Die Füllung bereiten. In einem Topf bei mittlerer Hitze die Sahne zum Kochen bringen. Vom Herd nehmen und die Schokolade unterrühren, bis sie geschmolzen und glatt ist. Butter und Weinbrand oder Likör unterrühren. Durch ein Sieb in die fertige Teigform gießen, dabei die Form leicht schwenken, um die Oberfläche zu ebnen. Die Oberfläche der Füllung nicht berühren, da sonst ihr Glanz beeinträchtigt wird.

6 Die geschmolzene Schokolade in eine Papierspritztüte füllen, die Spitze abschneiden. Kleine Schokoladepunkte auf die Tart setzen und die Spitze eines Fleichspießes oder Zahnstochers so durch die Punkte ziehen, daß ein Marmoreffekt entsteht. Bis zum Festwerden 2–3 Stunden kalt stellen. Die Tart vor dem Auftragen bei Zimmertemperatur etwas weich werden lassen.

SCHOKOLADEN-TIRAMISU-TART

FÜR 12–16 PERSONEN
115 g ungesalzene Butter
1 EL Kaffeelikör oder Wasser
175 g Weizenmehl
25 g Kakaopulver
25 g Puderzucker
1 Prise Salz
½ TL Vanillearoma
Kakaopulver zum Bestäuben

FÜR DIE SCHOKOLADENSCHICHT
350 ml Double Cream
1 EL heller Zuckersirup
115 g halbbittere Schokolade, kleingehackt
25 g ungesalzene Butter, kleingeschnitten
2 EL Kaffeelikör

FÜR DIE FÜLLUNG
250 ml Schlagsahne
350 g Mascarpone, zimmerwarm
3 EL Puderzucker
3 EL kalter Espresso oder starker schwarzer Kaffee
3 EL Kaffeelikör
90 g Haushaltschokolade, geraspelt

1 Eine Springform (23 cm Durchmesser) leicht fetten. Den Teig bereiten. In einem Topf Butter und Likör oder Wasser erhitzen, bis die Butter geschmolzen ist. Mehl, Kakaopulver, Puderzucker und Salz in eine Schüssel sieben. Die Buttermischung vom Herd nehmen, Vanillearoma unterrühren. Nach und nach unter die Mehlmischung rühren, so daß ein Knetteig entsteht.

2 Leicht kneten, bis der Teig glatt ist. An den Boden und die Seiten bis 2 cm unter den oberen Rand der Springform drücken. Den Teig einstechen. 40 Minuten kalt stellen. Den Herd auf 190 °C vorheizen. Den Teig 8–10 Minuten backen. Geht der Teig auf, mit einer Gabel einstechen und noch 2–3 Minuten backen, bis er fest ist. Auf einem Kuchengitter abkühlen lassen.

3 Die Masse für die Schokoladenschicht herstellen. Dazu Sahne und Sirup in einem Topf bei mittlerer Hitze zum Kochen bringen. Vom Herd nehmen, Schokolade zugeben und rühren, bis sie geschmolzen ist. Butter und Likör unterschlagen und die Mischung in die Teigform gießen. Auskühlen lassen, dann kalt stellen.

4 Die Füllung herstellen. In einer Schüssel mit dem elektrischen Handmixer die Sahne schlagen, bis sie weiche Spitzen bildet. In einer zweiten Schüssel Mascarpone weichrühren, dann Puderzucker unterschlagen, bis die Masse glatt und cremig ist. Nach und nach kalten Kaffee und Likör unterschlagen. Schlagsahne und Schokolade vorsichtig unterziehen. Die Füllung auf die in der Teigform ausgekühlte Schokoladenschicht geben und glattstreichen. Bis zum Auftragen kalt stellen.

5 Vor dem Auftragen den Teig mit einem scharfen Messer von der Form lösen. Den Springformrand abnehmen und die Tart auf einen Teller setzen. Zum Garnieren eine Kakaoschicht auf die Tart stäuben oder den Rand mit aufgespritzten Schlagsahnerosetten verzieren. Auf jede Rosette eine schokoladeüberzogene Kaffeebohne setzen. Die Tiramisu-Schokoladen-Tart ist sehr gehaltvoll, deshalb in schmale Stücke geschnitten servieren. Dazu Espresso reichen.

Mango-Sahne-Tart mit weisser Schokolade

Für 8 Personen

175 g Weizenmehl
75 g gesüßte Kokosraspel
115 g weiche Butter
2 EL Streuzucker
2 Eigelb
½ TL Mandelaroma
600 ml Schlagsahne
1 große reife Mango
50 g geröstete Mandelblättchen zum Garnieren

Für die weisse Eier-Schokoladen-Mischung

150 g gute weiße Schokolade, kleingehackt
120 ml Schlagsahne oder Double Cream
5 EL Maisstärke
1 EL Weizenmehl
50 g Kristallzucker
350 ml Milch
5 Eigelb

1 In einer tiefen Schüssel mit dem elektrischen Handmixer Mehl, Kokosraspel, Butter, Zucker, Eier und Mandelaroma auf niedriger Stufe zu einem weichen Teig verschlagen. Eine Tart-Springform (23 cm Durchmesser) leicht fetten. Den Teig an Boden und Seiten der Form drücken. Mit einer Gabel einstechen. 30 Minuten kalt stellen.

Tip

Eine Mango aussuchen, deren Schale kräftig gelb und stellenweise rosa oder rot gefärbt ist. Bei einem Druck mit den Fingern muß sie leicht nachgeben; sie darf jedoch nicht zu weich sein. Vorsichtig schälen, dann um den Kern herum halbieren. Die Hälften nochmals gleichmäßig teilen, dann in ordentliche Scheiben schneiden.

2 Den Herd auf 180 °C vorheizen. Den Teig mit beschichtetem Backpapier belegen, mit Backbohnen füllen und 10 Minuten blind backen. Papier und Bohnen entfernen und den Teig weitere 5–7 Minuten goldgelb backen. In der Form auf einem Kuchengitter abkühlen lassen.

3 Die weiße Eier-Schokoladen-Mischung herstellen. Dazu in einem kleinen Topf bei niedriger Hitze weiße Schokolade und Sahne schmelzen und glattrühren. Beiseite stellen. In einem mittelgroßen Topf Maisstärke, Weizenmehl und Zucker vermengen. Nach und nach die Milch unterrühren. Bei mittlerer Hitze ständig rühren, bis die Mischung dick ist.

4 In einer kleinen Schüssel die Eigelb schlagen. Unter ständigem Rühren langsam etwa 250 ml von der heißen Milchmischung zugeben.

5 Die Füllung vorsichtig zum Kochen bringen, ständig rühren, bis die Mischung dick ist. Die geschmolzene weiße Schokolade gut untermischen. Auf Raumtemperatur abkühlen lassen, dabei häufig umrühren, damit sich keine Haut bildet. In einer mittelgroßen Schüssel die Sahne schlagen, bis sie weiche Spitzen bildet. Etwa 120 ml Schlagsahne unter die weiße Schokoladenmischung heben und die Hälfte der Mischung in die Teigform füllen. Die Mango schälen und in dünne Scheiben schneiden.

6 Mit einem schmalen Metallspatel oder einer Metallpalette die Mangoscheiben vom Rand her in konzentrischen Kreisen auf der Eier-Schokoladen-Mischung anordnen. Die Scheiben auf der Mischung möglichst nicht hin- und herrücken. Die restliche Mischung vorsichtig über die Mangoscheiben gießen, die Oberfläche glattstreichen. Den Springformrand entfernen und die Tart vorsichtig auf eine Kuchenplatte setzen.
7 Die restliche aromatisierte Schlagsahne in eine große Spritztüte mit mittelgroßer Sterntülle geben. Die Sahne im Abstand von jeweils etwa 1 cm in parallelen Reihen zu einem Schnörkelmuster auf die Oberseite der Tart spritzen. Die gerösteten Mandelblättchen vorsichtig zwischen die Reihen streuen. Die Tart gekühlt servieren.

Schokoladentorte mit Pekannüssen

Für 16 Personen

200 g Halbbitter- oder Bitterschokolade, kleingehackt
150 g ungesalzene Butter, in Stücke geschnitten
4 Eier
90 g Streuzucker
2 TL Vanillearoma
115 g gemahlene Pekannüsse
2 TL gemahlener Zimt
24 geröstete Pekanhälften zum Garnieren (nach Belieben)

Für die Schokoladen-Honig-Glasur

115 g Halbbitter- oder Bitterschokolade, kleingehackt
50 g ungesalzene Butter, in Stücke geschnitten
2 EL klarer Honig
1 Prise gemahlener Zimt

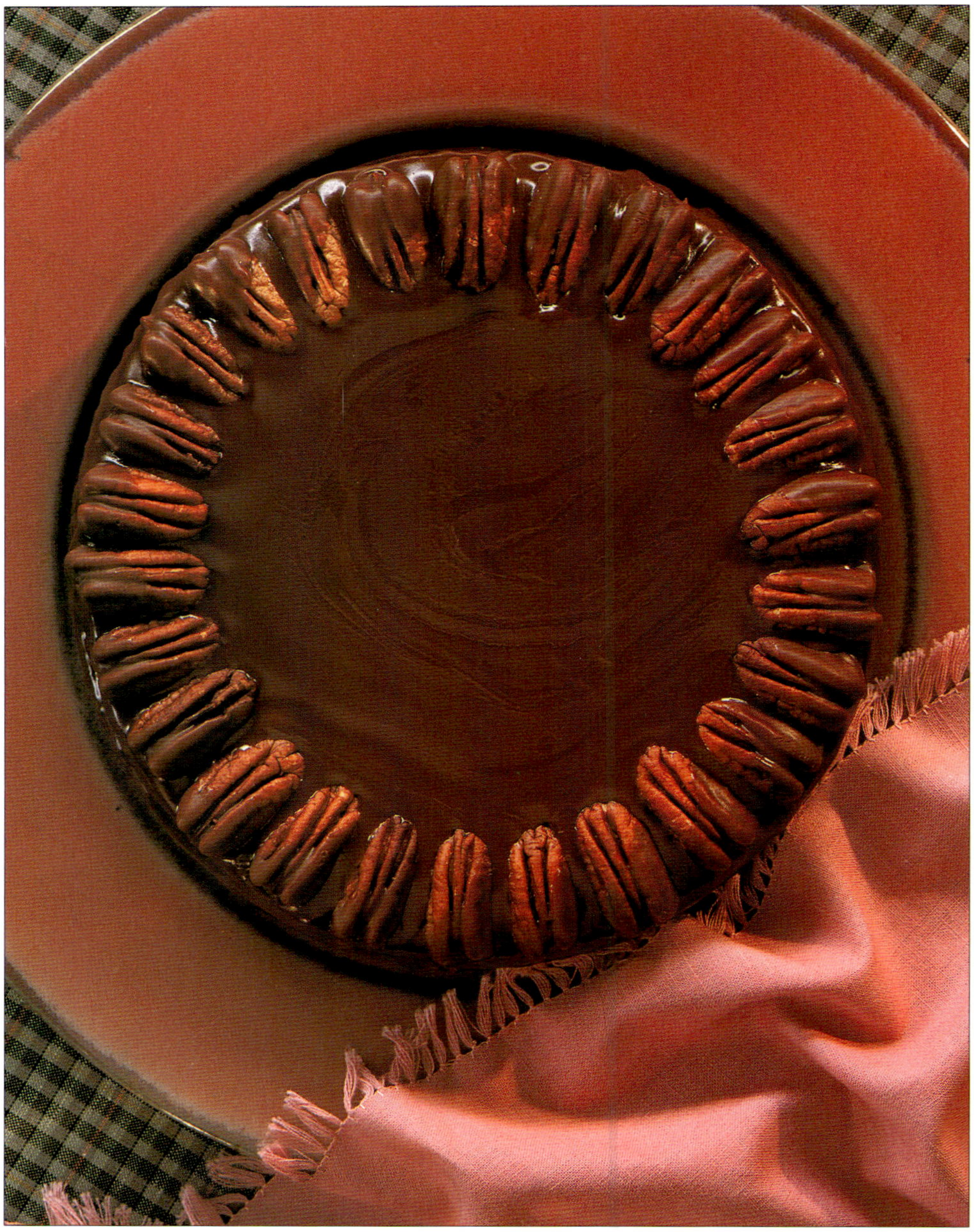

1 Den Herd auf 180 °C vorheizen. Eine Springform (20 cm Durchmesser, 5 cm hoher Rand) fetten und mit beschichtetem Backpapier auslegen. Die Form mit Folie umhüllen, damit kein Wasser eindringen kann. Schokolade und Butter schmelzen und glattrühren. In einer Rührschüssel Eier, Zucker und Vanillearoma schaumig schlagen. Geschmolzene Schokolade, gemahlene Nüsse und Zimt unterrühren. In die Springform gießen.

2 Die Form in eine Bratpfanne stellen. Die Pfanne 2 cm hoch mit kochendem Wasser füllen. 25–30 Minuten backen, bis der Rand des Kuchens fest und die Mitte noch weich ist. Die Form aus dem Wasserbad nehmen und die Folie entfernen. Den Kuchen in der Form auf einem Kuchengitter abkühlen lassen.

3 Die Glasur herstellen. Dazu alle Zutaten in einem kleinen Topf schmelzen lassen und glattrühren. Vom Herd nehmen, die gerösteten Pekannüse zur Hälfte darin eintauchen und auf ein mit beschichtetem Backpapier belegtes Blech setzen, bis die Glasur fest ist.

4 Den Kuchen aus der Form nehmen, auf das Gitter setzen und die restliche Glasur darübergießen. Den Tortenrand mit den getauchten Pekanhälften garnieren und die Glasur erstarren lassen. Vor dem Servieren auf eine Tortenplatte setzen und in schmale Stücke schneiden.

Schokoladen-Zitronen-Tart

Für 8–10 Personen

175 g Weizenmehl
2 EL Kakaopulver
25 g Puderzucker
½ TL Salz
115 g ungesalzene Butter oder Margarine
1 EL Wasser

Für die Füllung

225 g Streuzucker
6 Eier
abgeriebene Schale von 2 Zitronen
175 g frischer Zitronensaft
175 ml Double Cream oder Schlagsahne
Schokoladenröllchen zum Garnieren

1 Eine Tortenform (25 cm Durchmesser) fetten. Mehl, Kakaopulver, Puderzucker und Salz in eine Schüssel sieben. Beiseite stellen. Das Wasser in einen Topf geben, darin Butter oder Margarine bei niedriger Hitze schmelzen. Über die Mehlmischung gießen und rühren, bis das Mehl alle Flüssigkeit aufgenommen hat und ein glatter Teig entstanden ist.

2 Den Teig gleichmäßig über Boden und Seiten der Form verteilen und andrücken. Kalt stellen.

3 Den Herd auf 190 °C vorheizen und ein Backblech darin erwärmen. Die Füllung herstellen. Dazu in einer Schüssel Zucker und Eier schlagen, bis der Zucker aufgelöst ist. Zitronenschale und Saft zugeben und gut untermischen. Die Sahne unterrühren. Kosten, bei Bedarf noch etwas Zitronensaft oder Zucker zugeben, um der Mischung einen herb-süßen Geschmack zu verleihen.

4 Die Füllung in die Teigform gießen und die Tortenform auf das heiße Backblech setzen. 20–25 Minuten oder so lange, bis die Füllung fest ist, backen. Auf einem Kuchengitter auskühlen lassen, dann mit Schokoladenlocken garnieren.

Linzer Torte mit Schokoladensplittern

3 Den Teig auf eine bemehlte Arbeitsfläche geben und leicht kneten, bis er knapp durchgemengt ist. In zwei gleich große Stücke teilen. Mit bemehlten Fingern eine Hälfte über Boden und Seiten der Form verteilen und andrücken. Den Boden mit einer Gabel einstechen. 20 Minuten kalt stellen. Die andere Teighälfte zwischen zwei Bögen Backpapier oder Klarsichtfolie zu einem Kreis (28 cm Durchmesser) ausrollen. Auf ein Backblech legen und 30 Minuten kalt stellen.

Für 10–12 Personen

50 g ganze blanchierte Mandeln
115 g Streuzucker
175 g Weizenmehl
2 EL Kakaopulver
1 TL gemahlener Zimt
½ TL Salz
1 TL abgeriebene Orangenschale
225 g ungesalzene Butter, kleingeschnitten
3–4 EL Eiswasser
75 g kleine Bitterschokoladensplitter
Puderzucker zum Bestäuben

Für die Aprikosenfüllung

350 g getrocknete Aprikosen
120 ml Orangensaft
175 ml Wasser
3 EL Kristallzucker
50 g Aprikosenkonfitüre
½ TL Mandelaroma

1 Die Füllung herstellen. Dazu Aprikosen, Orangensaft und Wasser in einem Topf köcheln lassen, bis die Flüssigkeit aufgenommen ist, dabei des öfteren umrühren. Die restlichen Zutaten unterrühren. Durch ein Sieb in eine Schüssel gießen, abkühlen lassen, zudecken und kalt stellen.

2 Eine Tart-Springform (28 cm Durchmesser) leicht fetten. Den Teig bereiten. Mandeln und die Hälfte des Zuckers in einer Küchenmaschine mit Metallschneidwerk fein zerkleinern. Mehl, Kakaopulver, Zimt und Salz in eine Schüssel sieben. Den restlichen Streuzucker unterrühren. In die Küchenmaschine geben und mit der Mandel-Zucker-Masse vermischen. Orangenschale und Butter zugeben und 15–20 Sekunden durcharbeiten, bis die Masse wie grobe Brotkrumen aussieht. Etwa 2 EL Eiswasser zugeben und verrühren, bis der Teig beginnt, zusammenzuhaften. Erscheint der Teig zu trocken, nach und nach noch 1–2 EL Eiswasser zugeben, bis der Teig gerade zusammenhält.

4 Den Herd auf 180 °C vorheizen. Den Teigboden in der Form mit der Füllung bestreichen, Schokoladensplitter darüberstreuen. Beiseite stellen. Den Teigkreis auf eine leicht bemehlte Fläche legen und in 1 cm breite Streifen schneiden; die Streifen in 3–5 Minuten weich werden lassen, damit sie leichter zu verarbeiten sind.

5 Die Hälfte der Teigstreifen im Abstand von je 1 cm auf die Füllung legen. Den Rest schräg darüberlegen (s. Abb.). Zur Betonung des Gittereffekts die Streifen mit den Fingerspitzen zu beiden Seiten der Kreuzungspunkte auf die Füllung drücken. Die Streifenenden am Teigrand festdrücken, überstehende Reste abschneiden. 35–40 Minuten backen, bis die Streifen goldgelb sind und die Füllung Blasen macht. Auf einem Kuchengitter abkühlen lassen. Vor dem Servieren den Springformrand entfernen, danach die oberen Teigstreifen mit Puderzucker bestäuben.

SCHOKOLADEN-BEEREN-TART MIT BROMBEERSAUCE

FÜR 10 PERSONEN

115 g weiche ungesalzene Butter
115 g Streuzucker
½ TL Salz
1 EL Vanillearoma
50 g Kakaopulver
175 g Weizenmehl
450 g frische Beeren zum Belegen

FÜR DIE SCHOKOLADEN-CANACHE-FÜLLUNG

475 ml Double Cream
150 g Brombeer- oder Himbeergelee
225 g halbbittere Schokolade, kleingehackt
25 g ungesalzene Butter, kleingeschnitten

FÜR DIE BROMBEERSAUCE

225 g frische oder gefrorene Brombeeren oder Himbeeren
1 EL Zitronensaft
2 EL Streuzucker
2 EL Brombeer- oder Himbeerlikör

1 In einer Küchenmaschine mit Metallschneidwerk Butter, Zucker, Salz und Vanillearoma zu einer cremigen Masse verarbeiten. Kakaopulver zugeben und eine Minute rühren. Die gesamte Mehlmenge auf einmal zugeben, 10–15 Sekunden schlagen. Ein Stück Klarsichtfolie auf die Arbeitsfläche legen. Den Teig darauflegen, zu einer flachen Scheibe formen und fest in die Folie wickeln. 1 Stunde kalt stellen.

2 Eine Springform (23 cm Durchmesser) leicht fetten. Den Teig 5–10 Minuten weich werden lassen, dann zwischen zwei Stücken Klarsichtfolie zu einem Kreis (28 cm Durchmesser, etwa 5 mm stark) ausrollen. Die obere Folieschicht abziehen, den Teig in die vorbereitete Form stürzen. In die Form einlegen, dann die untere Klarsichtfolie abziehen.

3 Den Teig mit bemehlten Fingern an Boden und Seiten der Form andrücken, überstehende Stücke am oberen Springformrand mit dem Nudelholz abrollen. Den Teigboden mit einer Gabel einstechen. 1 Stunde kalt stellen. Den Herd auf 180 °C vorheizen. Den Teig mit beschichtetem Backpapier bedecken; Backbohnen daraufgeben und 10 Minuten blind backen. Papier und Bohnen entfernen und den Teig weitere 5 Minuten backen, bis er gerade fest ist. In der Form auf einem Kuchengitter abkühlen lassen.

4 Die Canache-Füllung bereiten. In einem mittelgroßen Topf bei mittlerer Hitze Sahne und Beerengelee zum Kochen bringen. Vom Herd nehmen und die gesamte Schokolademenge auf einmal zugeben, rühren, bis sie geschmolzen und die Mischung glatt ist. Butter unterrühren, schmelzen lassen, dann durch ein Sieb in die abgekühlte Teigform gießen und glattstreichen. Die Tart auskühlen lassen.

5 Die Sauce herstellen. Beeren, Zitronensaft und Zucker in der Küchenmaschine zu einer glatten Mischung verarbeiten. Durch ein Sieb in eine kleine Schüssel gießen und Likör zugeben.

6 Die Tart vor dem Auftragen aus der Form nehmen. Auf eine Servierplatte setzen und die Beeren auf die Tart geben. Mit einer Butterbürste etwas Brombeersauce als Glasur über die Beeren streichen. Die restliche Sauce gesondert servieren.

Haselnussbaiser-Torte mit Schokoladencreme und Birnen

Für 8–10 Personen
175 g Kristallzucker
1 Vanilleschote, aufgeschnitten
475 ml Wasser
4 reife Birnen, halbiert und vom Kerngehäuse befreit
2 EL Haselnuß- oder Birnenlikör
150 g Haselnüsse, geröstet
6 Eiweiß
1 Prise Salz
350 g Puderzucker
1 TL Vanillearoma
50 g Haushaltschokolade, geschmolzen

Für die Schokoladencreme
275 g gute Halbbitter- oder Bitterschokolade, kleingehackt
475 ml Schlagsahne
4 EL Haselnuß- oder Birnenlikör

1 In einen Topf, der so groß ist, daß die Birnenhälften darin in einer Schicht liegend gegart werden können, Zucker, Vanilleschote und Wasser geben. Bei großer Hitze zum Kochen bringen, rühren, bis der Zucker aufgelöst ist. Die Hitze reduzieren, die Birnen in den Sirup geben, zudecken und 12–15 Minuten leise köcheln lassen, bis sie weich sind. Vom Herd nehmen und die Birnen in der Pochierflüssigkeit abkühlen lassen. Die Birnen vorsichtig aus der Flüssigkeit heben und auf Küchenpapier abtropfen lassen. Auf einen Teller legen, mit Likör beträufeln, zudecken und über Nacht kalt stellen.

2 Den Herd auf 180 °C vorheizen. Auf zwei Bögen Backpapier mit dem Bleistift je einen Kreis von 23 cm Durchmesser zeichnen. Das Backpapier mit der Oberseite nach unten auf zwei Backbleche legen. Die gerösteten Haselnüsse in einer Küchenmaschine mit Metallschneidwerk zerkleinern.

3 In einer großen Schüssel die Eiweiß mit dem elektrischen Handmixer schaumig schlagen. Salz zugeben und die Masse auf hoher Stufe schlagen, bis sich weiche Spitzen bilden. Die Geschwindigkeit verringern, nach und nach den Puderzucker zugeben und gut unterschlagen, bis der Eischnee steif und glänzend ist. Der Arbeitsgang dauert etwa 12–15 Minuten. Nüsse und Vanillearoma vorsichtig unterziehen und die Baisermasse mit einem Löffel auf die vorgezeichneten Kreise geben, Oberfläche und Seiten glattstreichen.

4 1 Stunde backen, bis die Oberseiten trocken und fest sind. Den Herd abschalten, die Baiserböden darin 2–3 Stunden oder über Nacht abkühlen und ganz trocken werden lassen.

5 Die Schokoladencreme bereiten. Dazu Schokolade in einer feuerfesten Schüssel über siedendem Wasser schmelzen. Rühren, bis die Schokolade geschmolzen und glatt ist. Auf Raumtemperatur abkühlen lassen. In einer Schüssel die Sahne mit dem elektrischen Handmixer schlagen, bis sie weiche Spitzen bildet. Die Sahne rasch unter die geschmolzene Schokolade heben; den Likör unterziehen. Etwa ein Drittel der Schokoladencreme in einen Spritzbeutel mit Sterntülle geben. Beiseite legen.

6 Die Birnenhälften mit einem scharfen Messer längs in dünne Scheiben schneiden. Eine Baiserschicht auf eine Tortenplatte legen. Mit der Hälfte der Schokoladencreme bestreichen und darauf die Hälfte der Birnenscheiben gleichmäßig anordnen. Rund um den Baiserrand Rosetten aufspritzen.

7 Die zweite Baiserschicht darauflegen und mit der restlichen Schokoladencreme bestreichen. Die restlichen Birnenscheiben zu einem wirkungsvollen Muster auf die Creme legen. Den Baiserrand mit aufgespritzten Rosetten garnieren. Die geschmolzene Schokolade in ein Papierspritztütchen geben und die Birnen damit verzieren. Vor dem Servieren mindestens eine Stunde kalt stellen.

Kalte Schokoladen-Dattel-Schnitte

Für 6–8 Personen

115 g ungesalzene Butter, zerlassen
225 g Ingwerkekse, fein zerkleinert
50 g altbackene Biskuitbrösel
5 EL Orangensaft
115 g entsteinte Datteln
25 g feingehackte Nüsse
175 g halbbittere Schokolade
300 ml Schlagsahne
geraspelte Schokolade und Puderzucker zum Garnieren

1 In einer Schüssel Butter und Ingwerkeksbrösel vermengen und die Mischung an Seiten und Boden einer Springform (18 cm Durchmesser) andrücken. Kalt stellen und inzwischen die Füllung bereiten.

2 Die Biskuitbrösel in eine Schüssel geben. Mit 60 ml Orangensaft begießen, mit einem Holzlöffel gut umrühren und weichen lassen. Die Datteln und den restlichen Orangensaft in einen Topf geben. Bei niedriger Hitze erwärmen. Die warmen Datteln sorgfältig zerdrücken, Kuchenbrösel und feingehackte Nüsse unterrühren.

3 In einer feuerfesten Schüssel die Schokolade mit 60 ml Sahne mischen. Über einem Topf mit knapp siedendem Wasser unter gelegentlichem Rühren schmelzen lassen. In einer separaten Schüssel den Rest der Sahne schlagen, bis sie weiche Spitzen bildet, dann unter die geschmolzene Schokolade heben.

4 Die abgekühlte Masse aus Datteln, Bröseln und Nüssen zu der Sahne-Schokoladen-Mischung geben und locker, aber sorgfältig untermengen. In die Bröselteigform gießen. Mit einem Spatel glattstreichen. Kalt stellen, bis die Füllung knapp fest ist, dann mit einem scharfen, in heißes Wasser getauchten Messer Portionsstücke markieren. Wieder kalt stellen, bis die Füllung fest ist. Als Garnierung geraspelte Schokolade auf die Oberseite streuen und Puderzucker darüberstäuben. In Stücke schneiden und nach Belieben mit Sahne servieren. Dazu passen ausgezeichnet frische Orangenspalten.

Schokoladen-Marshmallow-Pie

Einen Bröselteig nach dem Hauptrezept bereiten, jedoch mit einer köstlichen Marshmallow-Füllung versehen. Dazu 275 g weiße Marshmallows („Mäusespeck") mit 2 EL Milch oder Sahne in einem Wasserbadtopf oder in einer tiefen Schüssel in der Mikrowelle auf hoher Stufe in 4 Minuten schmelzen, dabei des öfteren umrühren. Vom Herd bzw. aus der Mikrowelle nehmen, 90 g geraspelte Schokolade unterrühren und schmelzen lassen, dann 2 EL Weinbrand zugeben. Alles in eine saubere Schüssel geben, abkühlen lassen, dann kalt stellen, bis die Mischung fest wird. 250 ml Schlagsahne unterheben, in die Teigform gießen und im Kühlschrank fest werden lassen. Mit Schokoladenröllchen garnieren.

Schokoladen-Käsekuchen

Für 10–12 Personen
275 g Haushaltschokolade, kleingehackt
1,2 kg Sahnequark, zimmerwarm
200 g Kristallzucker
2 TL Vanillearoma
4 Eier, zimmerwarm
175 ml saure Sahne
1 EL Kakaopulver
Für den Boden
200 g Schokoladenkekse, zerbröckelt
75 g Butter, zerlassen
½ TL gemahlener Zimt

1 Den Herd auf 180 °C vorheizen. Boden und Seiten einer Springform (23 cm Durchmesser) leicht fetten.

2 Für den Boden die zerbröckelten Kekse mit Butter und Zimt vermengen. Die Mischung gleichmäßig über den Boden der Springform verteilen und andrücken. Schokolade schmelzen und beiseite stellen.

3 Den Sahnequark glattrühren, dann Zucker und Vanillearoma unterschlagen. Nach und nach die Eier zugeben.

4 Saure Sahne und Kakaopulver zu einer Paste vermengen und zu der Quarkmischung geben. Die geschmolzene Schokolade zugeben und alles zu einer glatten Masse verrühren.

5 Die Füllung auf den Teigboden gießen. 1 Stunde backen. In der Form abkühlen lassen, dann den Springformrand abnehmen und den Käsekuchen auf einen Teller setzen. Kalt auftragen.

MARMORIERTER KÄSEKUCHEN

FÜR 6 PERSONEN

50 g Kakaopulver
75 ml heißes Wasser
900 g Sahnequark, zimmerwarm
200 g Streuzucker
4 Eier
1 TL Vanillearoma
75 g Roggenkekse, zerbröckelt

1 Den Herd auf 180 °C vorheizen. Eine Backform (20 cm × 8 cm) mit fettdichtem Papier auslegen. Das Papier fetten.

2 Kakaopulver in eine Schüssel sieben. Das heiße Wasser darübergießen und mit dem Kakao verrühren.

3 Den Quark glattrühren, den Zucker und dann nach und nach die Eier unterschlagen. Nicht zu sehr vermengen.

4 Die Mischung gleichmäßig auf zwei Schüsseln verteilen. In eine Schüssel die Schokoladenmischung, in die andere Vanillearoma geben.

5 Eine Tasse oder Kelle von der einfachen Mischung in die Mitte der Backform geben; die Mischung soll zu einer gleichmäßigen Schicht auseinanderlaufen. Langsam eine Tasse Schokoladenmischung in die Mitte der Form gießen. Abwechselnd einfache Mischung und Schokoladenmischung zugießen, bis alles aufgebraucht ist. Zum Marmorieren einen dünnen Metallspieß durch die Kuchenmischung ziehen.

6 Die Form in eine Bratpfanne setzen, die Pfanne 4 cm hoch mit heißem Wasser füllen.

7 Den Kuchen etwa anderthalb Stunden backen, bis die Oberseite goldgelb ist. (Der Kuchen geht während des Backens auf, sinkt danach aber wieder zusammen.) In der Form auf einem Kuchengitter abkühlen lassen.

8 Den Kuchen mit einem Messer vom Springformrand lösen. Einen flachen Teller verkehrt auf die Form setzen und den Kuchen daraufstürzen.

9 Die Kekse über den Kuchen streuen, einen 2. Teller vorsichtig auf den Kuchen setzen, den Kuchen nochmals stürzen. Abdecken und 3 Stunden, am besten über Nacht, kalt stellen.

Käsekuchen mit Himbeeren, Mascarpone und weisser Schokolade

Für 8 Personen
50 g ungesalzene Butter
225 g Ingwerkekse, zerbröckelt
50 g gehackte Pekan- oder Walnüsse

Für die Füllung
275 g Mascarpone
175 g Frischkäse
2 Eier, geschlagen
3 EL Streuzucker
250 g weiße Schokolade, kleingehackt
225 g frische oder gefrorene Himbeeren

Für den Überzug
115 g Mascarpone
75 g Frischkäse
weiße Schokoladenröllchen und frische Himbeeren zum Garnieren

1 Den Herd auf 150 °C vorheizen. In einem Topf die Butter zerlassen, zerbröckelte Kekse und Nüsse untermengen. Die Masse auf dem Boden einer Springform (23 cm) verteilen und in einer ebenen Schicht andrücken.

2 Die Füllung herstellen. In einer großen Rührschüssel Mascarpone und Frischkäse mit einem Holzlöffel verrühren, dann nach und nach die Eier unterschlagen. Streuzucker zugeben. Schlagen, bis der Zucker aufgelöst und die Masse glatt und cremig ist.

3 In einer feuerfesten Schüssel über siedendem Wasser die weiße Schokolade schmelzen, in die Quarkmischung einrühren. Frische oder gefrorene Himbeeren zugeben und leicht untermischen.

4 In die vorbereitete Form füllen, etwa 1 Stunde oder so lange, bis die Masse gerade fest ist, backen. Den Herd abschalten, den Käsekuchen im Herd lassen, bis er ausgekühlt und fest ist.

5 Den Rand der Backform abnehmen und den Käsekuchen vorsichtig auf eine Tortenplatte heben. Für den Überzug Mascarpone und Frischkäse in einer Schüssel mischen. Auf dem Kuchen verteilen. Mit Schokoladenröllchen und Himbeeren garnieren.

Käsekuchen mit Aprikosen und weisser Schokolade

Anstelle frischer oder gefrorener Himbeeren 225 g küchenfertige getrocknete Aprikosen für die Käsekuchenmischung verwenden. Die Aprikosen in dünne Scheiben oder in Würfel schneiden. Den Überzug aus Mascarpone und Frischkäse weglassen, den Kuchen mit einer Aprikosensauce auftragen.

Für die Sauce 225 g frische entsteinte Aprikosen in 120 ml Wasser weichdünsten, die Früchte samt Dünstflüssigkeit durch ein Sieb in eine Schüssel streichen. Das Aprikosenpüree nach Geschmack zuckern und zur Verstärkung des Aromas Zitronensaft zugeben.

Man kann auch Konservenaprikosen zusammen mit etwas abgetropftem Saft pürieren und Zitronensaft nach Geschmack unterrühren.

FEINER KÄSEKUCHEN MIT WEISSER SCHOKOLADENFÜLLUNG

FÜR 16–20 PERSONEN
150 g Roggenkekse
50 g blanchierte Haselnüsse, geröstet
50 g ungesalzene Butter, zerlassen
½ TL gemahlener Zimt
weiße Schokoladenröllchen zum Garnieren
Kakaopulver zum Bestäuben (nach Belieben)

FÜR DIE FÜLLUNG
350 g gute weiße Schokolade, kleingehackt
120 ml Schlagsahne oder Double Cream
675 g Sahnequark
50 g Kristallzucker
4 Eier
2 EL Haselnußlikör oder
1 EL Vanillearoma

FÜR DEN ÜBERZUG
450 ml saure Sahne
50 g Kristallzucker
1 EL Haselnußlikör oder
1 TL Vanillearoma

1 Den Herd auf 180 °C vorheizen. Eine Springform (23 cm Durchmesser) fetten. Kekse und Haselnüsse in der Küchenmaschine zerkleinern, bis sich feine Krumen bilden. Zerlassene Butter und Zimt dazugießen. Knapp vermischen.
Die Masse mit dem Löffelrücken am Boden und an der Seite bis 1 cm unter den oberen Rand der Springform andrücken. Den Bröselteig 5–7 Minuten backen, bis er knapp fest ist. Auf einem Kuchengitter abkühlen lassen. Die Herdtemperatur auf 150 °C verringern und ein Backblech darin vorwärmen.

2 Die Füllung herstellen. In einem kleinen Topf bei niedriger Hitze Schokolade und Sahne schmelzen und ständig rühren, bis die Mischung glatt ist. Beiseite stellen und etwas abkühlen lassen.

3 In einer großen Schüssel Sahnequark und Zucker mit dem elektrischen Handmixer glattrühren. Nach und nach die Eier gut unterschlagen. Die weiße Schokoladenmasse und Likör oder Vanillearoma langsam unterschlagen. Die Füllung in die gebackene Bröselteigform gießen. Die Springform auf das heiße Backblech setzen. 45–55 Minuten backen, die Oberseite nicht bräunen lassen. Den Käsekuchen auf ein Kuchengitter setzen. Die Herdtemperatur auf 200 °C erhöhen.

4 Den Überzug herstellen. Dazu in einer Schüssel saure Sahne, Zucker und Likör oder Vanillearoma sorgfältig unterschlagen. Die Mischung über den Käsekuchen gießen, gleichmäßig breitstreichen und den Kuchen in den Herd zurückstellen. Noch 5–7 Minuten backen. Den Herd abschalten, die Herdklappe aber noch 1 Stunde geschlossen halten. Den Käsekuchen mit weißen Schokoladenröllchen garnieren, nach Belieben leicht mit Kakaopulver bestäuben und zimmerwarm auftragen.

Italienische Schokoladen-Ricotta-Pie

Für 6 Personen

225 g Weizenmehl
2 EL Kakaopulver
4 EL Streuzucker
115 g ungesalzene Butter
4 EL trockener Sherry

Für die Füllung

2 Eigelb
115 g Streuzucker
500 g Ricotta
abgeriebene Schale von 1 Zitrone
6 EL dunkle Schokoladensplitter
5 EL gehackte Schale von Zitrusfrüchten
3 EL gehackte Engelwurz

1 Mehl und Kakaopulver in eine Schüssel sieben, den Zucker untermischen. Mit den Fingern die Butter, danach den Sherry unterarbeiten und einen festen Teig herstellen.

2 Den Herd auf 200 °C vorheizen. Drei Viertel des Teiges auf einer leicht bemehlten Fläche ausrollen und eine Springform (24 cm) damit auslegen.

3 Die Füllung bereiten. In einer Schüssel Eigelb und Zucker verschlagen, dann Ricotta zugeben

und untermischen. Zitronen- und Zitrusfrüchteschalen, Schokosplitter und Engelwurz unterrühren.

4 Die Ricottamasse in die Teigform geben und glattstreichen. Den restlichen Teig ausrollen und in Streifen schneiden. Die Streifen gitterförmig über die Pie legen.

5 15 Minuten backen. Die Herdtemperatur auf 180 °C reduzieren, die Pie noch 30–35 Minuten backen, bis die Oberfläche goldbraun und fest ist. Die Pie in der Form abkühlen lassen. Zimmerwarm servieren.

Pie mit dunkler Schokoladenfüllung

Für 6–8 Personen
250 g Weizenmehl
150 g ungesalzene Butter
2 Eigelb
1–2 EL Eiswasser
Für die Füllung
3 Eier, getrennt
4 TL Maisstärke
75 g Streuzucker
400 ml Milch
150 g Haushaltschokolade, kleingehackt
1 TL Vanillearoma
1 Päckchen Gelatinepulver
3 EL Wasser
2 EL dunkler Rum
Für den Überzug
175 g Double Cream oder Schlagsahne
Schokoladenröllchen

1 Das Mehl in eine Schüssel sieben. Die Butter unterarbeiten, bis die Mischung wie grobe Brotkrumen aussieht. Die Eigelb und gerade soviel Eiswasser unterrühren, um die Mischung zu einem weichen Teig zu binden. Auf leicht bemehlter Fläche ausrollen und eine Tortenform (23 cm) mit hohem Rand damit auskleiden. 30 Minuten kalt stellen.

2 Den Herd auf 190 °C vorheizen. Den Teig mit einer Gabel überall einstechen, fettdichtes Papier darauflegen und mit Backbohnen beschweren. 10 Minuten blind backen. Backbohnen und Papier entfernen, die Teigform weitere 10 Minuten backen, bis sie knusprig und goldgelb ist. In der Form abkühlen lassen.

3 Die Füllung bereiten. Dazu die Eigelb, Maisstärke und 3 EL Zucker in einer Schüssel vermengen. Die Milch in einem Topf bis knapp unter den Siedepunkt erhitzen, dann unter die Eiermischung schlagen. In den gesäuberten Topf geben und bei niedriger Hitze rühren, bis die Mischung dick und glatt ist. Die Hälfte davon in eine Schüssel gießen.

4 Die Schokolade in eine feuerfeste Schüssel geben. Über einem Topf mit knapp siedendem Wasser schmelzen und glattrühren. Die geschmolzene Schokolade und das Vanillearoma unter die Eiermischung rühren. Die Füllung in die Teigform geben, die Pie mit angefeuchtetem fettdichtem Papier oder mit Klarsichtfolie abdecken, damit sich keine Haut bildet. Abkühlen lassen, dann bis zum Festwerden kalt stellen.

5 Das Wasser in eine Schüssel geben, Gelatinepulver darüberstreuen und quellen lassen, danach die Schüssel auf einen Topf mit siedendem Wasser stellen, bis alle Gelatine aufgelöst ist. In die restliche Eiermischung rühren, dann den Rum zugeben.

6 Die Eiweiß in einer sauberen, fettfreien Schüssel schlagen, bis sie Spitzen bilden. Den restlichen Zucker nach und nach unterschlagen, dann den Eischnee rasch, aber gleichmäßig unter die mit Rum aromatisierte Eiermischung heben.

7 Die Rum-Eiermischung auf die Schokoladenschicht in die Teigform gießen. Mit einem Spatel glattstreichen, so daß die Schokoladenschicht nicht zu sehen ist. Die Pie in den Kühlschrank stellen, bis die Füllung fest ist, dann aus der Backform nehmen und auf eine Kuchenplatte setzen. Die Sahne schlagen, über die Pie geben und mit Schokoladenröllchen bestreuen.

Schokoladen-Walnuss-Pie

1 fertigen Pie-Boden (23 cm) nach nebenstehendem Rezept
Für die Füllung
115 g weiche Butter
115 g Streuzucker
425 g ungesüßtes Walnußpüree
225 g Haushaltschokolade, in kleine Stücke gebrochen
2 EL Weinbrand

1 Die Füllung herstellen. In einer Rührschüssel Butter und Zucker zu einer blaßgelben, schaumigen Masse schlagen. Das ungesüßte Walnußpüree in mehreren Portionen zu je 2 EL zugeben, jedesmal gut durchschlagen.

2 Die Schokolade in einer feuerfesten Schüssel über knapp siedendem Wasser schmelzen, gelegentlich rühren, bis sie glatt ist. Die Schokolade mit der Walnußmasse vermengen, dann den Weinbrand zugeben.

3 Die Füllung in die kalte Teigform gießen. Mit einem Spatel glattstreichen. Bis zum Festwerden kalt stellen. Nach Belieben mit Schlagsahne und Schokoladenblättern garnieren oder einfach mit etwas gesiebtem Kakaopulver bestäuben.

Pots au Chocolat

Aus der Schokolade-Walnuß-Mischung (ohne Teig) lassen sich auch köstliche *pots au chocolat* herstellen.
Die Füllungen wie oben beschrieben zubereiten und einfach in leicht gebutterte Auflaufförmchen gießen.
Mit einem Klecks Schlagsahne und geraspelter Schokolade garnieren und mit *langues de chat* servieren.

Mississippi Mud Pie

Für 8 Personen
175 g Weizenmehl
½ TL Salz
115 g Butter
2–3 EL Eiswasser

Für die Füllung
75 g Haushaltschokolade, in kleine Stücke gebrochen
50 g Butter oder Margarine
3 EL heller Zuckersirup
3 Eier, geschlagen
150 g brauner Zucker
1 TL Vanillearoma

Für die Garnierung
115 g Tafelschokolade
300 ml Schlagsahne

1 Den Herd auf 220 °C vorheizen. Mehl und Salz in eine Rührschüssel sieben. Die Butter unterarbeiten, bis die Mischung wie grobe Brotkrumen aussieht. Nach und nach je 1 EL Wasser darüberträufeln und die Mischung mit den Fingern oder mit einer Gabel leicht zu einer Kugelform zusammenstoßen.

2 Den Teig auf einer leicht bemehlten Fläche ausrollen und eine Tortenform (23 cm) damit auslegen. Den Teig dabei nicht dehnen. Mit den Daumen Rillen in den Teigrand drücken.

3 Mit einer Gabel Boden und Seiten der Teigform einstechen. 10–15 Minuten backen, bis der Teig leicht gebräunt ist. In der Form abkühlen lassen.

4 Die Füllung bereiten. In einer feuerfesten Schüssel über knapp siedendem Wasser die Schokolade mit Butter oder Margarine und Zuckersirup schmelzen. Die Schüssel vom Topf nehmen und Eier, Zucker und Vanillearoma unterrühren.

5 Die Herdtemperatur auf 180 °C reduzieren. Die Schokoladenmischung in die Teigform gießen. 35–40 Minuten backen, bis die Füllung fest ist. Auf ein Kuchengitter stellen und in der Backform auskühlen lassen.

6 Die Garnierung herstellen. Die Tafelschokolade mit warmen Händen leicht erweichen. Einen Bogen Backpapier auslegen. Darüber mit einem Kartoffelschäler vom Rand der Schokoladentafel kurze, breite Röllchen abschälen. Die Röllchen kalt stellen.

7 Kurz vor dem Servieren der Pie die Sahne in einer Schüssel schlagen, bis sie weiche Spitzen bildet. Auf die Oberseite der Pie geben und die Schokoladenfüllung völlig damit bedecken. Mit den Schokoladenröllchen garnieren.

SCHOKOLADEN-TOFFEE-PIE MIT BANANEN

FÜR 6 PERSONEN
65 g ungesalzene Butter, zerlassen
250 g Roggenkekse mit Milchschokolade, zerbröckelt
Schokoladenröllchen zum Garnieren

FÜR DIE FÜLLUNG
390 g gesüßte Kondensmilch
150 g Haushaltschokolade, gehackt
120 ml Crème fraîche
1 EL heller Zuckersirup

FÜR DEN BELAG
2 Bananen
250 ml Crème fraîche
2 TL starker schwarzer Kaffee

1 Die Butter mit den zerbröckelten Keksen mischen. Die Masse am Boden und an den Seiten einer Springform (23 cm) andrücken. Kalt stellen.

2 Die Füllung bereiten. Dazu eine noch verschlossene Dose Kondensmilch in einen tiefen Topf mit kochendem Wasser stellen. Die Dose muß vom Wasser völlig bedeckt sein. Die Hitze reduzieren und das Wasser im zugedeckten Topf 2 Stunden kochen lassen. Wenn nötig, Wasser nachfüllen, um die Milchdose die ganze Zeit über bedeckt zu halten.

3 Den Topf vom Herd nehmen, beiseite stellen und zugedeckt lassen, bis das Wasser ausgekühlt ist. Die Milchdose erst nach dem Erkalten öffnen.

4 In einer feuerfesten Schüssel über siedendem Wasser die Schokolade mit Crème fraîche und Zuckersirup langsam schmelzen lassen. Die karamelisierte Kondensmilch unterrühren und schlagen, bis alles gleichmäßig vermischt ist. Die Füllung in die Bröselteigform gießen und gut verteilen.

5 Die Bananen in gleichmäßige Scheiben schneiden und auf der Schokoladenfüllung anordnen.

6 In einer Schüssel Crème fraîch und Kaffee verrühren und mit einem Löffel über die Bananenscheiben geben. Schokoladenröllchen darüberstreuen. Der Belag aus Crème fraîche kann auch weggelassen und die Pie stattdessen mit Schlagsahne und Bananenscheiben garniert werden.

Kalte Desserts

Zweifarbiger Schokoladen-Schneeball

Für 12–14 Personen

350 g Halbbitter- oder Bitterschokolade, kleingehackt
350 g Streuzucker
275 g ungesalzene Butter, kleingeschnitten
8 Eier
4 EL Orangenlikör oder Weinbrand
Kakaopulver zum Bestäuben

Für die weisse Schokoladencreme

200 g gute weiße Schokolade, kleingehackt
475 ml Double Cream oder Schlagsahne
1 EL Orangenlikör (nach Belieben)

1 Den Herd auf 180 °C vorheizen. Eine feuerfeste Schüssel (1,75 Liter) sorgfältig mit Alufolie auslegen, die Folie glätten. Halbbitterschokolade in eine feuerfeste Schüssel über knapp siedendem Wasser geben. Den Streuzucker zufügen und rühren, bis die Schokolade geschmolzen und der Zucker aufgelöst ist. Die Mischung durch ein Sieb in eine mittelgroße Schüssel gießen.

2 Mit dem elektrischen Handmixer auf niedriger Stufe die Butter rühren, dann nach und nach die Eier gut unterschlagen. Likör oder Weinbrand einrühren und die Mischung in die vorbereitete Schüssel gießen. Leicht gegen die Schüssel schlagen, um große Luftblasen aus der Mischung zu entfernen.

3 $1\frac{1}{4}$–$1\frac{1}{2}$ Stunden backen, bis die Teigoberfläche fest und leicht aufgegangen, aber rissig ist. Die Teigmitte muß noch weich sein; sie wird beim Abkühlen fest. Die Schüssel auf ein Kuchengitter setzen und auf Raumtemperatur abkühlen lassen. Die Teigoberfläche sinkt dabei zusammen. Um die Oberseite des Kuchens eben zu machen, einen Teller auflegen, dann vollständig in Klarsichtfolie einwickeln und über Nacht kalt stellen.

4 Den Kuchen aus der Schüssel nehmen. Dazu die Folie entfernen, den Teller abnehmen und einen Servierteller mit der Oberseite nach unten auf die Schüssel legen. Die Schüssel auf den Teller stürzen und zum Herauslösen des Kuchens kräftig schütteln. Die Alufolie vorsichtig abziehen. Den Kuchen zudecken.

5 In einer Küchenmaschine mit Metallschneidwerk die weiße Schokolade fein zerkleinern. In einem Topf 120 ml Sahne erhitzen, bis sie gerade zu kochen beginnt. Die Küchenmaschine nicht abschalten, die heiße Sahne in die Einfüllöffnung gießen und rühren, bis die Schokolade geschmolzen ist. Durch ein Sieb in eine mittelgroße Schüssel gießen und unter gelegentlichem Rühren auf Raumtemperatur abkühlen lassen.

6 In einer anderen Schüssel die Sahne mit dem elektrischen Handmixer schlagen, bis sie weiche Spitzen bildet. Den Likör zugeben und 30 Sekunden oder so lange schlagen, bis die Sahne ihre Form hält, aber noch nicht steif ist. Einen Löffel davon zum Auflockern unter die Schokoladenmischung ziehen, dann die restliche Sahne unterheben. Die Masse in einen Spritzbeutel mit Sterntülle füllen und und Rosetten auf die Kuchenoberfläche spritzen. Zuletzt leicht mit Kakaopulver bestäuben.

SCHOKOLADEN-AMARETTO-MARQUISE

FÜR 10–12 PERSONEN
1 EL geschmacksneutrales Pflanzenöl wie Erdnuß- oder Sonnenblumenöl
75 g Amaretti-Kekse, zerbröselt
30 g unblanchierte Mandeln, geröstet und fein zerkleinert
450 g gute Halbbitter- oder Bitterschokolade, kleingehackt
5 EL Amaretto
75 ml heller Zuckersirup
500 ml Double Cream
Kakaopulver zum Bestäuben
FÜR DIE AMARETTO-CREME
350 ml Schlagsahne oder Double Cream zum Servieren
2–3 EL Amaretto de Saronno

1 Eine herzförmige Kuchenform oder eine Springform (23 cm) leicht fetten. Den Boden mit beschichtetem Backpapier auslegen, das Papier mit Öl bestreichen. In einer kleinen Schüssel zerbröselte Amaretti-Kekse und gehackte Mandeln vermengen. Gleichmäßig über den Boden der Kuchenform streuen.

2 Schokolade, Amaretto und Zuckersirup in einen mittelgroßen Topf geben. Bei sehr niedriger Hitze häufig umrühren, bis die Schokolade geschmolzen und die Mischung glatt ist. Vom Herd nehmen und etwa 6–8 Minuten abkühlen lassen, bis die Mischung sich noch knapp warm anfühlt.

3 Die Sahne in eine Schüssel gießen. Mit dem elektrischen Handmixer schlagen, bis sie gerade ihre Form hält. Einen großen Löffel davon zum Auflockern unter die Schokoladenmischung geben, dann rasch die restliche Sahne zugeben und vorsichtig unterheben. Die Masse in die vorbereitete Form auf die Amaretti-Mandelmischung gießen. Glattstreichen. Die Form mit Klarsichtfolie bedecken und über Nacht kalt stellen.

4 Das Dessert aus der Form lösen. Dazu ein Messer mit schmaler Schneide unter heißes Wasser halten, sorgfältig abtrocknen und damit zwischen dem Rand der Kuchenform und der Masse entlangfahren. Einen Servierteller auf die Backform legen, das Dessert daraufstürzen. Vorsichtig das Papier abziehen, anhaftende Stücke auf das Dessert zurücklegen, mit Kakaopulver bestäuben. Sahne und Amaretto in einer Schüssel schlagen, bis sich weiche Spitzen bilden. Die Schlagsahne zum Dessert reichen.

SCHOKOLADENKRAPFEN

FÜR 4–6 PERSONEN
65 g Weizenmehl
150 ml Wasser
50 g Butter
2 Eier, geschlagen
FÜR FÜLLUNG UND ÜBERZUG
150 ml Double Cream
225 g Puderzucker
1 EL Kakaopulver
2–4 EL Wasser

1 Den Herd auf 220 °C vorheizen. Das Mehl in eine Schüssel sieben. Das Wasser in einem Topf auf mittlere Hitze stellen, die Butter zugeben und langsam erhitzen, bis sie schmilzt. Wärmezufuhr erhöhen, das Wasser zum Kochen bringen, dann vom Herd nehmen.
Die vorgeschriebene Mehlmenge zugeben und schnell unterschlagen, bis die Masse zusammenklebt, dick und glänzend wird und sich vom Topfrand löst. Die Masse leicht abkühlen lassen.

2 Nach und nach die Eier zu der Mischung geben und von Hand mit einem Holzlöffel oder mit dem elektrischen Handmixer unterschlagen, bis die Masse (Brandmasse) dick und glänzend ist und schwer vom Löffel abreißt. (Eventuell werden nicht alle Eier gebraucht.)
Die Brandmasse in einen Spritzbeutel mit einer 2 cm breiten Tülle füllen. Zwei Backbleche mit kaltem Wasser befeuchten.

3 Walnußgroße Teighäufchen in einigem Abstand voneinander auf die feuchten Backbleche setzen. 25–30 Minuten backen, bis sie goldbraun und gut aufgegangen sind. Mit einem Palettenmesser auf ein Kuchengitter heben und mit dem Stiel eines Holzlöffels in jeden Krapfen eine kleine Öffnung stechen, aus der der Dampf entweichen kann. Abkühlen lassen.

4 Füllung und Überzug herstellen. Dazu die Sahne schlagen, bis sie dick ist. In eine Spritztüte mit gerader Tülle oder Sterntülle geben. Die Tülle jeweils an die kleine Öffnung setzen und etwas Sahne in den Krapfen füllen. Puderzucker und Kakaopulver in einer kleinen Schüssel miteinander mischen. Wasser zugeben, um einen dicken, glänzenden Überzug herzustellen. Jeden Krapfen mit etwas Überzugmasse bestreichen, nach dem Festwerden servieren.

SCHOKOLADEN-HASELNUSS-GALETTEN

FÜR 4 PERSONEN

175 g Haushaltschokolade, kleingehackt
3 EL Sahne
2 EL Haselnußblättchen
115 g weiße Schokolade, kleingehackt
175 g Frischkäse (8 % Fett)
1 EL trockener Sherry
4 EL fein zerkleinerte Haselnüsse, geröstet
in weiße Schokolade getauchte Kapstachelbeeren zum Garnieren

1 In einer feuerfesten Schüssel über knapp siedendem Wasser die Haushaltsschokolade schmelzen, den Topf vom Herd nehmen und die Schüssel heruntersetzen. Sahne unter die geschmolzene Schokolade rühren. Auf einen Bogen Backpapier 12 Kreise von je 7,5 cm Durchmesser zeichnen.

2 Das Backpapier umdrehen und die Schokolade dünn und gleichmäßig auf die vorgezeichneten Kreise streichen. 4 Schokoladenkreise mit Haselnußblättchen bestreuen. Die Schokolade fest werden lassen.

3 In einer feuerfesten Schüssel über heißem Wasser die weiße Schokolade schmelzen, Frischkäse und trockenen Sherry unterrühren. Die gehackten und gerösteten Mandeln unterziehen. Abkühlen lassen, bis die Mischung ihre Form hält.

4 Die Schokoladenkreise vorsichtig vom Papier nehmen, jeweils 2 Stück mit weißer Schokoladen-Haselnuß-Creme bestreichen, zusammensetzen und einen mit Haselnußblättchen bestreuten Kreis darauflegen. Vor dem Servieren kalt stellen.

5 Die Galetten vor dem Auftragen auf einzelne Teller setzen und mit den Kapstachelbeeren garnieren.

SCHOKOLADEN-PAVLOVA MIT PASSIONSFRUCHT-CREME

FÜR 6 PERSONEN
4 Eiweiß
200 g Streuzucker
4 TL Maisstärke
3 EL Kakaopulver
1 TL Essig
Schokoladenblätter zum Garnieren
FÜR DIE FÜLLUNG
150 g Haushaltschokolade, kleingehackt
250 g Double Cream
150 g flüssiger, fettreicher Joghurt
½ TL Vanillearoma
4 Passionsfrüchte

1 Den Herd auf 140 °C vorheizen. Ein Kuchenblech mit beschichtetem Backpapier auslegen. Auf das Papier einen Kreis von 23 cm Durchmesser zeichnen.

2 In einer sauberen, fettfreien Schüssel die Eiweiß steifschlagen. Nach und nach den Zucker zufügen und die Mischung wieder steifschlagen. Maisstärke, Kakaopulver und Essig zugeben und unterschlagen.

3 Das Backpapier umgedreht auf das Kuchenblech legen. Die Baisermischung auf den vorgezeichneten Kreis aufstreichen, in der Mitte eine flache Mulde eindrücken. 1½–2 Stunden backen.

4 Die Füllung herstellen. Dazu in einer feuerfesten Schüssel über knapp siedendem Wasser die Schokolade schmelzen, die Schüssel vom Topf nehmen und die Masse leicht abkühlen lassen. In einer separaten Schüssel die Sahne mit Joghurt und Vanillearoma zu einer dicken Masse schlagen. 4 EL davon unter die Schokolade heben und beide Mischungen beiseite stellen.

5 Die Passionsfrüchte halbieren und das Fruchtfleisch herausschaben. Die Hälfte davon unter die Sahnemischung rühren. Den Baiserboden vorsichtig vom Backblech nehmen und auf einen großen Servierteller setzen. Mit der Passionsfruchtcreme füllen, die Schokoladenmischung und das restliche Passionsfruchtfleisch mit einem Löffel darübergeben.

6 Mit Schokoladenblättern garnieren und möglichst auftragen, solange die Pavlova außen noch knusprig und innen köstlich weich ist.

WALNUSS-SCHOKOLADEN-DESSERT

FÜR 6 PERSONEN

250 g Haushaltschokolade
4 EL Madeira
25 g Butter, gewürfelt
2 Eier, getrennt
225 g ungesüßtes Walnußpüree
Crème fraîche oder geschlagene Double Cream zum Garnieren

1 Einige Schokoladenspäne zum Garnieren herstellen, die restliche Schokolade in Stücke brechen und zusammen mit dem Madeira in einer feuerfesten Schüssel über knapp siedendem Wasser schmelzen. Vom Herd nehmen, nach und nach immer mehrere Butterwürfel auf einmal zugeben und rühren, bis sie geschmolzen sind und die Mischung glatt ist.
2 Die Eigelb rasch unter die Mischung schlagen, dann das Walnußpüree in kleinen Portionen zugeben und jedesmal gut untermischen, ehe die nächste Portion folgt. Die Mischung glattrühren.
3 In einer sauberen, fettfreien Schüssel die Eiweiß steifschlagen. Etwa 1 EL Eischnee zum Auflockern unter die Walnußmischung geben, dann den Rest gleichmäßig unterheben.
4 Die Mischung mit einem Löffel in sechs kleine Auflaufformen füllen und bis zum Festwerden kalt stellen. Vor dem Auftragen mit einem reichlichen Löffel Crème fraîche oder geschlagener Double Cream versehen und mit Schokoladenspänen garnieren.

MOKKA-SCHOKOLADEN-CREME

FÜR 8 PERSONEN

1 EL lösliches Kaffeepulver
475 ml Milch
75 g Streuzucker
225 g Haushaltschokolade, kleingehackt
2 TL Vanillearoma
2 EL Kaffeelikör (nach Belieben)
7 Eigelb
Schlagsahne und kandierte Mimosenbällchen zum Garnieren

1 Den Herd auf 160 °C vorheizen. Acht kleine Auflaufformen (je 120 ml) in eine Bratpfanne setzen. Die Pfanne beiseite stellen.
2 Das Kaffeepulver in einen Topf geben, Milch einrühren, dann den Zucker zugeben und den Topf auf mittlere Hitze setzen. Zum Kochen bringen und ständig rühren, bis Kaffee und Zucker aufgelöst sind.
3 Den Topf vom Herd nehmen und die Schokolade zugeben. Rühren, bis sie geschmolzen und die Sauce glatt ist. Vanillearoma und Kaffeelikör (wenn gewünscht) unterrühren.
4 Die Eigelb in einer Schüssel leicht miteinander verschlagen. Langsam unter die Schokoladenmischung schlagen und gut untermischen, die Mischung durch ein Sieb in eine große Kanne gießen und zu gleichen Teilen in die Auflaufformen geben. Die Pfanne zur Hälfte mit kochendem Wasser füllen und vorsichtig in den Herd setzen.
5 30–35 Minuten backen, bis die Eierpuddingmasse knapp fest ist und ein in die Masse gestecktes Messer beim Herausziehen sauber bleibt. Die Auflaufformen aus der Pfanne nehmen und abkühlen lassen. Auf ein Backblech setzen, zudecken und erkalten lassen. Mit Schlagsahne und nach Belieben mit kandierten Mimosenbällchen garnieren.

VANILLE-TIMBALEN

FÜR 6 PERSONEN

350 g fettarme Milch
2 EL Kakaopulver
2 Eier
2 TL Vanillearoma
3 EL Süßungsmittel
1 EL Gelatinepulver
3 EL heißes Wasser
Kakaopulver zum Garnieren

FÜR DIE SAUCE

115 g flüssiger fettarmer Joghurt
$1\frac{1}{2}$ EL Vanillearoma

1 Milch und Kakaopulver in einen Topf geben und unter Rühren zum Kochen bringen. Die Eier trennen und die Eigelb mit Vanillearoma und Süßungsmittel in einer Schüssel zu einer blaßgelben, glatten Masse schlagen. Nach und nach die Kakaomilch zugießen und gut unterschlagen.

2 Die Mischung in den Topf zurückgeben und bei mäßiger Hitze ständig rühren, bis sie glatt und etwas dick ist.

3 Den Topf vom Herd nehmen. Die Gelatine in das heiße Wasser geben und rühren, bis sie völlig aufgelöst ist, dann rasch in die Milchmischung einrühren. Beiseite stellen und abkühlen lassen, bis die Mischung nahezu fest ist.

4 Die Eiweiß schlagen, bis sie weiche Spitzen halten. Rasch unter die Milchmischung ziehen. Die Timbalemischung mit einem Löffel in sechs Formen füllen und bis zum Festwerden kalt stellen.

5 Vor dem Auftragen die Masse mit einem Messer vom Formrand lösen, die Formen kurz in heißes Wasser tauchen und die Timbalen herausnehmen. Mit Kakao bestäuben. Für die Sauce Joghurt und Vanillearoma verrühren.

TIRAMISU IN SCHOKOLADENSCHÄLCHEN

FÜR 6 PERSONEN
1 Eigelb
2 EL Streuzucker
½ TL Vanillearoma
250 g Mascarpone
120 ml starker schwarzer Kaffee
2 EL Kaffeelikör
16 Amaretti-Kekse
Kakaopulver zum Bestäuben
FÜR DIE SCHOKOLADENSCHÄLCHEN
175 g Haushaltschokolade, gehackt
25 g ungesalzene Butter

1 Die Schokoladenförmchen herstellen. Dazu aus beschichtetem Backpapier sechs Kreise von je 15 cm Durchmesser schneiden. In einer feuerfesten Schüssel über siedendem Wasser die Schokolade mit der Butter schmelzen. Glattrühren, dann auf jeden Kreis einen Löffel Schokoladenmasse verteilen, dabei stets einen 2 cm breiten Rand frei lassen.

2 Die Papierkreise vorsichtig anheben und über eine umgedrehte Teetasse oder eine kleine Auflaufform legen, so daß sich die Ränder rüschenartig verformen. Auf der Form erstarren lassen, dann vorsichtig abheben und das Backpapier von den Schokoladenschälchen abziehen.
3 Die Füllung bereiten. Mit dem elektrischen Handmixer die Eigelb und den Zucker in einer Schüssel schlagen, dann das Vanillearoma unterrühren. Mascarpone, wenn nötig, weichrühren und unter die Eigelbmischung mengen. Zu einer glatten Masse schlagen.

4 In einer separaten Schüssel Kaffee, Kakaopulver und Likör mischen. Die Kekse grob zerkleinern und unter die Mischung rühren.
5 Je ein Schokoladenschälchen auf einen Teller setzen. Die Hälfte der Keksmischung auf die Schälchen aufteilen, darüber die Hälfte der Mascarponemasse geben.
6 Auf die übrige Keksmasse und Flüssigkeit den Rest der Mascarponemischung geben und leicht mit Kakaopulver bestäuben. Möglichst bald nach der Fertigstellung servieren.

TEUFELSROLLE

FÜR 6–8 PERSONEN
175 g dunkle Bitterschokolade, kleingehackt
4 Eier, getrennt
115 g Streuzucker
Kakaopulver zum Bestäuben
in Schokolade getauchte Erdbeeren zum Garnieren
FÜR DIE FÜLLUNG
225 g Haushaltschokolade, kleingehackt
3 EL Weinbrand
2 Eier, getrennt
250 g Mascarpone

1 Den Herd auf 180 °C vorheizen. Eine Biskuitform (33 cm × 23 cm) fetten und mit beschichtetem Backpapier auslegen. Die Schokolade schmelzen.

2 In einer Schüssel die Eigelb und den Zucker zu einer blaßgelben, dicken Masse schlagen, dann die geschmolzene Schokolade unterrühren. Die Eiweiß in einer sauberen, fettfreien Schüssel schlagen, bis sie weiche Spitzen bilden, dann locker und gleichmäßig unter die Eier-Schokoladenmischung heben.

3 Die Masse in die Backform geben und bis in die Ecken streichen. 15–20 Minuten backen, bis die Masse gut aufgegangen ist und sich fest anfühlt. Einen Bogen Backpapier mit Kakaopulver bestäuben. Den Biskuitteig darauflegen, mit einem sauberen Tuch abdecken und abkühlen lassen.

4 Die Füllung herstellen. Dazu Schokolade mit Weinbrand in einer feuerfesten Schüssel über siedendem Wasser schmelzen. Vom Herd nehmen. Die Eigelb verschlagen und unter die Schokoladenmasse rühren. In einer separaten Schüssel die Eiweiß schlagen, bis sie weiche Spitzen bilden, dann locker und gleichmäßig unter die Füllung heben.

5 Das Tuch vom Biskuitboden nehmen, das Backpapier entfernen und den Boden mit Mascarpone bestreichen. Darauf die Schokoladenmischung verteilen, den Boden mit der Füllung von einer Längsseite her vorsichtig zusammenrollen. Die Rolle mit dem Abschlußrand nach unten auf einen Servierteller legen, mit frischen, in Schokolade getauchten Erdbeeren garnieren und mit Kakaopulver bestäuben.

TIP

In Schokolade getauchte Erdbeeren sind eine wunderbare Garnierung für Kuchen und Desserts. Für den Überzug weiße Schokolade, Bitter- oder Milchschokolade in Stücke brechen und in einer feuerfesten Schüssel über knapp siedendem Wasser schmelzen lassen. Inzwischen ein Kuchenblech mit beschichtetem Backpapier belegen und beiseite setzen.
Die geschmolzene Schokolade rühren, bis sie ganz glatt ist. Eine Erdbeere am Stiel bzw. am Stielende fassen, teilweise oder ganz in die geschmolzene Schokolade tauchen, überschüssige Schokolade über der Schüssel abtropfen lassen und die Frucht auf das mit Papier belegte Backblech setzen. Den Arbeitsgang mit den restlichen Früchten wiederholen.
Die Erdbeeren bis zum Erstarren der Schokoladeschicht liegenlassen.
Noch am selben Tag verbrauchen.
Auf dieselbe Weise lassen sich auch andere relativ feste Früchte wie Kirschen oder Orangenspalten überziehen.

Schokoladenkegel mit Aprikosensauce

Für 6 Personen

250 g dunkle Bitterschokolade, kleingehackt
350 g Ricotta
3 EL Double Cream
2 EL Weinbrand
2 EL Eiswasser
abgeriebene Schale von 1 Zitrone
in Streifen geschnittene Zitronenschale zum Garnieren

Für die Sauce

175 g Aprikosenkonfitüre
3 EL Zitronensaft

1 Aus doppelt gelegtem beschichtetem Backpapier 12 Kreise von je 10 cm Durchmesser schneiden. In 12 Formen je zwei Papierkreise einlegen. Mit Abdeckband befestigen.

2 Die Schokolade über einem Topf mit siedendem Wasser schmelzen. Leicht abkühlen lassen. Mit einem Löffel in jede Form ein wenig Schokolade geben und durch Schwenken gleichmäßig auf der Backpapierauskleidung verteilen.

3 Jede Form mit der Spitze nach unten auf eine Tasse oder ein Glas setzen, damit sie, vom Tassen- oder Glasrand gehalten, senkrecht stehen. An einen kühlen Platz stellen, bis die Kegel erstarrt sind. Wenn nicht gerade sommerliche Hitze herrscht, nicht in den Kühlschrank stellen; das könnte das Aussehen der Schokoladenkegel beeinträchtigen.

4 Die Sauce bereiten. Dazu Aprikosenkonfitüre und Zitronensaft in einem Topf mischen. Bei mäßiger Hitze und unter gelegentlichem Rühren schmelzen lassen, dann durch ein Sieb drücken und in eine kleine Schüssel geben. Zum Abkühlen beiseite stellen.

5 Ricotta in einer Schüssel weichrühren, dann Sahne, Weinbrand und Puderzucker unterschlagen. Die Zitronenschale unterrühren. Die Mischung in einen Spritzbeutel geben. Die Kegel damit füllen, dann vorsichtig das Backpapier abziehen.

6 Mit einem Löffel die Aprikosensauce auf sechs Teller verteilen. Die Kegel paarweise auf die Teller legen. Als Garnierung in Streifen geschnittene Zitronenschale darüberstreuen.

Schokoladen-Flammeri

Für 4 Personen
4 EL Maisstärke
600 ml Milch
3 EL Zucker
50–115 g Haushaltschokolade, gehackt
einige Tropfen Vanillearoma
weiße und dunkle Schokoladenröllchen zum Garnieren

1 Eine gerillte Form mit kaltem Wasser ausspülen, stürzen und abtropfen lassen. In einer mittelgroßen Schüssel die Maisstärke mit etwas Milch zu einem glatten Brei verrühren.

2 Die restliche Milch zum Kochen bringen (am besten in einem beschichteten Topf), dann unter ständigem Rühren auf den Brei gießen.

3 Das Ganze in den Topf zurückschütten und bei niedriger Hitze langsam zum Kochen bringen, ständig rühren, bis die Mischung kocht und dick wird. Den Topf vom Herd nehmen, Zucker, Schokolade und Vanillearoma zugeben und rühren, bis die Sauce glatt, der Zucker aufgelöst und die Schokolade geschmolzen ist.

4 Die Schokoladenmischung in die Form gießen, mit angefeuchtetem fettdichtem Papier dicht abdecken, damit sich keine Haut bildet, und einige Stunden an einem kühlen Platz stehenlassen.

5 Den Flammeri aus der Form nehmen. Dazu einen großen Servierteller auf die Form stürzen. Teller und Form fest zusammenhalten und umdrehen. Beide kurz, aber kräftig schütteln, um die Masse aus der Form zu lösen, danach die Form abheben. Den Flammeri mit Schokoladenröllchen bestreuen und auftragen.

SCHOKOLADEN-MANDARINEN-TRIFLE

FÜR 6–8 PERSONEN
4 Trifle-Biskuits
14 Amaretti-Kekse
4 EL Amaretto di Saronno oder süßer Sherry
8 Mandarinen

FÜR DEN EIERPUDDING
200 g Haushaltschokolade, kleingehackt
2 EL Maisstärke oder Puddingpulver
2 EL Streuzucker
2 Eigelb
200 ml Milch
250 g Mascarpone

FÜR DEN ÜBERZUG
250 g Frischkäse
Schokoladenornamente
Mandarinenscheiben oder -spalten

1 Die Trifle-Biskuits zerbrechen und in eine große gläserne Servierschüssel geben. Die Amaretti-Kekse darüberkrümeln und mit Amaretto oder Sherry beträufeln.

2 Den Saft von 2 Mandarinen auspressen und in die Schüssel geben. Die restlichen Mandarinen in Spalten teilen und in die Schüssel legen.
3 Die Puddingmasse bereiten. Dazu die Schokolade schmelzen. In einer feuerfesten Schüssel Maisstärke oder Puddingpulver, Streuzucker und die Eigelb zu einem glatten Brei vermischen.
4 In einem kleinen Topf die Milch bis knapp unter den Siedepunkt erhitzen und unter ständigem Rühren auf die Eigelbmischung gießen. In den gesäuberten Topf zurückgießen und bei niedriger Hitze rühren, bis der Pudding leicht angedickt und glatt ist.

5 Mascarpone unterrühren und schmelzen lassen, dann unter die geschmolzene Schokolade mengen. Über die Biskuit- und Keksstücke streichen, abkühlen lassen und dann kalt stellen.
6 Vor dem Servieren Frischkäse auf den Pudding verteilen, mit Schokoladenornamenten und Mandarinenscheiben oder -spalten garnieren.

TIP
Für dieses Rezept lassen sich nach Belieben auch Mandarinen aus der Dose verwenden. Zum Beträufeln der Biskuit-Keks-Mischung etwa 2 EL Saft nehmen.

Schokoladen-Profiteroles

Für 4–6 Personen

110 g Weizenmehl
½ TL Salz
1 Prise frisch geriebene Muskatnuß
175 ml Wasser
75 g ungesalzene Butter, in 6 gleich große Stücke geschnitten
3 Eier
750 ml Vanilleeis

Für die Schokoladensauce

275 g Haushaltschokolade, kleingehackt
120 ml warmes Wasser

1 Den Herd auf 200 °C vorheizen. Ein Backblech fetten. Mehl, Salz und Muskat auf einen Bogen fettdichtes Papier oder ein Stück Folie sieben.

2 Die Sauce bereiten. Dazu die Schokolade mit dem Wasser in einer feuerfesten Schüssel über knapp siedendem Wasser schmelzen. Glattrühren. Bis zum Auftragen warm halten oder erneut erwärmen.

3 In einem mittelgroßen Topf Wasser und Butter zum Kochen bringen. Vom Herd nehmen und die trockenen Zutaten von dem Papierbogen bzw. dem Foliestück hineinrinnen lassen. Eine Minute mit einem Holzlöffel schlagen, bis alles gut vermengt ist und die Mischung sich vom Topfrand zu lösen beginnt. Die Mischung im Topf auf den Herd stellen und bei niedriger Hitze 2 Minuten ständig schlagen. Vom Herd nehmen.

4 In einer kleinen Schüssel 1 Ei schlagen, beiseite stellen. Nach und nach die Eier zu der Mehlmischung geben und gut unterschlagen. Soviel von dem geschlagenen Ei zugeben, daß ein glatter, heller Teig entsteht. Er muß sich vom Rand lösen und langsam vom Löffel gleiten.

5 Den Teig mit einem Eßlöffel zu 12 Häufchen auf das vorbereitete Backblech setzen. In 25–30 Minuten goldbraun backen.

6 Die Windbeutel aus dem Herd nehmen und an der Seite etwas einschneiden, um den Dampf entweichen zu lassen. In den abgeschalteten Herd zurückstellen und bei offener Klappe trocknen lassen.

7 Das Vanilleeis aus dem Tiefkühlschrank nehmen und zum Weichwerden 10 Minuten stehenlassen. Die Profiteroles halb aufschneiden und je eine Kugel Eis hineinsetzen. Auf einem Servierteller anordnen oder auf einzelne Teller setzen. Mit der Sauce übergießen und sofort auftragen.

Andere Füllung

Die Profiteroles nach Belieben mit Schlagsahne füllen. Die Sahne dazu in einen Spritzbeutel füllen und in die aufgeschnittenen Windbeutel spritzen oder die Hälften der aufgeschnittenen Profiteroles mit Sahne bedecken und zusammensetzen.

Bitterschokoladenmousse

Für 8 Personen

225 g Bitterschokolade, kleingehackt
60 ml Wasser
3 EL Orangenlikör oder Weinbrand
2 EL ungesalzene Butter, kleingeschnitten
4 Eier, getrennt
90 ml Schlagsahne
½ TL Weinstein
3 EL Streuzucker
Crème fraîche und Schokoladenröllchen zum Garnieren

1 Schokolade und Wasser in einer feuerfesten Schüssel über knapp siedendem Wasser schmelzen und glattrühren. Von der Wärmequelle nehmen und Likör oder Weinbrand und Butter unterschlagen.
2 Mit dem elektrischen Handmixer die Eigelb 2–3 Minuten schlagen, bis sie dick und cremig sind, dann langsam unter die geschmolzene Schokolade schlagen und gut vermischen. Beiseite stellen.
3 Die Sahne schlagen, bis sie weiche Spitzen bildet. Einen Löffel davon zum Auflockern unter die Schokoladenmischung rühren und die restliche Sahne unterheben.
4 In einer fettfreien Schüssel die Eiweiß langsam schaumig schlagen. Weinstein zugeben, den Mixer auf höhere Stufe stellen und die Eiweiß weiterschlagen, bis sie weiche Spitzen bilden. Nach und nach den Zucker darüberstreuen und weiterschlagen, bis der Eischnee steif ist und glänzt.
5 Mit einem Gummispatel oder einem großen Metallöffel ein Viertel des Eischnees unter die Schokoladenmischung rühren, dann den Rest vorsichtig unterheben, dabei den Spatel oder Löffel im Halbkreis bis auf den Schüsselboden und an den Seiten entlang ziehen, bis alles knapp vermischt ist. Vorsichtig in 8 Schalen füllen. Zum Festwerden mindestens 2 Stunden kalt stellen.
6 Mit einem Löffel über jede Portion etwas Crème fraîche geben, mit Schokoladenröllchen garnieren.

Weisse Schokoladen-Vanille-Mousse mit dunkler Schokoladensauce

Für 6–8 Personen

200 g weiße Schokolade, kleingehackt
2 Eier, getrennt
4 EL Streuzucker
300 ml Double Cream
1 Päckchen Gelatinepulver
150 ml flüssiger, fettreicher Joghurt
2 TL Vanillearoma

Für die Sauce

50 g Haushaltschokolade, kleingehackt
2 EL dunkler Rum
4 EL Sahne

1 Eine Kastenform (1 Liter) mit beschichtetem Backpapier oder Klarsichtfolie auslegen. Die Schokolade schmelzen. Eigelb und Zucker zu einer dicken, schaumigen Masse rühren, dann die Schokolade unterschlagen.
2 In einem kleinen Topf die Sahne bis knapp unter den Siedepunkt erhitzen, vom Herd nehmen. Gelatinepulver darüberstreuen und rühren, bis es aufgelöst ist. Auf die Schokoladenmischung gießen, kräftig rühren, bis die Mischung glatt ist.
3 Joghurt und Vanillearoma unter die Mischung schlagen. Die Eiweiß in einer sauberen, fettfreien Schüssel steif schlagen, den Eischnee unter die Schokoladenmischung heben. Die Mischung in die vorbereitete Form geben, glattstreichen und bis zum Festwerden kalt stellen.
4 Die Sauce bereiten. Dazu die Schokolade mit Rum und Sahne in einer feuerfesten Schüssel über siedendem Wasser schmelzen, dabei gelegentlich rühren. Auskühlen lassen.
5 Die Mousse in dicken Scheiben, die mit ausgekühlter Schokoladensauce umgossen sind, servieren.

MANGO-SCHOKOLADENCREME-BRÛLÉE

FÜR 6 PERSONEN

2 reife Mangos, geschält, entkernt und zerkleinert
300 ml Double Cream
300 ml Crème fraîche
1 Vanilleschote
115 g dunkle Bitterschokolade, kleingehackt
4 Eigelb
1 EL klarer Honig
6 EL Demererazucker zum Bestreuen

1 Die Mangostücke auf 6 feuerfeste Schüsseln aufteilen und auf ein Backblech setzen.

2 Double Cream, Crème fraîche und Vanilleschote in einer großen feuerfesten Schüssel mischen. Die Schüssel auf einen Topf mit knapp siedendem Wasser setzen.

3 Die Mischung 10 Minuten erhitzen. Die Schüssel darf nicht im Wasser stehen, da die Mischung sonst überhitzt wird. Die Vanilleschote herausnehmen, nach und nach die Schokoladenstücke unterrühren und schmelzen lassen. Wenn die Mischung glatt ist, die Schüssel vom Topf nehmen, den Topf mit dem Wasser aber auf dem Herd stehenlassen.

4 In einer zweiten Schüssel Eigelb und Honig verschlagen, nach und nach die Schokoladenmischung zugeben, dabei ständig rühren. Die Schüssel auf den Topf mit kochendem Wasser setzen und die Masse ständig rühren, bis die Eierpuddingmischung so dick ist, daß sie am Löffelrücken haften bleibt.

5 Die Schüssel vom Topf nehmen und die Mischung über die Mangostücke geben. Abkühlen lassen, dann bis zum Festwerden in den Kühlschrank setzen.

6 Den Grill auf hoher Stufe vorheizen. Jede Dessertportion mit 1 EL Demererazucker bestreuen und mit etwas Wasser besprühen. Die Portionen möglichst nah an die Wärmequelle setzen und kurz grillen, bis der Zucker schmilzt und karamelisiert. Vor dem Auftragen nochmals kalt stellen.

Weisses Schokoladenparfait

Für 10 Personen

225 g weiße Schokolade, kleingehackt
600 ml Schlagsahne
120 ml Milch
10 Eigelb
1 EL Streuzucker
40 g Kokosraspel
120 ml gesüßte Kokosmilch aus der Dose
150 g ungesalzene Macadamianüsse
frische Kokosröllchen zum Garnieren

Für den Schokoladenüberzug

225 g Haushaltschokolade, kleingehackt
75 g Butter
1 reichlicher EL heller Zuckersirup
175 ml Schlagsahne

1 Eine Pasteten- oder Kastenform (1,4 Liter) sorgfältig mit Klarsichtfolie auslegen.

2 In einem Wasserbadtopf oder in einer feuerfesten Schüssel über siedendem Wasser die gehackte weiße Schokolade mit 50 ml Sahne schmelzen. Ständig rühren, bis die Mischung glatt ist. Beiseite stellen.

3 Die Milch in einen Topf geben. 250 ml der restlichen Sahne hinzufügen und bei mittlerer Hitze und unter ständigem Rühren zum Kochen bringen.

4 Inzwischen die Eigelb und den Zucker in einer großen Schüssel zu einer dicken, blaßgelben Masse schlagen.

5 Die heiße Sahnemischung unter ständigem Rühren zu den Eigelb geben. In den Topf zurückgießen und diesen 2–3 Minuten auf niedrige Hitze stellen, bis die Mischung dick ist. Ständig rühren und nicht kochen lassen. Den Topf vom Herd nehmen.

6 Die geschmolzene Schokolade, Kokosraspel und Kokosmilch zugeben, gut unterrühren und abkühlen lassen. In einer Schüssel die restliche Sahne schlagen, bis sie dick ist, unter die Schokoladen-Kokos-Mischung ziehen.

7 475 ml der Parfaitmischung in die vorbereitete Form geben und gleichmäßig verteilen. Abdecken und zum Festwerden für etwa 2 Stunden in den Tiefkühlschrank stellen. Die restliche Mischung zudecken und kalt stellen.

Abwandlung

Weißes Schokoladen-Ingwer-Parfait: Anstelle von Macadamianüssen in Scheiben geschnittene gezuckerte Ingwerwurzel für die mittlere Parfaitschicht verwenden und den hellen Zuckersirup durch den Sirup aus der Ingwerkonserve ersetzen. Die Kokosröllchen nach Belieben weglassen und anstelle der Kokosmilch gesüßte Kondensmilch nehmen.

8 Die Macadamianüsse gleichmäßig über das gefrorene Parfait streuen. Die restliche Parfaitmasse mit einem Löffel dazugeben und glattstreichen. Die Form zudecken und zum Festwerden für 6–8 Stunden oder über Nacht in den Tiefkühlschrank stellen.

9 Die Überzugmasse herstellen. Dazu Schokolade, Butter und Sirup unter gelegentlichem Rühren im Wasserbadtopf schmelzen.

10 Die Sahne in einem Topf erhitzen, bis sie gerade kocht. Unter die Schokoladenmischung rühren. Den Wasserbadtopf vom Herd nehmen und die Mischung abkühlen lassen, bis sie lauwarm ist.

11 Um das Parfait aus der Form zu lösen, diese in ein heißes Handtuch wickeln und mit der Oberseite nach unten auf einen Teller setzen. Die Form abheben, die Folie abziehen. Das Parfait auf ein Kuchengitter setzen, ein Backblech darunterlegen. Die Überzugsmasse gleichmäßig über das Parfait gießen. Mit einer Palette die Masse an den Seiten rasch glattstreichen. Etwas fest werden lassen, dann auf einen für den Tiefkühlschrank geeigneten Teller setzen und das Parfait weitere 2–3 Stunden gefrieren lassen.

12 Das Parfait etwa 15 Minuten vor dem Auftragen aus dem Gefrierschrank nehmen und etwas weich werden lassen. Kurz vor dem Auftragen in Scheiben schneiden, das Messer dabei vor jedem Schnitt in heißes Wasser tauchen. Mit Kokosröllchen garniert servieren.

Eis und Sorbets

Rot-weiss marmoriertes Eis mit Himbeersauce

Ergibt 1 Liter
250 ml Milch
475 g Schlagsahne
7 Eigelb
2 EL Kristallzucker
225 g gute weiße Schokolade, kleingehackt
1 TL Vanillearoma
Minzestengel zum Garnieren

Für die Himbeersauce
275 g gefrorene Himbeeren in Zuckersirup oder 275 g zuckerreduzierte Himbeerkonserve
2 TL heller Zuckersirup
1 EL Zitronensaft
1 EL Maismehl, vermischt mit 1 EL Wasser

1 Die Sauce bereiten. Dazu die Himbeeren samt Sirup durch ein Sieb streichen und in einen Topf geben. Hellen Zuckersirup, Zitronensaft und den Maisstärkebrei zugeben. (Werden Konservenhimbeeren verwendet, die Maisstärke weglassen, aber das Wasser zugeben.) Zum Kochen bringen, dabei des öfteren umrühren. 1–2 Minuten köcheln lassen. In eine Schüssel gießen, abkühlen lassen und kalt stellen.

2 Milch und 250 ml Sahne in einen Topf geben und zum Kochen bringen. In einer Schüssel die Eigelb und den Zucker mit dem elektrischen Handmixer in 2–3 Minuten zu einer dicken, cremigen Masse rühren. Die heiße Milch nach und nach über die Eimasse gießen. Das Ganze in den Topf zurückgießen, auf mittlere Hitze stellen und ständig rühren, bis die Eierpuddingmasse am Rücken eines Holzlöffels haftet.

3 Den Topf vom Herd nehmen, die weiße Schokolade zugeben, schmelzen lassen und glattrühren. Die restliche Sahne in eine große Schüssel gießen. Die heiße Eierpuddingmasse durch ein Sieb zugießen, gut untermischen, dann das Vanillearoma unterrühren. Die Masse nach dem Abkühlen in einen Eisbereiter geben und nach Vorschrift gefrieren lassen.

4 Wenn die Mischung gefroren, aber noch weich ist, ein Drittel davon in eine für den Gefrierschrank geeignete Schüssel geben. Die Hälfte der Himbeersauce beiseite stellen. Ein Drittel der restlichen Sauce über das Eis geben. Mit einem weiteren Drittel der Eismenge bedecken und wieder Sauce darübergießen. Den Arbeitsgang wiederholen. Die Eis-Himbeer-Mischung mit einem Messer oder einem Löffel leicht marmorieren. Abdecken und gefrieren lassen. Das Eis 15 Minuten vor dem Servieren aus dem Gefrierschrank nehmen und weich werden lassen. Mit der restlichen Himbeersauce und mit Minzeblättchen auftragen.

SCHOKOLADENFUDGE-EISBECHER

FÜR 4 PERSONEN
je 4 Kugeln Vanille- und Kaffeeeis
2 kleine reife Bananen
Schlagsahne
geröstete Mandelblättchen
FÜR DIE SAUCE
50 g brauner Zucker
120 ml heller Zuckersirup
3 EL starker schwarzer Kaffee
1 TL gemahlener Zimt
150 g Haushaltschokolade, kleingehackt
75 ml Schlagsahne
3 EL Kaffeelikör (nach Belieben)

1 Die Sauce bereiten. Dazu Zucker, Sirup, Kaffee und Zimt in einen Topf mit schwerem Boden geben. Zum Kochen bringen und unter ständigem Rühren etwa 5 Minuten kochen lassen.

2 Vom Herd nehmen und die Schokolade einrühren. Wenn die Schokolade geschmolzen und die Mischung glatt ist, Sahne und Likör (wenn gewünscht) unterrühren. Die Sauce leicht abkühlen lassen. Soll die Sauce erst später verwendet werden, wieder langsam erhitzen, bis sie knapp warm ist.

3 In vier Gläser je eine Kugel Vanille- und Kaffeeeis geben.

4 Die Bananen schälen, in dünne Scheiben schneiden und über das Eis geben. Die warme Schokoladenfudge-Sauce über die Bananenscheiben gießen und jeden Eisbecher mit einer großen Sahnerosette versehen. Geröstete Mandelblättchen darüberstreuen und sofort servieren.

Schokoladeneis

Für 4–6 Personen
750 ml Milch
10 cm Vanilleschote
4 Eigelb
115 g Kristallzucker
225 g Haushaltschokolade, kleingehackt

1 Die Milch mit der Vanilleschote in einem kleinen Topf erhitzen. Sobald sich an der Oberfläche kleine Blasen zeigen, vom Herd nehmen. Nicht kochen lassen. Die Milch durch ein Sieb in einen Krug gießen und beiseite stellen.
2 In einer kleinen Schüssel die Eigelb mit dem Schneebesen oder dem elektrischen Handmixer verrühren. Nach und nach den Zucker zugeben und weiterrühren, bis die Masse blaßgelb und dick ist. Langsam die Milch zugeben und unterrühren. Wenn alle Milch untergerührt ist, die Mischung in eine feuerfeste Schüssel gießen.

3 Die feuerfeste Schüssel auf einen Topf mit siedendem Wasser setzen und die Schokolade zugeben. Bei niedriger Hitze rühren, bis die Schokolade geschmolzen ist. Die Hitze leicht erhöhen und die Mischung rühren, bis sie so dick ist, daß sie den Rücken eines Holzlöffels leicht überzieht. Vom Herd nehmen, in eine Schüssel gießen und abkühlen lassen, dabei gelegentlich umrühren, damit sich keine Haut auf der Oberfläche bildet.

4 Die Schokoladenmischung in einem Eisbereiter nach Vorschrift gefrieren lassen oder in ein für den Tiefkühlschrank geeignetes Gefäß geben und zum Festwerden etwa 3 Stunden in den Gefrierschrank stellen. Die gefrorene Masse aus dem Gefäß nehmen und grob in 7,5 cm lange Stücke schneiden. In der Küchenmaschine zu einer glatten Masse rühren. In das Gefäß zurückgeben und nochmals gefrieren lassen. Den Arbeitsgang dreimal wiederholen, bis das Eis glatt und cremig ist.

Eis mit Schokoladenflocken

Für 6 Personen
300 ml Schlagsahne, gekühlt
6 EL flüssiger, fettreicher Joghurt
5–6 EL Streuzucker
einige Tropfen Vanillearoma
150 g Schokolade in Flocken oder grob geraspelt

Tip

Das Eis etwa 15 Minuten vor dem Servieren aus dem Gefrierschrank in den Kühlschrank stellen, damit es weich wird und das Aroma sich voll entfalten kann.
Das Eis mit einem metallenen Portionierer zu Kugeln formen, dabei den Portionierer jedesmal kurz in warmes Wasser tauchen. In einer Kastenform gefrorenes Eis wird einfach in Scheiben geschnitten.

1 Einen Eisbereiter oder ein für den Gefrierschrank geeignetes Gefäß (600–900 ml), nach Möglichkeit mit Deckel, bereitstellen. Im Gefrierschrank einen leicht erreichbaren Platz freimachen. Wenn nötig, die tiefste Gefrierstufe einstellen.

2 Die Sahne in einer großen Schüssel leicht schlagen, Joghurt, Zucker, Vanillearoma und Schokolade unterziehen. Langsam rühren und alles sorgfältig vermischen. Die Mischung in den Eisbereiter oder in das Gefriergefäß geben.

3 Die Eismasse glattstreichen, zudecken und gefrieren lassen. Bis zu 4 Stunden lang alle 30 Minuten vorsichtig mit einer Gabel umrühren, bis die Eismasse so hart ist, daß sie sich nicht mehr rühren läßt. Wird ein Eisbereiter verwendet, dann die Eismasse nach Vorschrift gefrieren lassen.

Schokoladensorbet

Für 6 Personen
150 g halbbittere Schokolade, gehackt
115 g Haushaltschokolade, geraspelt
225 g Streuzucker
475 ml Wasser
Schokoladenröllchen zum Garnieren

1 Die gesamte Schokoladenmenge in eine Küchenmaschine mit Metallschneidwerk geben und in 20–30 Sekunden fein zerkleinern.
2 In einem Topf Zucker und Wasser bei mittlerer Hitze zum Kochen bringen und rühren, bis der Zucker aufgelöst ist. Etwa 2 Minuten kochen lassen, dann vom Herd nehmen.
3 Bei angeschalteter Küchenmaschine den heißen Sirup zu der Schokolade gießen. Die Maschine noch 1–2 Minuten laufen lassen, bis die Schokolade völlig geschmolzen und die Mischung glattgerührt ist. Die am Rand haftende Masse abschaben.
4 Die Schokoladenmischung durch ein Sieb in einen großen Meßbecher oder in eine Schüssel gießen. Abkühlen lassen, dann kalt stellen und gelegentlich umrühren. In einem Eisbereiter gefrieren lassen oder in ein für den Gefrierschrank geeignetes Gefäß gießen, leicht gefrieren lassen, glattrühren und wieder gefrieren lassen. Ein zweitesmal umrühren, bevor die Masse völlig erstarrt. Das Sorbet 5–10 Minuten bei Zimmertemperatur weich werden lassen, dann zu Kugeln geformt und mit Schokoladenröllchen garniert servieren.

Schokoladensorbet mit roten Früchten

Für 6 Personen
475 ml Wasser
3 EL klarer Honig
115 g Streuzucker
75 g Kakaopulver
50 g dunkle Bitter- oder Halbbitterschokolade, kleingehackt
400 g weiche rote Früchte wie Himbeeren, rote Johannisbeeren oder Erdbeeren

1 Wasser, Honig, Streuzucker und Kakaopulver in einen Topf geben. Langsam erhitzen und gelegentlich rühren, bis der Zucker aufgelöst ist.
2 Den Topf vom Herd nehmen, die Schokolade zugeben und rühren, bis sie geschmolzen ist. Auskühlen lassen.
3 In einen Eisbereiter geben und rühren, bis die Masse gefroren ist oder in ein für den Gefrierschrank geeignetes Gefäß füllen, leicht gefrieren lassen, umrühren, bis die Masse glatt ist, dann wieder gefrieren lassen. Ein zweitesmal durchrühren, bis die Masse ganz erstarrt, das Gefäß zudecken.
4 Das Sorbet 10–15 Minuten vor dem Servieren aus dem Gefrierschrank nehmen und leicht weich werden lassen. Zu Kugeln formen und zusammen mit den roten Früchten in gekühlten Dessertschalen servieren.

Eisschale „Rocky Road“

Für 6 Personen

115 g Haushaltschokolade, kleingehackt
150 ml Milch
300 ml Double Cream
115 g Marshmallows („Mäusespeck“), gehackt
115 g kandierte Kirschen, gehackt
50 g zerbröckelte Mürbeteigkekse
2 EL gehackte Walnüsse

1 Schokolade und Milch in einen Topf geben. Die Schokolade bei mäßiger Hitze unter gelegentlichem Rühren schmelzen. In eine Schüssel gießen und auskühlen lassen.

2 In einer separaten Schüssel die Sahne schlagen, bis sie gerade ihre Form hält. Nach und nach die Schokoladenmischung unterschlagen, bis eine glatte, cremige Masse entsteht.

3 Die Mischung in einen Eisbereiter geben und nach Anweisung rühren, bis sie fast gefroren ist, oder in ein für den Gefrierschrank geeignetes Gefäß geben und gefrieren lassen, bis sich Eiskristalle an den Rändern bilden, dann mit einem stabilen Schneebesen oder mit dem elektrischen Handmixer umrühren, bis die Masse glatt ist.

4 Unter die gefrorene Mischung Marshmallows, kandierte Kirschen, zerbröckelte Kekse und Nüsse rühren, das Ganze in den Gefrierschrank zurückstellen und erstarren lassen.

5 Das Eis 15–20 Minuten vor dem Servieren bei Raumtemperatur weich werden lassen. Zu Kugeln geformt auftragen. Nach Wunsch jede Portion mit etwas Schokoladensauce begießen und mit einer Waffel garnieren.

Schokoladen-Nuss-Eistorte

Für 6–8 Personen

75 g Haselnüsse, abgezogen
etwa 32 Löffelbiskuits
150 ml kalter, starker schwarzer Kaffee
2 EL Weinbrand
475 ml Double Cream
75 g Puderzucker, gesiebt
150 g Haushaltschokolade, kleingehackt
Puderzucker und Kakaopulver zum Bestäuben

1 Den Herd auf 200 °C vorheizen. Die Haselnüsse auf ein Backblech streuen und 5 Minuten rösten, bis sie goldgelb sind. Die Nüsse auf ein sauberes Tuch geben und solange sie warm sind, abreiben und die braune Haut entfernen. Auskühlen lassen, dann fein zerkleinern.

2 Eine Kastenform (1,2 Liter) mit Klarsichtfolie auslegen und die Löffelbiskuits in der Länge so zurechtschneiden, daß sie auf den Boden und an die Seiten der Backform passen. Die nicht benötigten Biskuits aufheben. In einer flachen Schüssel Kaffee und Weinbrand mischen. Die Biskuits kurz in die Flüssigkeit eintauchen und mit der gezuckerten Seite nach unten und dicht an dicht wieder in die Form legen.

3 Die Sahne mit dem Puderzucker schlagen, bis sie weiche Spitzen hält. Die Hälfte der gehackten Schokolade und die Haselnüsse unter die Sahne ziehen. Dabei den Rührlöffel in Form einer Acht durch die Mischung ziehen, um alles gleichmäßig unterzumengen.

4 Die restliche Schokolade in einer Schüssel über knapp siedendem Wasser schmelzen. Abkühlen lassen, dann unter die Sahnemischung ziehen. Das Ganze in die Kastenform füllen.

5 Die zurückbehaltenen Biskuits in der Kaffeemischung anfeuchten. Nicht durchweichen lassen, da sie sonst zerfallen. Die angefeuchteten Biskuits auf die Füllung legen. Das Ganze einwickeln und die Masse gefrieren lassen, bis sie fest ist.

6 Die Form 30 Minuten vor dem Servieren aus dem Gefrierschrank nehmen und die Torte etwas weich werden lassen. Aus der Form nehmen, auf einen Servierteller setzen und mit Puderzucker und Kakaopulver bestreuen.

Schokoladen-Mandarinen-Eistorte

Die Löffelbiskuits in eine Mischung aus starkem schwarzem Kaffee und Mandarinen- oder Orangenlikör tauchen. Die Füllung ohne Haselnüsse bereiten. Die gefrorene Torte etwa 30 Minuten vor dem Servieren aus der Form nehmen und auf einen Teller setzen. Schlagsahne mit Mandarinen- oder Orangenlikör aromatisieren und auf die Torte geben.
Um den Boden der Torte Sahnerosetten spritzen. Mit Mandarinenspalten – mit oder ohne Schokoladenüberzug – garnieren.

Eisbomben

Für 6 Personen

1 Liter weiches Schokoladeneis
475 ml weiches Vanilleeis
50 g Bitterschokoladensplitter
115 g Toffees
5 EL Double Cream

1 Das Schokoladeneis gleichmäßig auf 6 kleine Tassen oder Schüsseln aufteilen. Nur leicht auf den Boden und an die Seiten der Tasse drücken und in der Mitte eine kleine tassen- bzw. schüsselförmige Mulde frei lassen. Für 45 Minuten in den Gefrierschrank setzen. Wieder herausnehmen und das Eis richtig in Tassen- bzw. Schüsselform bringen und glätten, die Mitte hohl lassen. In den Gefrierschrank zurückstellen.

2 Das Vanilleeis in eine kleine Schüssel geben und mit einem Löffel in Stücke teilen. Die Schokoladensplitter unterrühren und mit der Mischung die Höhlung in den Schokoladeneisformen ausfüllen. Die Oberseite glattstreichen, die Tassen mit Klarsichtfolie abdecken und über Nacht in den Gefrierschrank stellen.

3 In einem kleinen Topf die Toffees mit der Sahne bei niedriger Hitze schmelzen, dabei rühren, bis die Mischung glatt, warm und cremig ist.

4 Die Eisbomben aus den Tassen bzw. Schüsseln nehmen und auf Teller setzen, mit der Sauce übergießen und sofort auftragen.

SCHOKOLADEN-MINZE-EISTORTE

FÜR 8 PERSONEN

75 g Bitterschokoladensplitter
40 g Butter oder Margarine
50 g Reis-Crispies
1 Liter Minze-Eis mit Schokoladensplittern
Schokoladenröllchen zum Garnieren

1 Eine Pie-Form (23 cm Durchmesser) mit Folie auslegen. Über die Folie ein rundes Stück fettdichtes Papier auf den Boden der Form legen.

2 In einer feuerfesten Schüssel über siedendem Wasser die Schokoladensplitter mit der Butter oder Margarine schmelzen.

3 Die Schüssel vom Topf nehmen und die Crispies in mehreren kleinen Portionen vorsichtig unterrühren.

4 Die Mischung gleichmäßig an Boden und Seiten der vorbereiteten Form andrücken und einen 1 cm breiten Rand formen. Kalt stellen, bis die Masse hart ist.

5 Den Reis-Schokolade-Boden vorsichtig aus der Form nehmen, Folie und Papier abziehen und den Boden in die Form zurücklegen.

6 Das Eis aus dem Gefrierschrank nehmen und zum Weichwerden 10 Minuten stehenlassen.

7 Das Eis gleichmäßig auf den fertigen Boden auftragen. Im Gefrierschrank fest werden lassen.

8 Die Pie kurz vor dem Servieren mit Schokoladenröllchen bestreuen.

Schokoladenkekse und Plätzchen

Nusskekse mit Schokosplittern

Ergibt 36 Stück

115 g Weizenmehl
1 TL Backpulver
1 TL Salz
75 g Butter oder Margarine
115 g Streuzucker
50 g brauner Zucker
1 Ei
1 TL Vanillearoma
115 g Schokoladensplitter
50 g Haselnüsse, gehackt

1 Den Herd auf 180 °C vorheizen. 2–3 Backbleche fetten. Mehl, Backpulver und Salz in eine kleine Schüssel sieben. Beiseite stellen.
2 Mit dem elektrischen Handmixer Butter bzw. Margarine und Zucker cremig rühren. Ei und Vanillearoma unterrühren. Die Mehlmischung zugeben und auf niedrigster Stufe glattrühren.
3 Schokoladensplitter und die Hälfte der Haselnüsse unterrühren. Die Mischung mit einem Teelöffel zu 2 cm große Häufchen im Abstand von 5 cm auf die vorbereiteten Backbleche setzen.
4 Jedes Kekshäufchen mit einer feuchten Gabel leicht abflachen. Die restlichen Haselnüsse auf die Kekse streuen und leicht eindrücken. 10–12 Minuten goldgelb backen. Kekse zum Abkühlen auf ein Kuchengitter setzen.

Haferkekse mit Schokosplittern

Ergibt 60 Stück

115 g Weizenmehl
$\frac{1}{2}$ TL Natron
$\frac{1}{2}$ TL Backpulver
$\frac{1}{2}$ TL Salz
115 g weiche Butter oder Margarine
115 g Streuzucker
75 g brauner Zucker
1 Ei
$\frac{1}{2}$ TL Vanillearoma
75 g Haferflocken
175 g Schokoladensplitter

1 Den Herd auf 180 °C vorheizen. 3–4 Backbleche fetten. Mehl, Natron, Backpulver und Salz in eine Rührschüssel sieben. Beiseite stellen.
2 Mit dem elektrischen Handmixer Butter bzw. Margarine und Zucker cremig rühren. Ei und Vanillearoma hinzufügen und schaumig schlagen.
3 Die Mehlmischung hinzufügen und auf niedrigster Stufe alles gut miteinander verrühren. Haferflocken und Schokoladensplitter einrühren und alles gut mit einem Holzlöffel vermengen. Der Teig muß krümelig sein.
4 Die Masse teelöffelweise zu kleinen Häufchen mit je 2,5 cm Abstand auf die vorbereiteten Backbleche setzen. Etwa 15 Minuten backen, bis die Ränder fest sind und die Mitte sich noch weich anfühlt. Die Kekse zum Abkühlen auf ein Kuchengitter legen.

Haselnusshalbmonde mit Schokoladenglasur

Ergibt etwa 35 Stück

275 g Weizenmehl
1 Prise Salz
225 g weiche ungesalzene Butter
75 g Streuzucker
1 EL Haselnußlikör oder Wasser
1 TL Vanillearoma
75 g Haushaltschokolade, kleingehackt
50 g Haselnüsse, geröstet und fein gehackt
Puderzucker zum Bestäuben
350 g Haushaltschokolade, geschmolzen zum Tauchen

1 Den Herd auf 160 °C vorheizen. Zwei große Backbleche fetten. Mehl und Salz in eine Schüssel sieben. In einer anderen Schüssel die Butter cremig rühren. Zucker hinzufügen und so lange rühren, bis die Mischung schaumig ist. Haselnußlikör oder Wasser und Vanillearoma einrühren. Mehlmischung langsam unterrühren, dann die Schokolade und Haselnüsse hinzugeben.

2 Mehl auf die Hände stäuben und den Teig in 5 cm × 1 cm große Halbmonde formen. In 5 cm Abstand auf das Backblech legen. 20–25 Minuten backen, bis die Ränder knusprig und die Kekse leicht goldbraun sind. Die Kekse aus dem Ofen nehmen und auf dem Backblech 10 Minuten abkühlen lassen, dann zum Auskühlen auf ein Kuchengitter setzen.

3 Die geschmolzene Schokolade in einer kleinen Schüssel bereithalten. Die Kekse leicht mit Puderzucker bestäuben. Mit einer Kekszange oder mit den Fingern jeden Halbmond bis zur Hälfte in die geschmolzene Schokolade tauchen. Die Halbmonde bis zum Festwerden der Schokolade auf ein beschichtetes Backblech legen.

Plätzchen mit weissen und dunklen Schokoladenstücken

Ergibt 18–20 Stück

115 g weiche ungesalzene Butter
115 g helle Muskovade
1 Ei
1 TL Vanillearoma
150 g Fertigmehl
75 g Haferflocken
115 g Haushaltschokolade, grob gehackt
115 g weiße Schokolade, grob gehackt

Mandelplätzchen mit weisser und dunkler Schokolade

Anstelle von Haferflocken 75 g Mandeln verwenden.
Die gehackte Schokolade durch 175 g Schokoladensplitter ersetzen.
Jedes Plätzchen vor dem Backen mit einer halben Belegkirsche garnieren.

1 Den Herd auf 190 °C vorheizen. Zwei Backbleche leicht fetten. Butter und Zucker in einer Schüssel zu einer blaßgelben, schaumigen Masse rühren. Ei und Vanillearoma hinzugeben und gut verrühren.

2 Mehl über die Masse sieben und mit einem Metallöffel leicht unterziehen. Haferflocken, gehackte Haushaltschokolade und gehackte weiße Schokolade unterheben und gleichmäßig verrühren.

3 Die Masse in ausreichendem Abstand löffelweise zu 18–20 kleinen Häufchen auf die Backbleche setzen.

4 12–15 Minuten oder so lange backen, bis die Plätzchen leicht goldbraun werden. 2–3 Minuten auf dem Backblech abkühlen lassen und dann auf ein Kuchengitter setzen. Nach dem Backen sind die Plätzchen zunächst weich, sie werden jedoch beim Abkühlen hart.

Schokoladen-Marzipan-Plätzchen

Ergibt etwa 36 Stück
200 g weiche ungesalzene Butter
200 g helle Muskovade
1 Ei, geschlagen
300 g Weizenmehl
4 EL Kakaopulver
200 g weiße Mandelpaste
115 g weiße Schokolade, kleingehackt

1 Den Herd auf 190 °C vorheizen. Zwei große Backbleche leicht fetten. Mit dem elektrischen Handmixer Butter und Zucker in einer Rührschüssel cremig rühren. Ei hinzufügen und gut verrühren.

2 Mehl und Kakao über die Masse sieben. Mit einem Holzlöffel unterrühren, bis die gesamte Mehlmischung eingearbeitet und die Masse glatt ist. Dann mit sauberen Händen die Masse zu einem recht weichen Teig verarbeiten.

3 Mit einem Nudelholz die Hälfte des Teiges mit leichtem Druck auf einer leicht bemehlten Fläche etwa 5 mm stark ausrollen. Mit einer einfachen oder gewellten Ausstechform 36 Kreise ausschneiden und dabei je nach Bedarf den Teig erneut ausrollen. Den restlichen Teig in Klarsichtfolie einschlagen und beiseite legen.

4 Die Mandelpaste in 36 gleich große Stücke schneiden. Kugeln formen, leicht abflachen und je eine auf einen Teigkreis legen. Den restlichen Teig ausrollen, in Kreise schneiden und oben auf die Mandelpaste legen. Die Teigränder fest zusammenpressen.

5 10–12 Minuten oder so lange backen, bis die Plätzchen gut aufgegangen sind und beginnen, an der Oberfläche Risse zu bilden. 2–3 Minuten auf dem Backblech abkühlen, dann auf einem Kuchengitter auskühlen lassen.

6 Die weiße Schokolade schmelzen und dann zum Garnieren entweder in dünnen Streifen über die Plätzchen gießen oder in eine Papierspritztüte füllen und die Plätzchen rasch damit verzieren.

Andere Garnierung
Anstelle der geschmolzenen weißen Schokolade kann zum Garnieren der Plätzchen auch Zuckerguß verwendet werden.

Schwarz-weisse Ingwer-Florentiner

Ergibt etwa 30 Stück

120 ml Double Cream
50 g Butter
50 g Kristallzucker
2 EL Honig
150 g Mandelsplitter
40 g Weizenmehl
½ TL gemahlener Ingwer
50 g Orangeat
75 g Ingwer, gewürfelt
50 g Haushaltschokolade, kleingehackt
150 g Halbbitterschokolade, kleingehackt
150 g gute weiße Schokolade, kleingehackt

1 Den Herd auf 180 °C vorheizen. Zwei große Backbleche leicht fetten. Sahne, Butter, Zucker und Honig in einem Topf bei mittlerer Hitze so lange rühren, bis sich der Zucker auflöst. Die Masse unter ständigem Rühren zum Kochen bringen. Vom Herd nehmen, Mandeln, Mehl und gemahlenen Ingwer unterrühren. Orangeat, Ingwer und Schokolade unterziehen.

2 Die Masse teelöffelweise im Abstand von mindestens 7,5 cm auf die Backbleche geben. Jedes Plätzchen mit dem Löffelrücken möglichst dünn breitstreichen.

3 8–10 Minuten oder so lange, bis die Ränder goldgelb sind und die Plätzchen Bläschen bilden, backen. Bei zu kurzer Backzeit kleben sie, bei zu langer Backzeit können die Florentiner leicht verbrennen. Die Plätzchen schubweise backen. Falls gewünscht, die Plätzchenränder noch auf dem Backblech mit einer 7,5 cm großen Ausstechform begradigen.

4 Die Plätzchen 10 Minuten auf dem Backblech abkühlen lassen, bis sie fest genug zum Weglegen sind. Zum Auskühlen mit einer Metallpalette vorsichtig auf ein Kuchengitter heben.

5 Halbbitterschokolade in einer feuerfesten Schüssel über knapp siedendem Wasser schmelzen. Leicht abkühlen lassen. Die weiße Schokolade in eine zweite Schüssel geben und unter regelmäßigem Rühren auf die gleiche Weise schmelzen. Vom Wassertopf nehmen und unter gelegentlichem Rühren 5 Minuten abkühlen lassen.

6 Mit einer Metallpalette eine Hälfte der Florentiner mit der Halbbitterschokolade, die restlichen Florentiner mit der geschmolzenen weißen Schokolade bestreichen. Mit der Schokoladenseite nach oben auf ein Kuchengitter legen. Zum Festwerden 10–15 Minuten kaltstellen.

Weiche Schokoladenkekse

Für 18 Stück

4 Eiweiß
350 g Puderzucker
115 g Kakaopulver
2 EL Weizenmehl
1 TL lösliches Kaffeepulver
1 EL Wasser
115 g Walnüsse, fein gehackt

1 Den Herd auf 180 °C vorheizen. Zwei Backbleche mit beschichtetem Backpapier auslegen.
2 Mit dem elektrischen Handmixer die Eiweiß in einer Schüssel schaumig schlagen.
3 Puderzucker, Kakaopulver und Kaffee in die Eiweiß sieben. Wasser hinzugeben und alles zunächst auf niedrigster Stufe vermengen, dann auf höchster Stufe einige Minuten schlagen, bis die Masse dicker wird. Die Walnüsse mit einem Gummispatel unterheben.
4 Die Masse mit gehäuftem Löffel in 2,5 cm Abstand auf die Backbleche verteilen. 12–15 Minuten oder so lange backen, bis die Oberfläche fest und rissig ist und die Kekse innen noch weich sind. Zum Auskühlen auf ein Kuchengitter legen.

Schokoladen-Prasselplätzchen

Ergibt etwa 18 Stück

200 g Halbbitter- oder Haushaltschokolade, kleingehackt
90 g ungesalzene Butter
115 g Streuzucker
3 Eier
1 TL Vanillearoma
200 g Weizenmehl
25 g Kakaopulver
½ TL Backpulver
1 Prise Salz
175 g Puderzucker zum Glasieren

1 Zwei oder mehr große Backbleche fetten. Butter und Schokolade in einem Topf mit schwerem Boden bei niedriger Hitze unter regelmäßigem Rühren zu einer glatten Masse schmelzen. Vom Herd nehmen. Zucker unterrühren, bis dieser aufgelöst ist. Die Eier nach und nach gut unterschlagen. Vanillearoma unterrühren.

2 Mehl, Kakao, Backpulver und Salz in eine Schüssel sieben. Portionsweise in die Schokoladenmasse einrühren und zu einem weichen Teig verarbeiten. Mit Klarsichtfolie abdecken und mindestens 1 Stunde kalt stellen, bis der Teig so fest ist, daß er seine Form behält.

3 Den Herd auf 160 °C vorheizen. Puderzucker in eine kleine tiefe Schüssel geben. Mit einem kleinen Eisportionierer oder einem runden Teelöffel den Teig zu kleinen Kugeln formen und zwischen den Handflächen rollen.

4 Die Kugeln einzeln in den Puderzucker setzen und hin- und herrollen, bis sie dick bedeckt sind. Kugeln einzeln mit einer Pralinengabel herausnehmen, dabei die Gabel zum Entfernen des überschüssigen Zuckers gegen die Schüssel klopfen. Die Kugeln im Abstand von je etwa 4 cm auf die Backbleche legen.

5 Die Plätzchen 10–15 Minuten oder so lange backen, bis sich die Oberfläche fest anfühlt. 2–3 Minuten zum Abkühlen stehenlassen und dann zum Auskühlen auf ein Kuchengitter legen.

Dicke Schokoladentaler

Ergibt etwa 18 Stück

175 g Halbbitter- oder Haushaltschokolade, kleingehackt
115 g ungesalzene Butter, gewürfelt
2 Eier
115 g Kristallzucker
50 g brauner Zucker
40 g Weizenmehl
25 g Kakaopulver
1 TL Backpulver
2 TL Vanillearoma
1 Prise Salz
115 g Pekannüsse, geröstet und grob gehackt
175 g Schokoladensplitter
115 g gute weiße Schokolade, kleingehackt
115 g gute Milchschokolade, kleingehackt

1 Den Herd auf 160 °C vorheizen. Zwei große Backbleche fetten. In einem mittelgroßen Topf mit schwerem Boden Butter und Schokolade bei niedriger Hitze unter regelmäßigem Rühren zu einer glatten Masse schmelzen. Vom Herd nehmen und leicht abkühlen lassen.

2 In einer großen Rührschüssel Eier und Zucker cremig schlagen. Die geschmolzene Schokoladenmasse nach und nach zugeben und gut untermischen. Mehl, Kakao, Backpulver und Vanillearoma unterschlagen. Die restlichen Zutaten unterrühren.

3 Jeweils einen gehäuften Eßlöffel der Masse im Abstand von je 10 cm auf das Backblech geben und zu etwa 7,5 cm großen Kreisen breitstreichen. (Auf ein Backblech passen nur 4–6 Plätzchen.) 8–10 Minuten backen, bis die Oberfläche glänzend und rissig ist und die Ränder knusprig aussehen. Die Plätzchen nicht zu lange backen, sonst zerbrechen sie, wenn sie vom Backblech entfernt werden.

4 Die Backbleche zum Abkühlen 2 Minuten auf ein Kuchengitter stellen, bis die Plätzchen gerade fest sind. Danach die Plätzchen zum Auskühlen vorsichtig auf das Kuchengitter setzen. Kekse, falls erforderlich, schubweise backen. In einem luftdichten Behälter aufbewahren.

Schokoladen-Amaretti

Ergibt etwa 24 Stück

115 g ganze blanchierte Mandeln
115 g Streuzucker
1 EL Kakaopulver
2 EL Puderzucker
2 Eiweiß
1 Prise Weinstein
1 TL Mandelaroma
Mandelblättchen zum Verzieren

1 Den Herd auf 180 °C vorheizen. Mandeln auf ein kleines Backblech legen und 10–12 Minuten goldgelb backen. Dabei gelegentlich wenden. Auf Zimmertemperatur abkühlen lassen. Die Herdtemperatur auf 160 °C verringern.

2 Ein großes Backblech mit beschichtetem Backpapier auslegen. Die gerösteten Mandeln in einer Küchenmaschine mit der Hälfte des Streuzuckers zerkleinern, bis sie fein, aber nicht ölig sind. Mandeln in eine Schüssel geben, Kakaopulver und Puderzucker untermengen. Beiseite stellen.

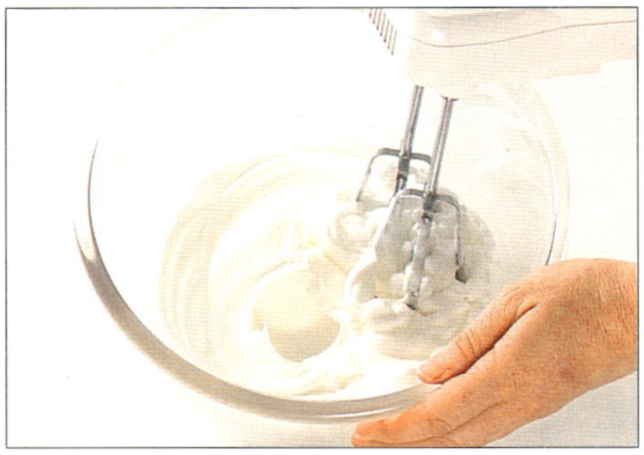

3 Eiweiß und Weinstein in einer mittelgroßen Rührschüssel mit dem elektrischen Handmixer schlagen, bis sich steife Spitzen bilden. Den restlichen Streuzucker eßlöffelweise einstreuen und gut unterschlagen, anschließend so lange schlagen, bis die Eiweiß steif und glänzend sind. Mandelaroma unterrühren.

4 Die Mandel-Zucker-Mischung darüber streuen, vorsichtig unter den Eischnee ziehen, bis die Masse knapp vermengt ist. In eine große Spritztüte mit einer 1 cm großen Tülle geben. In je etwa 2,5 cm Abstand 4 cm große Kreise auf das vorbereitete Backblech spritzen. In die Mitte jedes Plätzchens ein Mandelblättchen drücken.

5 Die Plätzchen 10–15 Minuten oder so lange backen, bis sie knusprig sind. 10 Minuten auf dem Backblech abkühlen lassen. Mit einer Metallpalette zum Auskühlen auf ein Kuchengitter heben. Nach dem Auskühlen in einem luftdichten Glas oder einer Keksdose aufbewahren. Nach einem Essen zum Kaffee reichen oder für Trifle verwenden.

Schokoladenküsse

Ergibt 24 Stück
75 g dunkle Bitterschokolade, kleingehackt
75 g weiße Schokolade, kleingehackt
115 g weiche Butter
115 g Streuzucker
2 Eier
225 g Weizenmehl
Puderzucker zum Garnieren

1 Bitterschokolade und weiße Schokolade in separaten Schüsseln schmelzen und zum Abkühlen beiseite stellen.
2 Butter und Streuzucker zusammen schaumig rühren. Eier einzeln unterschlagen. Dann das Mehl einsieben und gut verrühren.

3 Die Masse gleichmäßig auf die zwei Schokoladeschüsseln aufteilen. Gründlich untermengen, so daß ein Teig entsteht. Die beiden Teigteile glattkneten, getrennt in Klarsichtfolie einschlagen und 1 Stunde kalt stellen. Den Herd auf 190 °C vorheizen.

4 Den Teig mit einem Teelöffel zu Kugeln formen. Kugeln zwischen den Handballen glattrollen. Auf ein Backblech legen und 10–12 Minuten backen. Reichlich mit Puderzucker bestreuen und auf einem Kuchengitter auskühlen lassen.

Wiener Mokkalocken

Ergibt etwa 20 Stück
115 g Haushaltschokolade, kleingehackt
200 g weiche ungesalzene Butter
6 EL Puderzucker
2 EL starker schwarzer Kaffee
200 g Weizenmehl
50 g Maisstärke
Zum Garnieren
etwa 20 blanchierte Mandeln
150 g Haushaltschokolade, kleingehackt

1 Den Herd auf 190 °C vorheizen. Schokolade in einer Schüssel über knapp siedendem Wasser schmelzen. Butter und Puderzucker in einer Schüssel glattrühren. Die geschmolzene Schokolade und dann den Kaffee unterschlagen.

2 Weizenmehl und Maisstärke über die Masse sieben. Leicht und gleichmäßig unterheben und so einen weichen Keksteig herstellen.

3 Zwei große Backbleche leicht fetten. Den Teig in eine Spritztüte mit großer Sterntülle geben. Ungefähr 20 Locken in genügend großem Abstand auf die Backbleche aufspritzen. Tülle dabei knapp über das Blech halten, damit die Locken eine flache Form bekommen.

4 Eine Mandel in die Mitte jeder Locke drücken. 15 Minuten oder so lange backen, bis die Plätzchen fest sind und langsam braun werden. Etwa 10 Minuten auf dem Backblech abkühlen lassen und dann zum Auskühlen vorsichtig auf ein Kuchengitter legen.

5 Nach dem Auskühlen die Schokolade schmelzen und die Unterseite jeder Locke zum Überziehen eintauchen. Zum Aushärten auf beschichtetes Backpapier legen.

Schokoladenmakronen

Ergibt 24 Stück

50 g Haushaltschokolade, kleingehackt
115 g blanchierte Mandeln
225 g Kristallzucker
3 Eiweiß
½ TL Vanillearoma
½ TL Mandelaroma
Puderzucker zum Bestäuben

1 Den Herd auf 160 °C vorheizen. Zwei Backbleche mit Backpapier auslegen.

Abwandlung

Für Schokoladenmakronen mit Pinienkernen 50 g geröstete Pinien in eine flache Schale geben. Die Kugeln aus Schokoladenmakronenteig mit einer Seite in die Kerne drücken und mit den Kernen nach oben wie beschrieben backen.

2 Die Schokolade im Wasserbadtopf oder in einer feuerfesten Schüssel über knapp siedendem Wasser schmelzen.

3 Die Mandeln in einer Küchenmaschine, Mandelmühle oder im Mixer fein mahlen. In eine Rührschüssel geben.

4 Zucker, Eiweiß, Vanille- und Mandelaroma zugeben und verrühren. Schokolade einrühren. Die Masse muß gerade so ihre Form halten können. Sollte sie zu weich sein, dann 15 Minuten in den Kühlschrank stellen.

5 Mit einem Teelöffel oder den Händen den Teig zu walnußgroßen Kugeln formen. Auf die Backbleche legen und leicht abflachen. Die Kugeln mit etwas Wasser bestreichen und Puderzucker dünn darübersieben. 10–12 Minuten backen, bis sie gerade fest sind. Zum Auskühlen auf ein Kuchengitter geben.

Schokoladen-Zimt-Tuiles

Ergibt 12 Stück

1 Eiweiß
50 g Streuzucker
2 EL Weizenmehl
40 g Butter, zerlassen
1 EL Kakaopulver
½ TL gemahlener Zimt

1 Den Herd auf 200 °C vorheizen. Zwei große Backbleche leicht fetten. Eiweiß in einer sauberen, fettfreien Schüssel schlagen, bis sich weiche Spitzen bilden. Nach und nach den Zucker zugeben und alles zu einer glatten, glänzenden Masse schlagen.

2 Mehl über die Baisermasse sieben und gleichmäßig unterziehen. Die Masse dabei nicht zusammenfallen lassen. Butter unterrühren. Etwa 3 EL der Masse in eine kleine Schüssel geben und beiseite stellen.

3 Kakao und Zimt in einer separaten Schüssel mischen. Mit dem größeren Teil der Masse gut verrühren. Die Schokoladenmasse löffelweise in genügend großem Abstand auf die vorbereiteten Backbleche geben und vorsichtig mit einer Palette zu glatten Kreisen streichen.

4 Mit einem kleinen Löffel die zurückbehaltene Masse in dünnen Streifen wellenförmig über die Kreise gießen, damit ein Marmoreffekt entsteht.

5 4–6 Minuten backen, bis die Tuiles gerade fest werden. Die Plätzchen mit einer Palette und über ein Nudelholz legen, damit sie beim Aushärten eine gebogene Form erhalten. Nach dem Festwerden abnehmen und auf einem Kuchengitter auskühlen lassen. Am Herstellungstag servieren.

Schokoladenschälchen

150 g Butter mit 115 g Streuzucker cremig rühren. 75 g Haferflocken, 1 EL Kakaopulver und 1 TL Vanillearoma unterziehen. Zu golfballgroßen Kugeln formen und in großem Abstand auf gefettete Backbleche legen. Bei 180 °C 12–15 Minuten backen. Leicht abkühlen lassen und dann über umgedrehte, gefettete Gläser legen, bis die Schälchen fest und kalt sind. Ergibt 8–10 Stück.

Schokoladenbrezeln

Ergibt 28 Stück

150 g Weizenmehl
1 Prise Salz
25 g Kakaopulver
115 g weiche Butter
115 g Streuzucker
1 Ei
1 Eiweiß, leicht geschlagen, zum Glasieren
Zucker zum Bestreuen

1 Weizenmehl, Salz und Kakaopulver in eine Schüssel sieben. Beiseite stellen. Zwei Backbleche fetten.

2 Die Butter mit dem elektrischen Handmixer cremig rühren. Streuzucker zugeben und schaumig rühren. Das Ei unterschlagen. Die trockenen Zutaten unterrühren. Den Teig zu einer Kugel formen und 1 Stunde kalt stellen.

3 Aus dem Teig 28 kleine Kugeln formen. Den Herd auf 190 °C vorwärmen. Jede Kugel zu einer etwa 25 cm langen Rolle formen. Jede Rolle zu einer Schleife formen, wobei die beiden Enden nach unten zeigen. Die Enden verdrehen, zu einer Brezel über die Schleife zurückschlagen und andrücken. Auf die gefetteten Backbleche legen.

4 Die Brezeln mit Eiweiß bestreichen. Zucker darüberstreuen und 10–12 Minuten backen, bis sie fest sind. Zum Auskühlen auf ein Kuchengitter legen.

Kleine Kuchen, Schnitten und Schokoriegel

Feine Schokoladenküchlein

Ergibt 24 Stück
115 g Haushaltschokolade, kleingehackt
1 EL Wasser
275 g Weizenmehl
1 TL Backpulver
½ TL Natron
1 Prise Salz
300 g Streuzucker
175 g Butter oder Margarine, zimmerwarm
150 ml Milch
1 TL Vanillearoma
3 Eier
Für die Glasur
40 g Butter oder Margarine
115 g Puderzucker
½ TL Vanillearoma
1–2 EL Milch

1 Den Herd auf 180 °C vorheizen. 24 tiefe Kuchenbrötchenformen (etwa 6,5 cm Durchmesser) fetten und mit Mehl bestreuen.
2 Die Glasur herstellen. Butter oder Margarine weich werden lassen. In eine Schüssel geben und nach und nach den Puderzucker unterrühren. Vanillearoma zugeben. Dann tropfenweise soviel Milch einrühren, daß eine cremige, streichfähige Masse entsteht. Die Masse dicht mit Klarsichtfolie abdecken und die Schüssel beiseite stellen.

3 Die Schokolade in einer feuerfesten Schüssel über knapp siedendem Wasser schmelzen. Vom Wassertopf nehmen. Mehl, Backpulver, Natron, Salz und Zucker in eine große Schüssel sieben. Schokoladenmasse, Butter oder Margarine, Milch und Vanillearoma zufügen.

4 Die Masse mit dem elektrischen Handmixer auf mittlerer Stufe glattrühren. Auf hoher Stufe 2 Minuten weiterschlagen. Nach und nach die Eier zugeben und 1 Minute schlagen. Die Masse gleichmäßig auf die vorbereiteten Förmchen verteilen.

5 20–25 Minuten oder so lange, bis an einem Teststäbchen kein Teig mehr haften bleibt, backen. 10 Minuten in den Förmchen abkühlen lassen, herausnehmen und auf einem Kuchengitter auskühlen lassen. Die Oberseite jedes Kuchens mit Glasur bestreichen, die Glasur in der Mitte zu einer Spitze formen.

Kleine Teekuchen mit Schokoladen-Pfefferminz-Füllung

Ergibt 12 Stück

225 g Weizenmehl
1 TL Natron
1 Prise Salz
50 g Kakaopulver
150 g weiche ungesalzene Butter
350 g Streuzucker
3 Eier
1 TL Pfefferminzaroma
250 ml Milch

Für die Pfefferminzcreme-Füllung

300 ml Double Cream oder Schlagsahne
1 TL Pfefferminzaroma

Für die Schokoladen-Pfefferminz-Glasur

175 g Haushaltschokolade, kleingehackt
115 g ungesalzene Butter
1 TL Pfefferminzaroma

1 Den Herd auf 180 °C vorheizen. Eine Kuchenbrötchenform mit 12 Vertiefungen mit Papierformen auslegen. Bei zu dünnem Papier doppelt legen. Mehl, Natron, Salz und Kakaopulver in eine Schüssel sieben. Beiseite stellen.

2 In einer großen Rührschüssel Butter und Zucker mit dem elektrischen Handmixer 3–5 Minuten cremig rühren. Nach und nach die Eier gut unterschlagen. Gerinnt die Eimasse, dann einen kleinen Teil des Mehls unterziehen. Das Pfefferminzaroma einrühren und alles gut vermengen.

3 Mit dem elektrischen Handmixer auf niedrigster Stufe abwechselnd Mehl-Kakao-Mischung und Milch hinzugeben und verrühren, bis alles knapp vermengt ist. Die Papierformen mit einem Löffel dreiviertelvoll füllen.

4 12–15 Minuten backen, bis an einem in die Mitte eines Teekuchens gesteckten Teststäbchen kein Teig mehr haften bleibt.

5 Die Teekuchen zum Auskühlen auf ein Kuchengitter setzen. Nach dem Auskühlen die Papierformen entfernen.

6 Die Pfefferminzcreme-Füllung herstellen. Dazu Sahne und Pfefferminzaroma in einer kleinen Schüssel steifschlagen. Die Sahne in einen Spritzbeutel mit kleiner einfacher Tülle geben. Die Tülle vorsichtig in die Unterseite eines Teekuchens drücken. Behutsam etwa 1 EL Sahne in die Mitte des Kuchens spritzen. Den Arbeitsgang bei den restlichen Teekuchen wiederholen. Die Kuchen nach dem Füllen auf das Kuchengitter zurücklegen.

7 Die Glasur herstellen. Dazu Butter und Schokolade in einem Topf bei niedriger Hitze schmelzen und glattrühren. Vom Herd nehmen und Pfefferminzaroma unterrühren. Abkühlen lassen und die Oberseite der Kuchen damit bestreichen.

SCHOKOLADEN-ZITRONEN-TÖRTCHEN

ERGIBT 12 STÜCK
Mehl zum Bestäuben
1 Portion Schokoladenmürbeteig
Zitronenröllchen und geschmolzene Schokolade zum Garnieren

FÜR DIE ZITRONENSAUCE
abgeriebene Schale und Saft von 1 Zitrone
350 ml Milch
6 Eigelb
50 g Streuzucker

FÜR DIE ZITRONENCREMEFÜLLUNG
abgeriebene Schale und Saft von 2 Zitronen
175 g ungesalzene Butter, gewürfelt
450 g Kristallzucker
3 Eier, leicht geschlagen

FÜR DIE SCHOKOLADENSCHICHT
175 ml Double Cream
175 g Halbbitter- oder Haushaltschokolade, kleingehackt
25 g ungesalzene Butter, in Stücke geschnitten

1 Die Zitronencreme herstellen. Dazu Zitronenschale mit der Milch in einen Topf geben. Bei mittlerer Hitze zum Kochen bringen. Vom Herd nehmen und 5 Minuten ziehen lassen. Die Milch durch ein Sieb in einen sauberen Topf geben und nochmals langsam erwärmen.

2 Eigelb und Zucker mit dem elektrischen Handmixer 2–3 Minuten in einer Schüssel zu einer blaßgelben, dicken Masse schlagen. Etwa 250 ml heiße aromatisierte Milch darübergeben und dabei kräftig schlagen.

3 Die Eiermasse zur restlichen Milch in den Topf geben, unter ständigem Rühren und bei niedriger Hitze köcheln lassen, bis die Masse eindickt und eine leichte Haut am Löffelrücken bildet. (die Mischung nicht kochen lassen, da sie sonst gerinnt.) Durch ein Sieb in eine kalte Schüssel geben. 2 EL Zitronensaft unterrühren. Bis zum Verbrauch kalt stellen, gelegentlich umrühren.

4 Die Zitronencremefüllung bereiten. Dazu Zitronenschale, Saft, Butter und Zucker in einen Wasserbadtopf geben und langsam erwärmen, bis die Butter geschmolzen und der Zucker aufgelöst ist. Die Wärmezufuhr reduzieren.

5 Die leicht geschlagenen Eier in die Buttermasse rühren. Bei niedriger Hitze 15 Minuten ständig rühren, bis die Masse eine Haut auf dem Löffelrücken bildet.

6 Die Zitronencreme durch ein Sieb in eine Schüssel geben und dicht mit Klarsichtfolie verschließen. Unter gelegentlichem Rühren abkühlen lassen, dann zum Eindicken kalt stellen und gelegentlich umrühren.

7 Zwölf 7,5 cm große Törtchenformen (möglichst Springförmchen) leicht buttern. Mürbeteig auf einer leicht bemehlten Fläche 3 mm dick ausrollen. Mit einer 10 cm großen gewellten Ausstechform 12 Kreise ausschneiden und je einen in ein Förmchen drücken. Die Teigböden mit einer Gabel einstechen. Die Förmchen auf ein Backblech setzen und 30 Minuten kalt stellen.

8 Den Herd auf 190 °C vorheizen. Kreise aus Alufolie schneiden, die Teigböden damit abdecken und mit Backbohnen oder Reis füllen. 5–8 Minuten blind backen. Die Folie mit den Bohnen entfernen und die Teigböden 5 Minuten goldgelb backen. Zum Abkühlen auf ein Gitter stellen.

9 Für die Schokoladenschicht Sahne in einem Topf bei mittlerer Hitze zum Kochen bringen. Vom Herd nehmen, die gesamte Schokolade hineingeben und so lange rühren, bis diese geschmolzen ist. Butter unterschlagen und das Ganze leicht abkühlen lassen. Die Füllung 5 mm dick in die Törtchen geben. Zum Festwerden 10 Minuten kalt stellen.

10 Die Törtchen herausnehmen und bis zum Gebäckrand mit Zitronencreme füllen. Beiseite stellen, nicht kühlen. Beim Servieren etwas Zitronencreme auf einen Teller geben und das Törtchen in die Mitte stellen. Mit einem Zitronenröllchen garnieren. Schokoladenpunkte auf die Creme setzen, mit einem kleinen Spieß Herzmotive in die Schokolade zeichnen.

Schokoladenwindbeutel

Ergibt 12 grosse Windbeutel

115 g Weizenmehl
2 EL Kakaopulver
250 ml Wasser
½ TL Salz
1 EL Kristallzucker
115 g ungesalzene Butter, gewürfelt
4–5 Eier

Für die Schokoladencreme

450 ml Milch
6 Eigelb
115 g Kristallzucker
50 g Weizenmehl
115 ml Schlagsahne
150 g Haushaltschokolade, kleingehackt

Für die Schokoladenglasur

300 ml Schlagsahne
50 g ungesalzene Butter, gewürfelt
225 g Halbbitter- oder Haushaltschokolade, kleingehackt
1 EL heller Zuckersirup
1 TL Vanillearoma

1 Den Herd auf 220 °C vorheizen. Zwei große Backbleche leicht fetten. Mehl und Kakaopulver in eine Schüssel sieben. In einem Topf Wasser, Salz, Zucker und Butter bei mittlerer Hitze zum Kochen bringen.

2 Vom Herd nehmen und die ganze Mehlmischung auf einmal hineingeben. Dabei kräftig rühren, bis die Masse glatt ist und nicht mehr an den Seiten haftet. Den Topf auf den Herd zurückstellen, den Brandteig 1 Minute unter ständigem Schlagen kochen. Vom Herd nehmen.

3 Nach und nach 4 Eier zugeben und mit dem elektrischen Handmixer gut unterschlagen. Die Masse muß dick und glänzend sein und gerade vom Löffel reißen. Die Masse in eine große Spritztüte mit einfacher Tülle geben. Im Abstand von je mindestens 5 cm 12 Häufchen von etwa 7,5 cm Durchmesser auf ein Backblech spritzen.

4 35–40 Minuten backen, bis die Masse aufgegangen und fest ist. Die Windbeutel vom Blech nehmen. Mit einem Sägemesser jeweils das obere Drittel abschneiden und beiseite legen. Die aufgeschnittenen Windbeutel zurück in den Ofen stellen und 5–10 Minuten trocknen lassen. Zum Abkühlen auf ein Kuchengitter geben.

5 Die Creme bereiten. Dazu Milch in einem kleinen Topf zum Kochen bringen. Eigelb und Zucker in einer Schüssel zu einer blaßgelben, dicken Masse rühren. Mehl untermischen. 250 ml heiße Milch unter ständigem Rühren langsam zu den Eigelb gießen. Die Eimasse zur restlichen Milch im Topf geben, die Mischung unter Rühren 1 Minute kochen lassen. Vom Herd nehmen, Schokolade hineingeben und glattrühren.

6 Die Creme durch ein Sieb in eine Schüssel geben, mit Klarsichtfolie verschließen. Auf Zimmertemperatur abkühlen. Sahne in einer Schüssel steifschlagen und unter die Creme ziehen.

7 Die Creme mit einer großen Spritztüte in die Windbeutel füllen, die abgeschnittenen Oberteile aufsetzen. Windbeutel auf einer großen Servierplatte neben- oder übereinander anordnen.

8 Die Glasur herstellen. Dazu unter ständigem Rühren Sahne, Butter, Schokolade, Sirup und Vanillearoma in einem mittleren Topf bei niedriger Hitze schmelzen und glattrühren. 20–30 Minuten abkühlen lassen, bis die Masse leicht dick ist. Vor dem Servieren etwas Glasur über jeden Windbeutel gießen.

HIMBEER-MAKRONEN-SCHOKORIEGEL

ERGIBT 16–18 STÜCK

115 g weiche ungesalzene Butter
50 g Puderzucker
25 g Kakaopulver
1 Prise Salz
1 TL Mandelaroma
115 g Weizenmehl

FÜR DEN ÜBERZUG

150 g kernlose Himbeerkonfitüre
1 EL Himbeerlikör
175 g kleine Schokoladensplitter
175 g gemahlene Mandeln
4 Eiweiß
1 Prise Salz
225 g Streuzucker
½ TL Mandelaroma
50 g Mandelblättchen

1 Den Herd auf 160 °C vorheizen. Eine Backform (33 cm × 23 cm) mit dem Boden nach oben hinstellen. Eine Lage Alufolie über die Backform legen, die Folie glatt um die Ecken legen. Alufolie abnehmen, die Backform richtig hinstellen und mit der geformten Alufolie auslegen. Alufolie fetten.

2 Butter, Zucker, Kakaopulver und Salz mit dem elektrischen Handmixer in einer mittelgroßen Schüssel etwa 1 Minute zu einer glatten, cremigen Masse schlagen. Mandelaroma und Mehl zugeben und zu einem krümeligen Teig verarbeiten.

3 Den Teig in die vorbereitete Form geben und in einer gleichmäßigen Schicht am Boden andrücken. Den Teig mit einer Gabel einstechen. 20 Minuten backen. Aus dem Herd nehmen und die Temperatur auf 190 °C erhöhen.

4 Den Überzug herstellen. Dazu Himbeerkonfitüre und Himbeerlikör in einer kleinen Schüssel vermengen. Die Masse gleichmäßig über den Schokoladenteig verteilen und mit Schokoladensplittern bestreuen.

5 Mandeln, Eiweiß, Salz, Zucker und Mandelaroma in einer Küchenmaschine mit Metallschneidwerk gut zu einer schaumigen Masse verarbeiten. Vorsichtig über die Konfitüreschicht gießen und gleichmäßig bis in die Ecken verteilen. Mit den Mandeln bestreuen.

6 Nochmals 20–25 Minuten backen, bis die Oberseite goldgelb aussieht und aufgegangen ist. In der Form auf einem Kuchengitter 20 Minuten oder so lange, bis das Gebäck fest ist, abkühlen lassen. Mit Hilfe der Folie vorsichtig aus der Form heben und auskühlen lassen. Die Alufolie abziehen und das Gebäck mit einem scharfen Messer in Riegel schneiden.

Karamel-Schokoriegel

Ergibt 24 Stück

225 g Weizenmehl
½ TL Backpulver
150 g Haushaltschokolade, gehackt
115 g ungesalzene Butter, gewürfelt
50 g helle Muskovade
2 EL gemahlene Mandeln

Für den Überzug

175 g ungesalzene Butter, gewürfelt
115 g Streuzucker
2 EL heller Zuckersirup
175 ml Kondensmilch
150 g ganze geröstete Haselnüsse
225 g Haushaltschokolade, kleingehackt

1 Den Herd auf 160 °C vorheizen. Eine flache Backform (30 cm × 20 cm) fetten. Mehl und Backpulver in eine große Schüssel sieben. Die Schokolade in einer Schüssel über siedendem Wasser schmelzen.

2 Die Butter mit dem Mehl so vermengen, daß die Masse großen Brotkrümeln ähnelt. Dann den Zucker hineinrühren. Geschmolzene Schokolade und gemahlene Mandeln hinzufügen und alles zu einem leichten Keksteig verarbeiten.

3 Den Teig grob in der Backform verteilen und mit einem Gummispatel gleichmäßig an den

Seiten und in den Ecken andrücken. Die Oberfläche mit einer Gabel einstechen und 25–30 Minuten backen, bis der Teig fest ist. In der Form abkühlen lassen.

4 Den Überzug herstellen. Butter, Zucker, Flüssigzucker und Kondensmilch unter Rühren in einem Topf erwärmen, bis die Butter und der Zucker geschmolzen sind. Köcheln lassen, bis die Masse goldgelb ist, dann die Haselnüsse unterrühren.

5 Über den Schokoladenboden gießen. Fest werden lassen.

6 Die Schokolade für den Belag in einer feuerfesten Schüssel über knapp siedendem Wasser schmelzen. Gleichmäßig über die Karamelschicht verteilen, dann erstarren lassen und zum Servieren in Riegel schneiden.

Walnuss-Schokoriegel

Ergibt 24 Stück

50 g Walnüsse
50 g Streuzucker
115 g Weizenmehl, gesiebt
75 g ungesalzene Butter, in Stücke geschnitten

Für den Überzug

25 g ungesalzene Butter
5 EL Wasser
25 g Kakaopulver
115 g Streuzucker
1 TL Vanillearoma
1 Prise Salz
2 Eier
Puderzucker zum Bestäuben

1 Den Herd auf 180 °C vorheizen. Boden und Ränder einer quadratischen Backform (20 cm Seitenlänge) fetten.

2 Die Walnüsse mit 1–2 EL Zucker in einer Küchenmaschine, Kaffeemühle oder einem Mixer mahlen.

3 Die gemahlenen Nüsse mit dem restlichen Zucker und dem Mehl in einer Schüssel vermischen. Butter mit den Fingern unter die Masse mengen, bis diese wie große Brotkrümel aussieht. Die Zutaten können auch in einer Küchenmaschine zu einer solchen Masse verarbeitet werden.

4 Walnußmasse in einer gleichmäßigen Schicht auf dem Boden der vorbereiteten Backform verteilen. 25 Minuten backen.

5 In der Zwischenzeit die Überzugmasse vorbereiten. Butter und Wasser in einem Topf bei mittlerer Hitze erwärmen. Nachdem die gesamte Butter geschmolzen ist, allmählich Kakaopulver und Streuzucker unterschlagen. Vom Herd nehmen, Vanillearoma und Salz unterrühren, die Masse 5 Minuten abkühlen lassen. Eier zugeben und verrühren.

6 Die Überzugmasse über den gebackenen Boden gießen, die Backform in den Ofen zurückstellen und etwa 20 Minuten oder so lange, bis das Gebäck fest ist, backen. Zum Abkühlen für 5 Minuten auf ein Kuchengitter legen.

7 Auf dem Gebäck 6 cm × 2,5 cm große Kästchen vorzeichnen. Auskühlen lassen, dann in Riegel teilen und auf ein Kuchengitter geben. Leicht mit Puderzucker bestäuben. Die Schokoriegel auf einen Teller legen und servieren.

Tip

In Supermärkten und Reformhäusern gibt es Walnußstückchen zu kaufen. Sie sind billiger als Walnußhälften und für dieses Rezept bestens geeignet. Es lassen sich auch gemahlene Mandeln verwenden. Da sie jedoch sehr fein sind, darf die Masse nicht zu stark bearbeitet werden, da sie sonst ölig wird.

Schokolade-Dattel-Orangen-Riegel

Den Boden nach dem Grundrezept herstellen, dabei die Walnüsse durch Haselnüsse ersetzen.
Haselnüsse kurz im heißen Herd oder unter dem Grill rösten, die Haut mit einer sauberen, trocknen Serviette oder einem Tuch abreiben, dann mit dem Zucker in einer Küchenmaschine mahlen.
Den Boden fertigstellen, nach Rezept backen und beiseite stellen.
Den Belag herstellen. Dazu 225 g gezuckerte Datteln, 75 g Butter und 120 ml Wasser in einem Topf mischen.
Unter gelegentlichem Rühren köcheln, bis die Butter sich aufgelöst hat und die Datteln zu Brei zerfallen sind.
50 g braunen Zucker unter Rühren in der Masse auflösen. Den Topf vom Herd nehmen und abgeriebene Schale von 1 Orange mit 2 EL Orangensaft unterrühren. Abkühlen lassen.
175 g Fertigmehl und 1 Ei mit der Dattelmasse verrühren, den Belag gleichmäßig über dem Haselnußboden verteilen.
Im vorgeheizten Ofen bei 180 °C 30 Minuten backen.
In der Form abkühlen lassen. Ecken mit einem Messer lösen, Form umdrehen und Gebäck mit dem Haselnußboden nach oben herausnehmen.
Mit 150 g geschmolzener Schokolade glasieren. Nach dem Festwerden in Riegel schneiden.

TOFFEE-SCHOKORIEGEL

ERGIBT 32 STÜCK

350 g weicher brauner Zucker
450 g Butter oder Margarine, zimmerwarm
2 Eigelb
1 ½ TL Vanillearoma
450 g Weizen- oder Vollkornmehl
½ TL Salz
175 g Haushaltschokolade, in Rechtecke gebrochen
115 g Walnüsse oder Pekannüsse, gehackt

1 Den Herd auf 180 °C vorheizen. Butter oder Margarine und Zucker in einer Rührschüssel cremig rühren. Eigelb und Vanillearoma unterrühren, dann Mehl und Salz zugeben und alles zu einem weichen Teig verarbeiten.
2 Den Teig in einer gefetteten Backform (33 cm × 23 cm × 5 cm) verteilen und glattstreichen. 25–30 Minuten leicht braun backen. Das Gebäck bleibt dabei weich.
3 Das Gebäck aus dem Ofen nehmen und die Schokoladenrechtecke sofort auf den heißen Boden legen. Beiseite stellen, bis die Schokolade weich ist, dann gleichmäßig mit einem Kuchenlöffel verteilen. Mit den gehackten Nüssen bestreuen.
4 Das warme Gebäck in 5 cm × 4 cm große Riegel schneiden, aus der Form nehmen und auf einem Kuchengitter auskühlen lassen.

SCHOKOLADEN-PEKANNUSS-QUADRATE

ERGIBT 16 STÜCK

2 Eier
2 TL Vanillearoma
1 Prise Salz
175 g Pekannüsse, grob gehackt
50 g Weizenmehl
50 g Kristallzucker
120 ml heller Zuckersirup
75 g Haushaltschokolade, kleingehackt
40 g ungesalzene Butter
16 Pekannußhälften zum Garnieren

1 Den Herd auf 160 °C vorheizen. Eine quadratische Kuchenform (20 cm Seitenlänge) mit beschichtetem Backpapier auslegen.
2 Eier mit Vanillearoma und Salz in einer Schüssel schlagen. Pekannüsse und Mehl in einer zweiten Schüssel mischen.
3 Zucker und Zuckersirup in einem Topf zum Kochen bringen. Vom Herd nehmen, Schokolade und Butter mit einem Holzlöffel unterrühren, bis beides aufgelöst und die Masse glatt ist. Die geschlagene Eiermasse unterrühren, dann die Pekannüsse mit dem Mehl unterziehen.
4 Die Masse in die vorbereitete Form gießen und 35 Minuten oder so lange, bis sich das Gebäck fest anfühlt, backen. 10 Minuten in der Form abkühlen lassen und dann auf ein Kuchengitter legen. In Quadrate von etwa 5 cm Seitenlänge schneiden und Pekannußhälften auf die Oberseite des warmen Gebäcks drücken. Vor dem Servieren erkalten lassen.

Pfirsich-Nuss-Schokoriegel

Ergibt 12 Stück

350 g Haushaltschokolade, kleingehackt
115 g ungesalzene Butter
400 g Kondensmilch
225 g Roggenkekse, in Stücke gebrochen
50 g Rosinen
115 g küchenfertige getrocknete Pfirsiche, grob gehackt
50 g Haselnüsse oder Pekannüsse, grob gehackt

1 Eine Backform (28 cm × 18 cm) mit Klarsichtfolie auslegen.

2 Schokolade und Butter in einer großen feuerfesten Schüssel über siedendem Wasser schmelzen. Gut verrühren.

3 Kondensmilch in die Schokolade-Butter-Masse gießen. Mit einem Holzlöffel cremig rühren.

4 Zerbrochene Kekse, Rosinen, gehackte Pfirsiche und Haselnüsse bzw. Pekannüsse hinzugeben. So lange rühren, bis alle Zutaten mit der Schokoladensauce überzogen sind.

5 Die Masse in die vorbereitete Form geben, dabei auch die Ecken gut ausfüllen. Die Oberfläche uneben lassen. Abkühlen lassen und zum Festwerden kalt stellen.

6 Mit Hilfe der Klarsichtfolie aus der Form heben, dann die Folie abziehen. In 12 Riegel schneiden und sofort servieren.

Kokos-Schokoladenschnitten

Ergibt 24 Stück

175 g Roggenkekse
115 g Walnüsse
50 g Streuzucker
1 Prise Salz
115 g Butter oder Margarine, zerlassen
75 g Kokosraspel
250 g Schokoladensplitter
250 ml gesüßte Kondensmilch

1 Die Roggenkekse in eine Papiertüte geben, zum Verschließen der Tüte deren oberen Rand umschlagen. Die Kekse mit einem Nudelholz in grobe Krümel brechen. Die Walnüsse kleinhacken und beiseite stellen.

2 Den Herd auf 180 °C vorheizen. Ein Backblech zum Anwärmen in den Herd stellen.

3 Die zerbrochenen Kekse, Zucker, Salz, zerlassene Butter oder Margarine in einer Schüssel vermengen. Die Masse gleichmäßig auf einer ungefetteten Backform (33 cm × 23 cm) verteilen und andrücken.

4 Die Kokosraspel über den Keksboden verteilen, dann Schokoladensplitter darüberstreuen. Kondensmilch gleichmäßig über die Schokolade gießen. Walnüsse darüber verteilen. Auf das heiße Backblech stellen und 30 Minuten backen. Auf ein Kuchengitter geben und auskühlen lassen. Nach dem Erkalten in Schnitten schneiden.

MAKADAMIANUSS-SCHNITTEN MIT WEISSER SCHOKOLADE

ERGIBT 16 STÜCK

150 g Makadamianüsse, blanchierte Mandeln oder Haselnüsse
400 g weiße Schokolade, in Quadrate gebrochen
115 g küchenfertige getrocknete Aprikosen
75 g ungesalzene Butter
1 TL Vanillearoma
3 Eier
150 g helle Muskovade
115 g Fertigmehl

1 Den Herd auf 190 °C vorheizen. Zwei Sandwichkuchenformen (je 20 cm Durchmesser) leicht fetten und den Boden jeder Form mit Pergament- oder Backpapier auslegen.

2 Die Nüsse und die Hälfte der weißen Schokolade grob in annähernd gleich große Stücke hacken, dann Aprikosen mit einer Schere in ebenso große Stücke schneiden.

3 Die restliche weiße Schokolade mit der Butter in einer feuerfesten Schüssel über knapp siedendem Wasser schmelzen. Vom Herd nehmen und das Vanillearoma unterrühren.

4 Eier und Zucker zusammen in einer Rührschüssel zu einer dicken, blaßgelben Masse schlagen. Unter ständigem Rühren in die geschmolzene Schokoladenmasse gießen.

5 Das Mehl über die Masse sieben und gleichmäßig unterziehen. Zum Schluß Nüsse, gehackte weiße Schokolade und zerkleinerte Trockenaprikosen unterrühren.

6 Die Masse in die Formen geben und glattstreichen. 30–35 Minuten oder so lange, bis die Oberfläche fest und knusprig ist, backen. In der Form erkalten lassen, dann jeden Kuchen in 8 Schnitten teilen.

Preiselbeer-Schokoladenquadrate

Ergibt 12 Stück

150 g Fertigmehl, zusätzlich ein wenig zum Bestäuben
115 g ungesalzene Butter
4 EL Kakaopulver
215 g helle Muskovade
2 Eier, geschlagen
115 g frische oder aufgetaute Preiselbeeren
5 EL grob geraspelte Haushaltschokolade zum Bestreuen

Für den Überzug

150 ml saure Sahne
75 g Streuzucker
2 EL Fertigmehl
50 g weiche Margarine
1 Ei, geschlagen
½ TL Vanillearoma

1 Den Herd auf 180° C vorheizen. Kuchenform (27 cm × 18 cm) fetten und leicht mit Mehl bestäuben. Butter, Kakaopulver und Zucker in einen Topf geben und bei niedriger Hitze rühren, bis die Butter geschmolzen und die Mischung glatt ist.

2 Die geschmolzene Masse vom Herd nehmen, Mehl und Eier zugeben und alles gut verrühren.

3 Die Preiselbeeren unterrühren, dann die Masse in der Backform verteilen. Den Überzug herstellen. Dazu alle Zutaten in einer Schüssel vermischen. Glattrühren und über die Preiselbeermasse verteilen.

4 Mit geraspelter Schokolade bestreuen und 40–45 Minuten oder so lange, bis der Kuchen aufgegangen und fest ist, backen. In der Form 10 Minuten abkühlen lassen. Dann säuberlich in 12 Quadrate schneiden. Aus der Form nehmen und auf einem Kuchengitter erkalten lassen.

Nuss-Brownies mit Schokoladensplittern

Ergibt 16 Stück

150 g Haushaltschokolade, kleingehackt
120 ml Sonnenblumenöl
215 g helle Muskovade
2 Eier
1 TL Vanillearoma
65 g Fertigmehl
4 EL Kakaopulver
75 g Walnüsse oder Pekannüsse, gehackt
4 EL Milchschokoladensplitter

1 Den Herd auf 180° C vorheizen. Eine flache quadratische Backform (19 cm Seitenlänge) leicht fetten. Haushaltschokolade in einer feuerfesten Schüssel über knapp siedendem Wasser schmelzen.
2 Öl, Zucker, Eier und Vanillearoma in einer großen Schüssel verrühren. Die geschmolzene Schokolade unterrühren, alles gut zu einer glatten Masse verrühren.
3 Mehl und Kakaopulver in die Schüssel sieben und gründlich unterrühren. Gehackte Nüsse und die Schokoladensplitter hineinmengen, in die vorbereitete Kuchenform füllen und gleichmäßig bis in die Ecken verteilen.
4 30–35 Minuten oder so lange, bis die Oberfläche fest und knusprig ist, backen. In der Form erkalten lassen, danach in Quadrate schneiden.

Kalorienarme Brownies

Ergibt 9 Stück

5 EL stark entöltes Kakaopulver
1 EL Streuzucker
5 EL fettarme Milch
3 große Bananen, zerdrückt
175 g weicher brauner Zucker
1 TL Vanillearoma
5 Eiweiß
75 g Fertigmehl
75 g Haferkleie
1 EL Puderzucker zum Bestäuben

1 Den Herd auf 180 °C vorheizen. Eine quadratische Kuchenform (20 cm Seitenlänge) mit beschichtetem Backpapier auslegen. Das Kakaopulver mit Streuzucker und Milch in einer Schüssel vermengen. Bananen, braunen Zucker und Vanillearoma zugeben.
2 Die Eiweiß in einer Rührschüssel leicht mit einer Gabel schlagen. Die Schokoladenmasse zufügen und gut verrühren. Mehl über die Masse sieben und zusammen mit der Haferkleie unterrühren. Die Masse in die vorbereitete Form gießen.
3 40 Minuten oder so lange, bis die Oberfläche fest und knusprig ist, backen. In der Form erkalten lassen und in Quadrate schneiden. Die Brownies vor dem Servieren leicht mit Puderzucker bestäuben.

Marmorierte Brownies

Ergibt 24 Stück

225 g Haushaltschokolade, kleingehackt
75 g Butter, gewürfelt
4 Eier
300 g Kristallzucker
150 g Weizenmehl
½ TL Salz
1 TL Backpulver
2 TL Vanillearoma
115 g Walnüsse, gehackt

Für die helle Masse

50 g Butter, zimmerwarm
175 g Sahnequark
75 g Kristallzucker
2 Eier
25 g Weizenmehl
1 TL Vanillearoma

1 Den Herd auf 180 °C vorheizen. Eine Kuchenform (33 cm × 23 cm) mit Pergament- oder Backpapier auslegen. Das Papier leicht fetten.

2 Butter und Schokolade in einer feuerfesten Schüssel über knapp siedendem Wasser schmelzen, dabei ständig rühren, bis die Masse glatt ist. Zum Abkühlen beiseite stellen.

3 Inzwischen die Eier in einer Schüssel schaumig schlagen. Nach und nach den Zucker zugeben und gut unterrühren. Mehl, Salz und Backpulver darübersieben und vorsichtig, aber gründlich unterziehen.

4 Die abgekühlte Schokoladenmasse unterrühren. Vanillearoma und Walnüsse zugeben. 475 ml abmessen und beiseite stellen.

5 Für die helle Masse Butter und Sahnequark in einer Schüssel cremig rühren. Zucker zugeben und gut verrühren. Eier, Mehl und Vanillearoma unterrühren.

6 Den Rest der Schokoladenmasse in der Form verteilen. Helle Masse darübergeben. Mit einem Löffel Häufchen der abgemessenen Schokoladenmasse daraufsetzen.

7 Mit einer Metallpalette beide Massen marmorartig vermischen, jedoch nicht völlig vermengen. 35–45 Minuten backen. Das Gebäck muß gerade fest sein. Nach dem Erkalten herausnehmen und in Quadrate schneiden.

Weisse Schokoladen-Brownies mit Milchschokolade-Makadamianuss-Überzug

Ergibt 12 Stück
115 g Weizenmehl
½ TL Backpulver
1 Prise Salz
175 g gute weiße Schokolade, kleingehackt
115 g Streuzucker
115 g ungesalzene Butter, kleingeschnitten
2 Eier, leicht geschlagen
1 TL Vanillearoma
175 g Bitterschokoladesplitter oder Haushaltschokolade, kleingehackt
Für den Überzug
200 g Milchschokolade, kleingehackt
175 g ungesalzene Makadamianüsse, gehackt

1 Den Herd auf 180 °C vorheizen. Eine Springform (23 cm Durchmesser) fetten. Mehl, Backpulver und Salz in eine Schüssel sieben. Beiseite stellen.

2 Unter häufigem Rühren weiße Schokolade, Zucker und Butter in einem mittelgroßen Topf bei niedriger Hitze zu einer glatten Masse schmelzen lassen. Leicht abkühlen lassen, dann Eier und Vanillearoma unterrühren. Das Mehl und dann die Schokoladensplitter oder gehackte Schokolade gut unterrühren. Gleichmäßig in der Form verteilen.
3 20–25 Minuten backen, bis am Teststäbchen kein Teig mehr haften bleibt. Nicht zu lange backen! Aus dem Herd nehmen und die Form auf eine feuerfeste Unterlage stellen.

4 Gehackte Milchschokolade über das Gebäck streuen und für 1 Minute in den Backofen zurückstellen.

5 Wieder aus dem Herd nehmen und die weiche Schokolade gleichmäßig auf der Oberseite des Gebäcks verteilen. Makadamianüsse darüberstreuen und leicht in die Schokolade drücken. Auf einem Kuchengitter 30 Minuten abkühlen lassen, dann zum Festwerden 1 Stunde kalt stellen.
Zum Lösen der Form mit einem scharfen Messer um den Rand fahren, die Springform an der Seite öffnen und vorsichtig entfernen. In schmale Stücke schneiden.

Muffins mit weisser und dunkler Schokolade

Ergibt 16 Stück

400 g Weizenmehl
1 EL Backpulver
2 EL Kakaopulver
115 g dunkle Muskovade
2 Eier
150 ml saure Sahne
150 ml Milch
4 EL Sonnenblumenöl
175 g weiße Schokolade, kleingehackt
175 g Haushaltschokolade, kleingehackt
Kakaopulver zum Bestäuben

1 Den Herd auf 180 °C vorheizen. 16 Muffinförmchen mit passenden Papierförmchen auslegen. Mehl, Backpulver und Kakao in eine Schüssel sieben und den Zucker unterrühren. In die Mitte eine Vertiefung drücken.

2 In einer separaten Schüssel Eier mit saurer Sahne, Milch und Öl verrühren, dann in die Vertiefung zu den trockenen Zutaten geben. Gut rühren und vom Rand her nach und nach die gesamte Mehlmischung unterarbeiten, so daß ein dicker, cremiger Teig entsteht.

3 Die weißen und dunklen Schokoladenstücke in den Teig rühren.

4 Die Muffinförmchen mit einem Löffel fast bis zum Rand mit der Schokoladenmasse füllen. 25–30 Minuten backen, bis die Muffins gut aufgegangen sind und sich fest anfühlen. Auf einem Kuchengitter abkühlen lassen und dann leicht mit Kakaopulver bestäuben.

Schokoladen-Walnuss-Muffins

Ergibt 12 Stück

175 g ungesalzene Butter
150 g Haushaltschokolade, kleingehackt
200 g Streuzucker
50 g brauner Zucker
4 Eier
1 TL Vanillearoma
½ TL Mandelaroma
110 g Weizenmehl
1 EL Kakaopulver
115 g Walnüsse oder Pekannüsse, gehackt

1 Den Herd auf 180 °C vorheizen. Eine Muffinform mit 12 Vertiefungen fetten oder entsprechende Papierförmchen in eine Kuchenbrötchenform legen.

2 Die Butter mit der Schokolade im Wasserbadtopf oder in einer feuerfesten Schüssel über siedendem Wasser schmelzen. In eine große Rührschüssel geben.

3 Den gesamten Zucker unter die Schokoladenmasse rühren. Nach und nach die Eier untermischen, dann Vanille- und Mandelaroma zugeben.

4 Mehl und Kakaopulver darübersieben und unterziehen. Dann die Walnüsse unterrühren.

5 Die Muffinförmchen fast bis zum Rand füllen und dann 30–35 Minuten backen, so daß ein Teststäbchen sauber, aber leicht klebrig bleibt. 5 Minuten stehenlassen und dann auf einem Kuchengitter erkalten lassen.

Schokoladen-Zimt-Pfannkuchen

Ergibt 16 Stück
500 g Weizenmehl
2 EL Kakaopulver
½ TL Salz
1 Päckchen Trockenhefe
300 ml handwarme Milch
40 g Butter, zerlassen
1 Ei, geschlagen
115 g Haushaltschokolade, in 16 Stücke gebrochen
Sonnenblumenöl zum Fritieren

Für den Überzug
3 EL Streuzucker
1 EL Kakaopulver
1 TL gemahlener Zimt

1 Mehl, Kakao und Salz in eine große Schüssel sieben. Hefe untermengen. In der Mitte eine Vertiefung bilden und Milch, zerlassene Butter und das Ei hineingeben. Die trockenen Zutaten langsam unterarbeiten und einen weichen, geschmeidigen Teig herstellen.

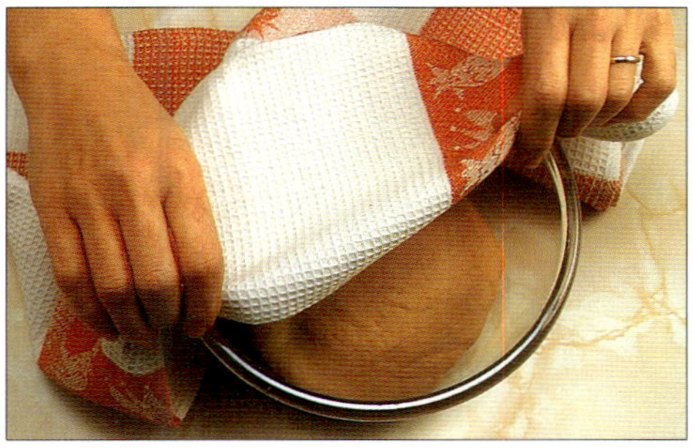

2 Den Teig etwa 5 Minuten auf einem bemehlten Brett kneten, bis er glatt und elastisch ist. In die saubere Schüssel zurücklegen, mit Klarsichtfolie oder einem sauberen Tuch abdecken und an einem warmen Ort gehen lassen, bis er sein Volumen verdoppelt hat.

3 Den Teig nochmals leicht kneten, dann in 16 Stücke teilen. Jedes zu einer Kugel formen, ein Stück Schokolade in die Mitte drücken, Teig über die Füllung schlagen und die Ränder fest zusammendrücken. Falls erforderlich, nochmals formen.

4 Das Öl zum Fritieren auf 180 °C oder soweit, daß ein Würfel aus trockenem Brot innerhalb von 30–45 Sekunden braun wird, erhitzen. Die Pfannkuchen schubweise backen. Wenn sie an der Oberfläche schwimmen, umdrehen, damit die andere Seite gebräunt wird. Die gebackenen Pfannkuchen auf Küchenpapier gut abtropfen lassen.

5 Zucker, Kakao und Zimt in einer flachen Schüssel mischen. Die Pfannkuchen in der Mischung wenden, so daß sie gleichmäßig damit bedeckt sind. Auf eine Platte setzen und noch warm servieren.

Abwandlung

Anstelle der Haushaltschokolade kann auch Brotaufstrich aus Schokolade als Füllung verwendet werden. Dazu etwa 1 TL Aufstrich in jeden Pfannkuchen geben. Diesen vor dem Backen gut verschließen.

Schokoladen-Orangen-Biskuittropfen

Ergibt etwa 14 Stück

2 Eier
50 g Streuzucker
½ TL abgeriebene Orangenschale
50 g Weizenmehl
4 EL Orangenmarmelade mit ganz feinen Stückchen
40 g Haushaltschokolade, kleingehackt

1 Den Herd auf 200 °C vorheizen. Drei Backbleche mit Backpapier belegen. Eier und Zucker in eine große feuerfeste Schüssel geben und über siedendem Wasser schlagen, bis die Masse dick und blaßgelb ist.

2 Die Schüssel vom Wassertopf nehmen und die Masse schlagen, bis sie abgekühlt ist. Abgeriebene Orangenschale unterrühren. Mehl über die geschlagene Masse sieben und vorsichtig unterziehen.

3 Die Masse löffelweise in ausreichendem Abstand auf die Backbleche geben. Die Masse ergibt 28–30 Stück. Biskuits etwa 8 Minuten goldgelb backen. Ein paar Minuten auf den Blechen abkühlen lassen und dann zum Erkalten auf ein Kuchengitter legen. Jeweils einen Tropfen mit Marmelade bestreichen und mit einem zweiten bedecken.

4 Die Schokolade in einer feuerfesten Schüssel über knapp siedendem Wasser schmelzen. Die Schokolade auf die Biskuittropfen träufeln oder aufspritzen. Wenn sie erstarrt ist, das Gebäck auftragen.

Brioches au Chocolat

Ergibt 12 Stück

250 g kleberstarkes Weizenmehl
1 Prise Salz
2 EL Streuzucker
1 Päckchen Trockenhefe
3 Eier, geschlagen,
und 1 geschlagenes Ei für die Glasur
3 EL handwarme Milch
115 g ungesalzene Butter, gewürfelt
175 g Haushaltschokolade,
in Rechtecke gebrochen

1 Mehl und Salz in eine große Rührschüssel sieben, Zucker und Hefe untermengen. In der Mitte eine Vertiefung bilden, Eier und Milch hineingeben.

2 Eier und Milch gut verrühren, dabei nach und nach die trockenen Zutaten untermengen und alles zu einem recht weichen Teig verarbeiten. Den Teig auf ein leicht bemehltes Brett geben und 5 Minuten gut durchkneten, bis er glatt und elastisch ist. Falls erforderlich, etwas Mehl hinzugeben.

3 Die Butter zugeben. Immer erst einige Stückchen richtig einkneten, ehe die nächsten zugegeben werden. Nachdem die gesamte Butter eingearbeitet ist, und die Masse kleine Bläschen macht, den Teig in Klarsichtfolie einschlagen und mindestens 1 Stunde kalt stellen. Sollen die Brioches zum Frühstück serviert werden, kann der Teig über Nacht stehen.

4 12 einzelne Brioche-Förmchen auf ein Backblech stellen und leicht fetten oder eine Form mit 12 Vertiefungen fetten. Den Brioche-Teig in 12 Portionen aufteilen, zu Kreisen formen. In jede Portion ein Schokoladenrechteck geben. Die Teigränder hochschlagen und fest zusammenpressen. Die restliche Schokolade zurückbehalten.

5 Die Brioches mit der zusammengepreßten Seite nach unten in die Förmchen legen. Abdecken und an einen warmen Ort stellen. 30 Minuten oder so lange, bis sie ihr Volumen verdoppelt haben, gehen lassen. Den Herd auf 200 °C vorheizen.

6 Die Brioches mit dem geschlagenen Ei bestreichen. 12–15 Minuten backen, bis sie gut aufgegangen und goldgelb sind. Auf Kuchengitter geben und abkühlen lassen, bis sie nur noch warm sind. Inzwischen die restliche Schokolade in einer feuerfesten Schüssel über heißem Wasser schmelzen. Die warmen Brioches mit geschmolzener Schokolade beträufeln und servieren.

Tip

Brioches lassen sich gut für 1 Monat einfrieren. Die Brioches dazu nach Rezept backen, jedoch ohne die Glasur aus geschmolzener Schokolade einfrieren. Auf einem Backblech bei niedriger Temperatur erwärmen und dann geschmolzene Schokolade darüberträufeln.

PRALINEN, TRÜFFELKONFEKT UND GETRÄNKE

SCHOKOLADEN-KIRSCH-COLETTES

ERGIBT 18–20 STÜCK

115 g dunkle Bitterschokolade, kleingehackt
75 g weiße Schokolade oder Milchschokolade, kleingehackt
25 g ungesalzene Butter, zerlassen
1 EL Kirschlikör oder Weinbrand
4 EL Double Cream
18–20 Maraschinokirschen oder in Likör eingelegte Kirschen
Milchschokoladenflocken zum Garnieren

1 Dunkle Schokolade schmelzen, dann vom Herd nehmen. Mit einem Löffel in 18–20 Pralinenförmchen geben und mit einer kleinen Bürste an den Seiten nach oben streichen. Die Förmchen bis zum Erstarren der Schokolade an einen kühlen Ort stellen.

2 Weiße Schokolade oder Milchschokolade mit der Butter schmelzen. Vom Herd nehmen, den Kirschlikör oder Weinbrand, dann die Sahne unterrühren. So lange kalt stellen, bis die Masse dick genug ist, um ihre Form zu halten.

3 Das Papier vorsichtig von den Schokoladenförmchen abziehen. Eine Kirsche in jedes Förmchen geben. Die Masse aus Milchschokolade oder weißer Schokolade in eine Spritztüte mit kleiner Sterntülle geben und über die Kirsche spritzen, bis das Förmchen gefüllt ist. Dann noch einen großen Tuff auf jede Praline spritzen. Mit den Milchschokoladenflocken garnieren. Wenn die Füllung fest ist, servieren.

Kognak-Ingwer-Sahnekonfekt

Ergibt 18–20 Stück
300 g dunkle Bitterschokolade, kleingehackt
3 EL Double Cream
2 EL Kognak
4 Stück Ingwer, fein gehackt und 1 EL Sirup aus dem Glas
kandierter Ingwer zum Garnieren

1 18–20 Schokoladenförmchen sorgfältig mit Watte polieren. Etwa zwei Drittel der Schokolade in einer feuerfesten Schüssel über knapp siedendem Wasser schmelzen, in jedes Förmchen etwas geschmolzene Schokolade geben. Einen kleinen Teil der Schokolade zum Verschließen des Konfekts zurückbehalten.

2 Mit einer kleinen Bürste die Schokolade an den Seiten der Förmchen gleichmäßig nach oben streichen, Förmchen umgekehrt auf Pergamentpapier setzen und beiseite stellen, bis die Schokolade erstarrt ist.

Marshmallows („Mäusespeck") mit Schokoladenüberzug

Ein großes Backblech mit beschichtetem Backpapier belegen. 175 g Haushaltschokolade in einer feuerfesten Schüssel über knapp siedendem Wasser schmelzen. Glattrühren. Wasserbad vom Herd nehmen, Schüssel jedoch im Wasserbad lassen, damit die Schokolade nicht zu schnell fest wird. Sie brauchen entweder 15–20 große oder 30–35 kleine Marshmallows. Jedes Marshmallow mit einem Cocktailspieß anstechen und in die Schokolade tauchen. In gemahlenen Haselnüssen wenden. Auf das mit Backpapier ausgelegte Blech setzen und bis zum Festwerden kalt stellen.

Dann die Spieße entfernen und jedes Marshmallow in ein Pralinenförmchen legen.

3 Die restliche Schokolade über siedendem Wasser schmelzen, Sahne, Kognak, Ingwerstückchen und Ingwersirup unterrühren und gut vermengen. In die mit Schokolade ausgefüllten Förmchen geben. Sollte die geschmolzene Schokolade wieder fest sein, dann nochmals schmelzen und die Förmchen damit verschließen.

4 Die Pralinen zum Festwerden an einen kühlen Ort stellen (nicht in den Kühlschrank). Beim Herausnehmen die Pralinen vorsichtig aus den Förmchen auf eine kühle Fläche, z. B. Marmor, drücken. Mit kleinen kandierten Ingwerstückchen garnieren. Die Pralinen kühl aufbewahren, falls sie nicht sofort serviert werden.

SCHOKOLADENTRÜFFELN

ERGIBT 20 GROSSE ODER 30 MITTELGROSSE TRÜFFELN

250 ml Double Cream
275 g gute Halbbitter- oder Haushaltschokolade, kleingehackt
40 g ungesalzene Butter, kleingeschnitten
3 EL Weinbrand, Whisky oder Likör (nach Geschmack)
Kakaopulver zum Bestäuben (nach Belieben)
400 g Zartbitterschokolade zum Garnieren (nach Belieben)

1 Die Sahne in einen Topf geben. Bei mittlerer Hitze zum Kochen bringen. Vom Herd nehmen und die gesamte Schokolade auf einmal hineingeben. Langsam rühren, bis die Schokolade geschmolzen ist. Die Butter unter Rühren schmelzen, dann Weinbrand, Whisky oder Likör zugeben. Durch ein Sieb in eine Schüssel geben und auf Zimmertemperatur abkühlen lassen. Die Masse mit Klarsichtfolie abdecken und 4 Stunden bzw. über Nacht kalt stellen.

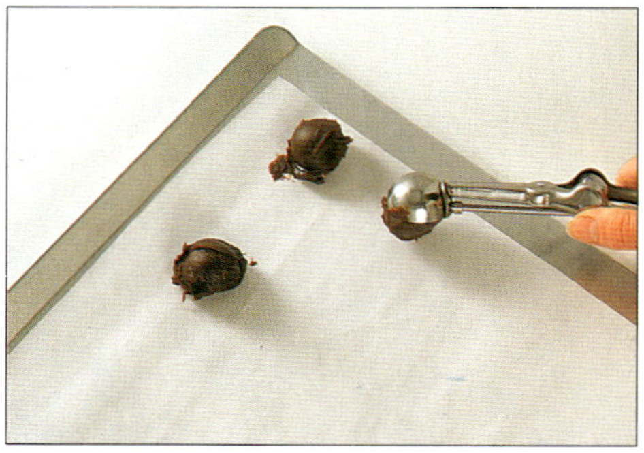

2 Ein großes Backblech mit beschichtetem Backpapier belegen. Mit einem kleinen Eis- oder Melonenportionierer oder einem Eßlöffel 20 große oder 30 mittelgroße Kugeln aus der Masse formen und auf das Blech setzen. Portionierer bzw. Löffel gelegentlich in kaltes Wasser tauchen, damit die Masse nicht kleben bleibt.

3 Zum Bestäuben eine dicke Schicht Kakao auf eine Schale oder Kuchenplatte sieben. Die Trüffeln im Kakao wenden und mit den Handballen rundformen. (Hände mit Kakao bestäuben, damit die Trüffeln nicht festkleben.) Keine Sorge, wenn die Trüffeln nicht ganz rund sind. Sie sehen dann echter aus. Als Alternative können die Trüffeln in ganz fein gehackten Pistazien gewendet werden. Auf dem Blech so lange kalt stellen, bis die Trüffeln fest sind. Sie können bis zu 10 Tagen im Kühlschrank aufbewahrt oder bis zu 2 Monate eingefroren werden.

4 Zum Beschichten mit Schokolade die Trüffeln nicht in Kakao wenden, sondern 1 Stunde tiefkühlen. Für ein gutes Gelingen die Schokolade temperieren. Ansonsten einfach in einer feuerfesten Schüssel über knapp siedendem Wasser schmelzen. Die Trüffeln mit einer Pralinengabel einzeln in die geschmolzene Schokolade tauchen, zum Entfernen überschüssiger Schokolade die Gabel leicht an den Schüsselrand schlagen. Auf ein mit Backpapier belegtes Backblech setzen. Die Schokolade erneut erwärmen, wenn sie eindickt. Die Trüffeln bis zum Festwerden kalt stellen.

MALZWHISKY-TRÜFFELN

ERGIBT 25–30 STÜCK
200 g dunkle Bitterschokolade, kleingehackt
150 ml Double Cream
3 EL Malzwhisky
115 g Puderzucker
Kakaopulver zum Überziehen

1 Die Schokolade in einer feuerfesten Schüssel über siedendem Wasser schmelzen, glattrühren und leicht abkühlen lassen.

2 Mit einem Schneebesen die Sahne mit dem Whisky in einer Schüssel so lange schlagen, bis die Masse dick genug ist und ihre Form behält.

3 Die geschmolzene Schokolade und den Puderzucker unterrühren und vermengen. Die Masse abkühlen lassen, bis sie sich gut verarbeiten läßt.
4 Die Hände mit Kakaopulver bestäuben und Masse zu mundgerechten Kugeln formen.
Mit Kakaopulver bestäuben und in Schachteln verpacken. Trüffeln können 3–4 Tage lang im Kühlschrank aufbewahrt werden.

Mit Trüffeln gefülltes Osterei

Ergibt 1 grosses hohles Osterei
350 g bittere Kuvertüre, temperiert
oder Haushalt- oder Milchschokolade
oder weiße Schokolade, geschmolzen
Schokoladentrüffeln

1 Ein kleines Backblech mit beschichtetem Backpapier belegen. Mit einer kleinen Kelle oder einem Löffel gerade so viel geschmolzene Schokolade in beide Hälften einer Ostereiform geben, daß diese bedeckt sind. Die Halbschalen langsam kippen, damit die Seiten voll bedeckt werden. Überschüssige Schokolade in die Schüssel zurückgießen. Die Halbschalen mit der offenen Seite nach unten auf das vorbereitete Backblech setzen und die Schokolade in 1–2 Minuten erstarren lassen.

2 Eine zweite Schicht Schokolade aufbringen und 1–3 Minuten bis zum Festwerden kalt stellen. Den Arbeitsgang wiederholen, die Schalen auf das Backblech setzen und mindestens 1 Stunde oder so lange, bis die Schokolade ganz fest ist, kalt stellen. (Zügig arbeiten, damit die Schokolade nicht wieder temperiert werden muß. Untemperierte Schokolade kann nochmals erwärmt werden.)

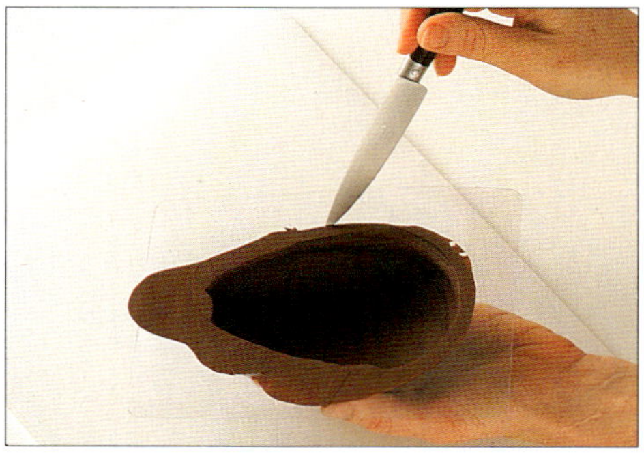

3 Zum Entfernen der Schokolade die Form mit der offenen Seite nach oben auf ein Brett stellen. Alle Schokoladentropfen vom Schalenrand entfernen. Die Spitze eines kleinen Messers vorsichtig zwischen die Schokolade und die Form schieben und damit die eingeschlossene Luft freilassen. Bei der zweiten Form wiederholen.

4 Die Form mit der offenen Seite nach unten halten und die Eihälfte mit festem Druck entfernen. Mit der zweiten Hälfte wiederholen. Lose abgedeckt kalt stellen. (Schokolade nicht mit den Fingern berühren, da das unschöne Abdrücke hinterläßt.) Geschmolzene Schokolade aufbewahren, aufgewärmt als „Leim“ verwenden.

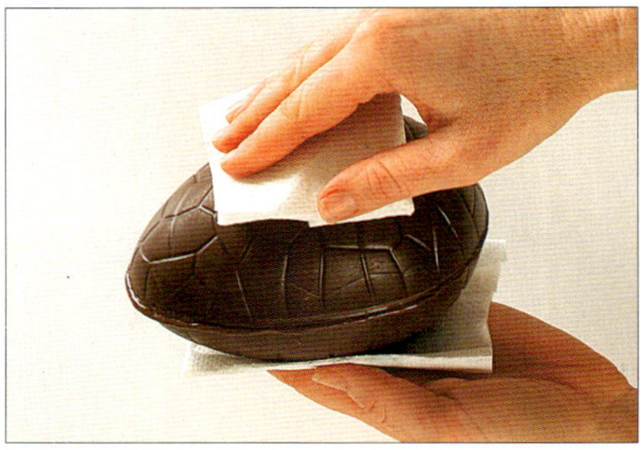

5 Zum Zusammensetzen eine Eihälfte mit einem Tuch oder einem Stück Folie halten und mit kleinen Trüffeln füllen. Falls erforderlich, die restliche geschmolzene Schokolade zum „Leimen“ verwenden. Eine kleine Menge auf den Rand der Eihälfte streichen, die andere Hälfte mit einem Tuch oder einem Stück Folie aufnehmen und auf die gefüllte Hälfte drücken. Darauf achtgeben, daß die Ränder übereinanderliegen und verschlossen sind.

6 Einige Sekunden halten, dann das Ei mit dem Tuch oder der Folie aufstellen und zum Festwerden kalt stellen. Nach Belieben mit Bändern oder Osterdekoration verzieren.

Weihnachtskörbchen aus Schokolade

Ergibt etwa 35 Stück

275 g Haushaltschokolade, kleingehackt
175 g kalter Christmas Pudding
5 EL Weinbrand oder Whisky
Schokoladenblätter und kandierte Preiselbeeren zum Garnieren

1 Die Schokolade schmelzen und damit den Boden und die Seiten von etwa 35 Pralinenförmchen beschichten. Erstarren lassen und den Arbeitsgang wiederholen. Falls erforderlich, die Schokolade wieder erwärmen. Die Schokoladenkörbchen abkühlen und erstarren lassen. Die übrige Schokolade zurückbehalten. Den Christmas Pudding in einer kleinen Schüssel zerkrümeln, mit Weinbrand oder Whisky beträufeln und 30–40 Minuten stehenlassen, bis die Flüssigkeit aufgesogen ist.
2 In jedes Körbchen etwas Puddingmasse geben, glattstreichen. Die übrige Schokolade nochmals erwärmen und zum Verschließen auf jedes Körbchen geben. Erstarren lassen. Dann die Förmchen abziehen und die Pralinen in saubere Folieförmchen setzen. Mit Schokoladenblättern und kandierten Preiselbeeren garnieren.

Marzipanbrote

Ergibt etwa 12 Stück

225 g Marzipan, zimmerwarm
115 g Orangeat, gehackt
2 EL Orangenlikör
1 EL brauner Zucker
eßbares Goldpulver
75 g Haushaltschokolade, geschmolzen
Süßigkeiten mit Goldüberzug zum Garnieren

1 Marzipan gut kneten. Dann mit dem gehackten Orangeat und dem Likör vermengen. Etwa 1 Stunde zum Trocknen beiseite stellen.
2 Kleine Stücke aus der Masse brechen und zu Broten formen.
3 Die Hälfte der Marzipanbrote mit der Oberseite in Zucker drücken und leicht mit eßbarem Goldpulver bestäuben.
4 Die andere Hälfte der Marzipanbrote in die geschmolzene Schokolade tauchen. Auf Backpapier legen und in die Mitte eine vergoldete Süßigkeit drücken. Nach dem Festwerden die Brote auf einer Platte anrichten.

Pfefferminz-Schokoladen-Stäbchen

Ergibt etwa 80 Stück

115 g Kristallzucker
150 ml Wasser
½ TL Pfefferminzaroma
200g dunkle Bitterschokolade, kleingehackt
4 EL geröstete Kokosraspel

1 Ein großes Backblech leicht mit Öl bestreichen. Zucker und Wasser in einen kleinen Topf mit schwerem Boden geben und unter Rühren langsam erwärmen, bis sich der Zucker aufgelöst hat.

2 Den Sirup zum Kochen bringen und so lange kochen lassen, bis das Zuckerthermometer 138 °C anzeigt. Den Topf vom Herd nehmen und das Pfefferminzaroma unterrühren.

3 Die Masse auf das gefettete Backblech gießen und erstarren lassen.

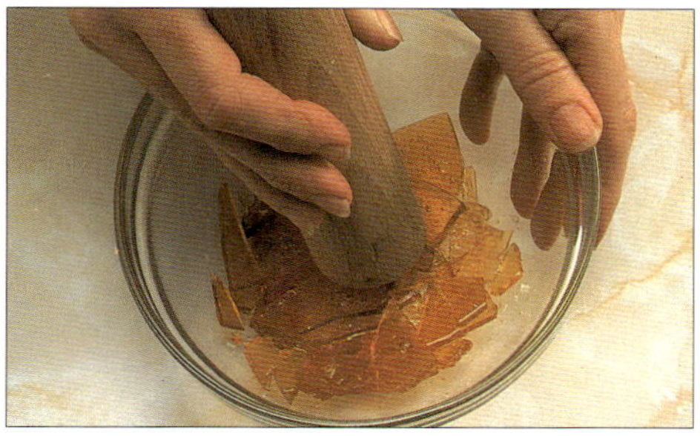

4 Die Pfefferminzmasse über einer kleiner Schüssel zerbrechen und mit dem Ende eines Nudelholzes in kleine Stücke zerdrücken.

5 Die Schokolade schmelzen. Vom Herd nehmen, Pfefferminzstückchen und Kokosraspel unterrühren.

6 Einen Bogen Backpapier (30 cm × 25 cm) auf eine flache Oberfläche legen. Die Schokoladenmasse in einem Rechteck (25 cm × 20 cm) auf das Papier streichen. An allen Seiten einen kleinen Rand lassen. Erkalten lassen. Nach dem Festwerden mit einem scharfen Messer in dünne Stäbchen von etwa 6 cm Länge schneiden.

Schokoladen-Mandel-Torrone

Ergibt etwa 20 Stück
115 g dunkle Bitterschokolade, kleingehackt
50 g ungesalzene Butter
1 Eiweiß
115 g Streuzucker
50 g gemahlene Mandeln
75 g gehackte geröstete Mandeln
5 EL Orangeat

Für den Überzug
175 g weiße Schokolade, kleingehackt
25 g ungesalzene Butter
115 g Mandelblättchen, geröstet

1 Butter und Schokolade in einer feuerfesten Schüssel über knapp siedendem Wasser zu einer glatten Masse schmelzen.

2 Eiweiß mit Zucker in einer sauberen, fettfreien Schüssel steifschlagen. Nach und nach die geschmolzene Schokolade unterziehen, dann die gemahlenen und die gerösteten Mandeln sowie das Orangeat unterrühren.

3 Die Masse auf einen großen Bogen Backpapier geben und zu einer dicken Rolle formen.

4 Während die Masse abkühlt, die Rolle mit dem Papier fest zu einer dreieckigen Form drücken. Danach das Backpapier über die dreieckige Rolle schlagen und zum Festwerden kalt stellen.

5 Den Überzug herstellen. Dazu weiße Schokolade mit der Butter in einer feuerfesten Schüssel über siedendem Wasser schmelzen. Die Schokoladenrolle auswickeln, ihre Oberfläche mit einem sauberen Messer rasch mit der weißen Schokolade bestreichen. Die Mandelblättchen vor dem Festwerden der Schokolade rasch in einer dünnen Schicht über die Schokolade verteilen.

6 Die beschichtete Schokoladenrolle zum Festwerden wieder kalt stellen, die Torrone vor dem Servieren in dünne Scheiben schneiden. Torrone ist die ideale Abrundung eines Essens.

Früchte mit weissem und dunklem Schokoladenüberzug

Ergibt etwa 24 Stück

Früchte – etwa 24 Stück (Erdbeeren, Kirschen, Orangenspalten, große kernlose Trauben, Kapstachelbeeren, Kumquats, entsteinte Pflaumen oder Datteln, getrocknete Aprikosen, Pfirsiche oder Birnen)
115 g weiße Schokolade, kleingehackt
115 g Halbbitter- oder Haushaltschokolade, kleingehackt

1 Die Früchte säubern und vorbereiten. Die Erdbeeren mit einem weichen Tuch abwischen oder mit einem Teigpinsel abbürsten. Früchte mit fester Schale, z. B. Kirschen und Trauben, waschen und gut abtrocknen. Andere Früchte schälen, ganz lassen oder zerschneiden.

2 Die weiße Schokolade schmelzen. Vom Herd nehmen und unter häufigem Rühren lauwarm (etwa 29 °C) werden lassen. Ein Backblech mit Pergamentpapier belegen. Früchte am Stiel oder an einem Ende halten und zu etwa zwei Dritteln schräg in die Schokolade tauchen. Überschüssige Schokolade abtropfen lassen, die Früchte auf das Backblech legen. Bis zum Festwerden der Schokolade etwa 20 Minuten kalt stellen.

3 Halbbitter- oder Haushaltschokolade schmelzen und glattrühren.

4 Die Schokolade vom Herd nehmen und auf etwa 30 °C kühlen. Die mit weißer Schokolade überzogenen Früchte am Stiel oder an einem Ende halten und das untere Drittel schräg in die dunkle Schokolade tauchen. 15 Minuten oder etwas länger bis zum Festwerden kalt stellen. Vor dem Servieren 10–15 Minute bei Zimmertemperatur stehenlassen.

Schokoladen-Pfefferminz-Sahnekonfekt

1 Eiweiß
6 EL Double Cream
1 TL Pfefferminzaroma
675 g Puderzucker und Puderzucker zum Bestäuben
einige Tropfen grüne Lebensmittelfarbe
175 g Haushaltschokolade, kleingehackt

1 Eiweiß in einer Schüssel leicht schlagen. Sahne und Pfefferminzaroma untermengen, dann nach und nach den Puderzucker zufügen und einen festen, geschmeidigen Teig herstellen. 1–2 Tropfen grüne Lebensmittelfarbe zugeben (eventuell mit einem Cocktailspieß, damit es nicht zu viel Farbe wird) und unterarbeiten, bis der Teig gleichmäßig hellgrün ist.
2 Teig auf einer mit Puderzucker bestäubten Fläche etwa 1 cm dick ausrollen. 4 cm große Kreise oder Quadrate ausstechen und auf ein mit Backpapier belegtes Blech geben. Mindestens 8 Stunden trocknen lassen, dabei einmal wenden.
3 Schokolade in einer Schüssel über knapp siedendem Wasser schmelzen. Leicht abkühlen lassen. Schokolade auf die Oberseite jedes Pfefferminzkonfekts streichen und auf frisches Backpapier legen. Zum Festwerden kalt stellen.

Nuss-Bruch mit Schokoladenüberzug

Ergibt 20–24 Stück

115 g Pekannüsse und ganze Mandeln, gemischt
115 g Streuzucker
60 ml Wasser
200 g dunkle Bitterschokolade, kleingehackt

1 Ein Backblech leicht mit Butter oder Öl fetten. Nüsse, Zucker und Wasser in einem Topf mit schwerem Boden mischen. Bei mäßiger Hitze rühren, bis sich der Zucker aufgelöst hat.
2 Zum Kochen bringen, die Hitze verringern und kochen lassen, bis die Mischung kräftig goldbraun wird und das Zuckerthermometer 155 °C anzeigt. Ist kein Zuckerthermometer zur Hand, zur Probe einige Tropfen Sirup in Eiswasser geben. Der Sirup muß zu einer sehr brüchigen Masse erstarren.

Nüsse mit Schokoladenüberzug

Etwa 225 g Haselnüsse im Herd oder unter dem Grill rösten. Abkühlen lassen. In einer feuerfesten Schüssel über knapp siedendem Wasser die Schokolade schmelzen. Vom Herd nehmen, die Schüssel jedoch über dem heißen Wasser stehenlassen, damit die Schokolade flüssig bleibt. Etwa 30 Konfektförmchen aus Papier auf Backblechen bereitstellen. Die gerösteten Naselnüsse in die geschmolzene Schokolade geben und umrühren, bis sie einen Schokoüberzug haben. Mit zwei Löffeln jeweils zwei oder drei schokoladenüberzogene Nüsse vorsichtig herausheben und zusammen in ein Papierförmchen setzen. Die Nußhäufchen an einem kühlen Platz erstarren lassen.

3 Den Topf schnell vom Herd nehmen und die Masse auf das vorbereitete Blech geben und gleichmäßig verstreichen. Stehenlassen, bis die Masse kalt und hart ist.

4 Die krokantähnliche Masse in mundgerechte Stücke brechen. Schokolade schmelzen und die Stücke zur Hälfte eintauchen. Auf einen Bogen Backpapier legen und den Überzug erstarren lassen.

Schokoladen-Nuss-Häufchen

Ergibt etwa 30 Stück
525 ml Double Cream
25 g ungesalzene Butter, kleingeschnitten
350 ml heller Zuckersirup
200 g Kristallzucker
75 g brauner Zucker
1 Prise Salz
1 EL Vanillearoma
350 g Hasel- und Pekannüsse, Walnüsse, Paranüsse und ungesalzene Erdnüsse (gemischt)
400 g Haushaltschokolade, kleingehackt
1 EL helles Pflanzenfett

1 Zwei Backbleche leicht mit Pflanzenöl bestreichen. In einem großen Topf mit schwerem Boden bei mittlerer Hitze Sahne, Butter, Sirup, Kristallzucker, braunen Zucker und Salz unter gelegentlichem Rühren 3 Minuten erwärmen, bis sich der Zucker auflöst und die Butter schmilzt.

2 Zum Kochen bringen, unter häufigem Rühren weiterkochen lassen, bis das Zuckerthermometer 119 °C anzeigt oder ein wenig in Eiswasser getropfte Karamelmasse eine harte Kugel bildet.
3 Den Topf mit dem Boden in kaltes Wasser setzen, um das innere Weiterkochen der Masse zu verhindern. Leicht abkühlen lassen, dann das Vanillearoma unterrühren.

4 Die Nüsse unter die Karamelmasse rühren, bis sie davon überzogen sind. Mit einem geölten Eßlöffel Nußmischung im Abstand von jeweils etwa 2,5 cm in Häufchen auf die vorbereiteten Bleche setzen. Wird die Masse hart, nochmals erwärmen. Die Häufchen 30 Minuten kalt stellen, bis sie fest und ausgekühlt sind, oder an einem kühlen Platz erstarren lassen.
5 Die Häufchen mit einer Metallpalette auf ein Kuchengitter heben, das zum Auffangen herabtropfender Karamelmasse auf einem Backblech steht. In einem mittelgroßen Topf bei niedriger Hitze Schokolade und Pflanzenfett schmelzen und glattrühren. Beiseite stellen und etwas abkühlen lassen.

6 Mit einem Löffel auf jedes Häufchen soviel Schokolade geben, daß es vollständig bedeckt ist.

7 Auf ein Kuchengitter setzen, das auf einem Backblech steht. 2 Stunden bis zum Erstarren stehenlassen.

Schokoladenfudge-Dreiecke

Ergibt etwa 48 Stück

600 g gute weiße Schokolade, kleingehackt
375 g gesüßte Kondensmilch
1 EL Vanillearoma
1½ TL Zitronensaft
1 Prise Salz
175 g Hasel- oder Pekannüsse, gehackt (nach Belieben)
175 g Haushaltschokolade, kleingehackt
40 g ungesalzene Butter, kleingeschnitten
50 g halbbittere Schokolade zum Garnieren

1 Eine quadratische Backform (20 cm Seitenlänge) mit Alufolie auslegen. Die Folie leicht mit Öl bestreichen. In einem Topf bei niedriger Hitze weiße Schokolade und Kondensmilch zu einer glatten Masse schmelzen, dabei häufig rühren. Vom Herd nehmen und Vanillearoma, Zitronensaft und Salz unterrühren. Die Nüsse (wenn verwendet) unterrühren. Die Hälfte der Masse in die Form füllen. 15 Minuten kalt stellen.

2 In einem Topf bei niedriger Hitze Haushaltschokolade und Butter unter häufigem Rühren zu einer glatten Mischung schmelzen. Vom Herd nehmen, leicht abkühlen lassen, dann über die kalte weiße Schicht gießen und bis zum Festwerden 15 Minuten kalt stellen.

3 Die restliche weiße Schokolade nochmals langsam erhitzen und über die feste Schokoladenschicht gießen. Die Oberfläche glattstreichen, dann 2–4 Stunden bis zum Erstarren kalt stellen.

4 Die Fudge mit Hilfe der Folie aus der Form nehmen und auf ein Schneidebrett legen. Die Folie abziehen, dann die Fudge mit einem scharfen Messer in 24 Quadrate schneiden. Jedes Quadrat wiederum in zwei Dreiecke zerteilen. Die halbbittere Schokolade in einer feuerfesten Schüssel über knapp siedendem Wasser schmelzen. Leicht abkühlen lassen, die Dreiecke damit garnieren.

Schnelle Schokoladen-Haselnuss-Fudge

Ergibt 16 Stück

150 ml ungesüßte Kondensmilch
350 g Zucker
1 große Prise Salz
50 g Haselnüsse, halbiert
350 g Bitterschokoladensplitter

1 Eine quadratische Kuchenform (20 cm Seitenlänge) reichlich fetten.

2 Kondensmilch, Zucker und Salz in einem Topf mit schwerem Boden bei mittlerer Hitze zum Kochen bringen, dabei häufig umrühren.
Die Hitze reduzieren, das Ganze unter Rühren 5 Minuten leise köcheln lassen.

3 Den Topf vom Herd nehmen, die Haselnüsse und Schokoladensplitter zugeben. Mit einem Metallöffel vorsichtig rühren, bis die Schokolade geschmolzen ist.

4 Die Fudge-Mischung rasch in die vorbereitete Form gießen und gleichmäßig verteilen. Abkühlen und festwerden lassen.

5 Die Fudge nach dem Erstarren in Quadrate (2,5 cm) schneiden. In einem luftdichten Behälter aufbewahren, zwischen die einzelnen Schichten fettdichtes Papier oder beschichtetes Backpapier legen.

Zweifarbige Fudge

Schnelle Schokolade-Haselnuß-Fudge herstellen und in eine etwas größere quadratische Form (23 cm) geben, um eine etwas dünnere Schicht als nach dem Hauptrezept zu erhalten. Während des Abkühlens eine Portion einfache Fudge herstellen, dabei die Bitterschokoladensplitter durch weiße Schokoladentropfen ersetzen und die Haselnüsse weglassen. Leicht abkühlen lassen und dann vorsichtig über die dunkle Schicht in die Form gießen.
Die Masse mit einer Palette oder einem schmalen Metallspatel in die Ecken streichen, beiseite stellen und wie beschrieben erstarren lassen. Danach in Quadrate schneiden.

SCHOKOLADEN-PISTAZIEN-FUDGE

ERGIBT 36 STÜCK
250 g Kristallzucker
375 g gesüßte Kondensmilch
50 g ungesalzene Butter
1 TL Vanillearoma
115 g dunkle Bitterschokolade, geraspelt
75 g Pistazienkerne, Mandeln oder Haselnüsse

1 Eine quadratische Backform (19 cm Seitenlänge) fetten und mit beschichtetem Backpapier auslegen. In einem Topf mit schwerem Boden Zucker, Kondensmilch und Butter mischen. Unter gelegentlichem Rühren langsam erhitzen, bis der Zucker vollständig aufgelöst und die Mischung glatt ist.

2 Zum Kochen bringen, gelegentlich rühren und weiterkochen lassen, bis das Zuckerthermometer 116 °C anzeigt oder ein Tropfen der Masse in Eiswasser eine weiche Kugel bildet.

3 Den Topf vom Herd nehmen und Vanillearoma, Schokolade und Nüsse unterschlagen.

4 Die Masse in die vorbereitete Form gießen und gleichmäßig verteilen. Knapp festwerden lassen, dann an der Oberseite Quadrate markieren. Völlig erstarren lassen, dann in Quadrate schneiden und aus der Form nehmen. Zum Aufbewahren in einen luftdichten Behälter legen und kühl stellen.

SCHOKOLADEN-MARSHMALLOW-FUDGE

25 g Butter
350 g Kristallzucker
175 ml ungesüßte Kondensmilch
1 Prise Salz
115 g weiße Mini-Marshmallows („Mäusespeck")
225 g Schokoladensplitter
1 TL Vanillearoma
115 g gehackte Walnüsse (nach Belieben)

1 Eine Kuchenform (18 cm) reichlich fetten. Butter, Zucker, Kondensmilch und Salz in einem Topf mit schwerem Boden mischen. Bei mittlerer Hitze rühren, bis der Zucker aufgelöst ist, dann zum Kochen bringen und unter ständigem Rühren 3–5 Minuten oder so lange, bis die Masse dick ist, köcheln lassen.

2 Den Topf vom Feuer nehmen und Marshmallows und Schokoladensplitter unterschlagen, bis sich alles aufgelöst hat. Vanillearoma unterschlagen. Die Masse in die vorbereitete Form geben und mit einer Metallpalette gleichmäßig in die Ecken drücken. Glattstreichen.

3 Walnüsse (wenn verwendet) darüberstreuen und in die Fudge eindrücken. Zum Abkühlen beiseite setzen. Vor dem Erstarren mit einem scharfen Messer Quadrate markieren. Bis zum Festwerden kalt stellen, danach in Quadrate schneiden und servieren.

Blätterteigförmchen mit Trüffelfüllung

Ergibt etwa 24 Stück

3–6 Blatt frischer oder aufgetauter Blätterteig (Menge je nach Größe)
40 g ungesalzene Butter, zerlassen
Zucker zum Bestreuen
Streifen von Zitronenschale zum Garnieren

Für die Schokoladentrüffel-Masse

250 ml Double Cream
225 g halbbittere oder Bitterschokolade, kleingehackt
50 g ungesalzene Butter, kleingeschnitten
2 EL Weinbrand oder Likör

1 Die Trüffelmasse herstellen. Dazu die Sahne in einem Topf bei mittlerer Hitze zum Kochen bringen. Vom Herd nehmen, die kleingehackte Schokolade zugeben und unter Rühren schmelzen lassen. Butter unterschlagen und Weinbrand oder Likör zugeben. Durch ein Sieb in eine Schüssel gießen und bis zum Eindicken 1 Stunde kalt stellen.

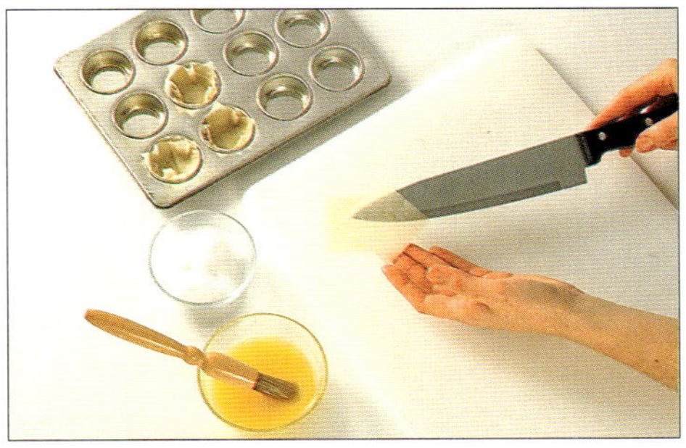

2 Den Herd auf 200 °C vorheizen. Eine Kuchenbrötchenform mit 12 Vertiefungen fetten. Den Blätterteig in Quadrate (6 cm) schneiden. Mit einem feuchten Tuch abdecken. Ein Quadrat auf die Arbeitsfläche legen. Mit etwas zerlassener Butter bestreichen, umdrehen und die andere Seite leicht buttern. Eine Prise Zucker darüberstreuen. Ein zweites Quadrat mit Butter bestreichen und schräg auf das erste legen; mit Zucker bestreuen. Ein drittes Teigquadrat buttern und so über die beiden ersten legen, daß eine unregelmäßige Form entsteht. Das geschichtete Teigstück in eine Vertiefung der Backform drücken.

3 Den Arbeitsgang wiederholen, dabei zügig arbeiten, damit der Blätterteig nicht austrocknen kann. Die Teigförmchen in 4–6 Minuten goldgelb backen. 10 Minuten in der Form abkühlen lassen, dann vorsichtig auf ein Kuchengitter setzen und auskühlen lassen.

4 Die Schokoladenmasse umrühren; sie muß gerade dick genug zum Aufspritzen sein. Die Masse in eine Spritztüte mit mittelgroßer Sterntülle geben, in jedes Förmchen eine Trüffelspirale setzen. Mit dünnen Streifen der Zitronenschale garnieren.

Heisse mexikanische Schokolade

Für 4 Personen
1 Liter Milch
1 Zimtstange
2 ganze Gewürznelken
115 g dunkle Bitterschokolade, kleingehackt
2–3 Tropfen Mandelaroma

1 Die Milch mit den Gewürzen in einem Topf langsam bis knapp unter den Siedepunkt erhitzen, dann bei mittlerer Hitze die Bitterschokolade unterrühren und schmelzen lassen.
2 Durch ein Sieb in einen Mixer gießen, Mandelaroma zugeben und bei hoher Geschwindigkeit in etwa 30 Sekunden schaumig rühren. Die Mischung läßt sich auch mit dem elektrischen Handmixer oder mit dem Schneebesen schaumig schlagen.
3 In angewärmte feuerfeste Gläser gießen und sofort servieren.

Heisse weisse Schokolade

Für 4 Personen
1,75 Liter Milch
175 g weiße Schokolade, kleingehackt
2 TL Kaffeepulver
2 TL Orangenlikör (nach Belieben)
Schlagsahne und gemahlener Zimt zum Servieren

1 Die Milch in einen großen Topf mit schwerem Boden gießen und bis knapp unter den Siedepunkt erhitzen. Sobald sich am Topfrand Blasen bilden, vom Herd nehmen.
2 Weiße Schokolade, Kaffeepulver und Orangenlikör (wenn gewünscht) zugeben. Rühren, bis die Schokolade geschmolzen und die Mischung glatt ist.
3 Die heiße Schokolade in vier Tassen gießen. Obenauf aus der Spritztüte oder mit dem Löffel etwas Schlagsahne geben, gemahlenen Zimt darüberstreuen. Sofort servieren.

Pfefferminz-Schoko-Eisgetränk

Für 4 Personen
4 EL Trinkschokoladepulver
400 ml kalte Milch
150 ml Naturjoghurt
½ TL Pfefferminzaroma
4 Kugeln Schokoladeneis
Pfefferminzblätter und Schokolade zum Garnieren

1 Trinkschokolade in einen kleinen Topf geben und mit etwa 120 ml Milch verrühren. Unter Rühren langsam fast bis zum Kochen bringen. Vom Herd nehmen.
2 Die heiße Schokoladenmilch in eine feuerfeste Schüssel oder in einen großen Krug geben und mit der restlichen Milch schlagen. Joghurt und Pfefferminzaroma zugeben und erneut schlagen.
3 Vier hohe Gläser zu drei Vierteln mit dem Getränk füllen. Auf jedes Glas eine Kugel Eis geben. Mit Pfefferminzblättern und Schokolade verzieren. Sofort servieren.

Schokoladen-Vanille-Eisgetränk
Das Getränk nach dem Grundrezept herstellen, anstelle des Joghurts Sahne verwenden. Das Pfefferminzaroma durch 1 TL Vanillearoma ersetzen.

Mokka-Eisgetränk
Das Getränk nach dem Grundrezept herstellen, die Schokolade jedoch in 120 ml starkem schwarzem Kaffee auflösen und nur 300 ml Milch verwenden. Anstelle des Joghurts Sahne verwenden und das Aroma weglassen.

Irischer Schokoladensamt

Für 4 Personen
250 ml Double Cream
400 ml Milch
115 g Milchschokolade, kleingehackt
2 EL Kakaopulver
4 EL Irish Whiskey
Schlagsahne zum Garnieren
Schokoladenflocken zum Garnieren

1 Mit dem elektrischen Handmixer die Hälfte der Sahne so dick schlagen, daß sie ihre Form hält.
2 Milch und Schokolade in einen Topf geben und unter Rühren langsam erwärmen, bis die Schokolade geschmolzen ist.
3 Das Kakaopulver unterrühren und das Ganze zum Kochen bringen. Vom Herd nehmen, mit der restlichen Sahne und dem Irish Whiskey verrühren.
4 Rasch in vier angewärmte feuerfeste Becher oder Gläser füllen, mit reichlich geschlagener Sahne und Schokoladenflocken garnieren. Als besonderen Genuß mit Pfefferminzstäbchen servieren.

Heisse Schokolade und Kekse mit Schokoüberzug

Für 2 Personen

Für die Kekse mit Schokoladenüberzug

115 g weiche Margarine
3 EL Puderzucker, gesiebt
150 g Weizenmehl
einige Tropfen Vanillearoma
75 g Haushaltschokolade, kleingehackt

Für die heisse Schokolade

6 EL Trinkschokoladepulver und etwas Pulver zum Bestreuen
2 EL Streuzucker oder nach Geschmack
600 ml Milch
2 große Schuß Sahne (nach Belieben)

1 Den Herd auf 180 °C vorheizen und zwei Backbleche leicht fetten. Die Kekse mit Schokoladenglasur herstellen. Dazu Margarine und Puderzucker in eine Schüssel geben und zu einer ganz weichen Masse verrühren. Mehl und Vanillearoma unterrühren.

2 Die Masse in eine Spritztüte mit großer Sterntülle geben. 10 Streifen von je 10 cm Länge auf das Backblech spritzen. Jeweils etwas Abstand lassen. Die Kekse dehnen sich beim Backen nicht so stark aus, sie müssen jedoch leicht entfernbar sein. 15–20 Minuten oder so lange, bis die Kekse leicht goldgelb sind, backen. Vor dem Umsetzen auf ein Kuchengitter leicht abkühlen lassen.

3 Schokolade in einer feuerfesten Schüssel über knapp siedendem Wasser schmelzen lassen. Cremig rühren, dann die Schüssel mit der geschmolzenen Schokolade von der Wärmequelle nehmen. Beide Enden der Kekse in die Schokolade tauchen, zum Abkühlen und Festwerden wieder auf das Kuchengitter legen.

4 Zum Herstellen der Trinkschokolade das Trinkschokoladepulver und den Zucker in einen Topf geben. Milch hinzugeben und unter ständigem Rühren zum Kochen bringen. Auf zwei hohe Trinkbecher aufteilen. Wenn gewünscht, mehr Zucker zugeben. Nach Belieben jeden Becher mit einem Schuß Sahne versehen.

SAUCEN, FÜLLUNGEN UND GLASUREN

EINFACHE BUTTERCREME

ERGIBT ETWA 350 GRAMM

75 g Butter oder weiche Margarine
225 g Puderzucker
1 TL Vanillearoma
2–3 TL Milch

1 Falls Butter verwendet wird, diese zimmerwarm werden lassen, damit sie leicht cremig gerührt werden kann. Puderzucker sieben. Butter oder Margarine in eine Schüssel geben. Etwa ein Viertel des Puderzuckers zugeben und mit dem elektrischen Handmixer schaumig schlagen.

2 Den restlichen Puderzucker mit einem Metallöffel portionsweise zugeben und mit dem Mixer jeweils gut verrühren. (Der Puderzucker ist so fein, daß er aus der Schüssel geblasen wird, wenn man zuviel auf einmal zugibt.)

3 1 TL Milch unterrühren. Die Masse muß leicht cremig und streichfähig sein. Falls erforderlich, mehr Milch zugeben, jedoch nicht zuviel, da die Masse sonst zu weich wird und keine Spitzen gezogen werden können. Als Füllung bzw. Überzug für Schichtkuchen oder kleine Kuchen verwenden.

SCHOKOLADEN-BUTTERCREME

AUSREICHEND FÜR EINEN RUNDEN SCHICHTKUCHEN (20 CM)

75 g weiche ungesalzene Butter oder Margarine
175 g Puderzucker
1 EL Kakaopulver
½ TL Vanillearoma

1 Alle Zutaten in eine große Schüssel geben.

2 Zu einer glatten, streichfähigen Masse verrühren.

ABWANDLUNGEN

Kaffeebuttercreme: 2 TL Instant-Kaffeepulver in 1 EL kochendem Wasser auflösen. Anstelle der Milch in die Überzugsmasse rühren.
Mokkabuttercreme: 1 TL Kakaopulver in 2 EL kochendem Wasser auflösen. Unter die Masse rühren.
Etwas Kaffeearoma zugeben.
Orangenbuttercreme: Anstelle von Milch und Vanillearoma Orangensaft verwenden. 2 TL fein geriebene Orangenschale zugeben. Schale weglassen, wenn die Creme gespritzt werden soll.

WEISSER SCHOKOLADENÜBERZUG

AUSREICHEND FÜR EINEN RUNDEN KUCHEN (20 CM)

175 g weiße Schokolade, kleingehackt
75 g ungesalzene Butter
115 g Puderzucker
6 EL Double Cream

1 Die Schokolade mit der Milch in einer feuerfesten Schüssel über knapp siedendem Wasser schmelzen. Die Schüssel von der Wärmequelle nehmen und den Puderzucker mit einem Schneebesen nach und nach unterrühren.

2 Die Sahne in einer separaten Schüssel schlagen, bis sie gerade ihre Form hält, dann unter die Schokoladenmasse ziehen. Die Masse unter gelegentlichem Rühren abkühlen lassen, bis sie ihre Form zu halten beginnt. Sofort verarbeiten.

TIP

Der weiße Schokoladenüberzug hat ein volles Aroma und ist für dunklen Schokoladenrührkuchen ohne Füllung geeignet.
Mit einem Palettenmesser zum Garnieren Spitzen ziehen.

FUDGE-ÜBERZUG

ERGIBT 350 GRAMM

50 g Haushaltschokolade, kleingehackt
225 g Puderzucker, gesiebt
50 g Butter oder Margarine
3 EL Milch oder Sahne
1 EL Vanillearoma

TIP

Nach dem Überziehen des Kuchens mit dem Löffelrücken oder den Zinken einer Gabel auf dem Fudge-Überzug zur Garnierung Kreise ziehen. Dabei zügig arbeiten, denn der Überzug wird schnell fest.

1 Schokolade, Puderzucker, Butter oder Margarine und Vanillearoma in einen Topf mit schwerem Boden geben.

2 Bei niedriger Hitze rühren, bis die Schokolade und die Butter schmelzen. Den Topf vom Herd nehmen und die Masse glattrühren.

3 Die Überzugmasse während des Abkühlens regelmäßig umrühren, bis sie zum Streichen oder Spritzen ausreichend eingedickt ist. Sobald sie die richtige Konsistenz hat, sofort und zügig verarbeiten. Der Fudge-Überzug ist sehr beliebt und eignet sich für viele Kuchenarten.

Schokoladenglasur mit Seidenglanz

Ergibt 225 Gramm

175 g Bitter- oder Halbbitterschokolade, kleingehackt
150 ml Double Cream
½ TL lösliches Kaffeepulver

Tip

Glasur nach dem Erkalten nicht berühren, sonst wird ihr seidiger Glanz zerstört. Mit diesem Überzug glasierte Kuchen erfordern keine aufwendige Garnierung, halb in Schokolade getauchte Kirschen ergeben jedoch zusätzlich einen schönen Effekt.

1 Schokolade, Sahne und Kaffee in einen kleinen Topf mit schwerem Boden geben. Den zu glasierenden Kuchen auf ein Kuchengitter setzen, das auf einem Bogen Backpapier oder einem Tablett steht.

2 Die Masse bei niedrigster Hitze mit einem Holzlöffel rühren, bis alle Bitter- bzw. Halbbitterschokoladestücke geschmolzen sind und die Masse glatt und gut verrührt ist.

3 Vom Herd nehmen und die Glasurmasse sofort über den Kuchen gießen. Über den Rand laufen und die Seiten dabei langsam völlig bedecken lassen. Falls erforderlich, die Glasur mit einer Palette oder einem kleinen Kuchenlöffel rasch breitstreichen, bevor die Glasur dick wird.

Schokoladenfondant

Glasur und Garnierung für einen runden Kuchen (23 cm)

350 g Haushaltschokolade, kleingehackt
4 EL Glukosesirup
2 Eiweiß
900 g Puderzucker

1 Schokolade und Glukose in eine feuerfeste Schüssel geben. Über knapp siedendem Wasser unter gelegentlichem Rühren schmelzen lassen. Wenn die Masse glatt ist, Schüssel aus dem Wasserbad nehmen und leicht abkühlen lassen.

2 Eiweiß in einer sauberen, fettfreien Schüssel mit dem elektrischen Handmixer so steif schlagen, daß sich weiche Spitzen bilden. Dann die Schokoladenmasse mit etwa 3 EL Puderzucker unterziehen.

3 Die Masse weiterschlagen und nach und nach so viel Puderzucker zugeben, bis eine steife Paste entsteht. Wird der Fondant nicht sofort verarbeitet, in Klarsichtfolie einschlagen.

Sauce aus Halbbitterschokolade

Schnelle Schokoladensauce
Für 225 ml
150 ml Double Cream
1 EL Streuzucker
150 g Haushaltschokolade, kleingehackt
2 EL dunkler Rum oder Whisky (nach Belieben)

1 Sahne und Zucker zum Kochen bringen. Vom Herd nehmen, Schokolade zugeben und so lange rühren, bis die Schokolade geschmolzen ist. Rum bzw. Whisky unterrühren.

2 Die Schokoladensauce in ein Glas gießen. Nach dem Abkühlen zudecken und bis zu 10 Tage im Kühlschrank aufbewahren. Glas im Wasserbad bzw. 2 Minuten auf höchster Stufe in der Mikrowelle erwärmen. Vor dem Servieren umrühren.

Ergibt etwa 350 ml
3 EL Kristallzucker
120 ml Wasser
175 g Halbbitterschokolade, kleingehackt
25 g ungesalzene Butter, gewürfelt
4–6 EL Sahne
½ TL Vanillearoma

1 Zucker und Wasser in einen Topf mit schwerem Boden geben. Bei mittlerer Hitze unter ständigem Rühren zum Kochen bringen, bis sich der Zucker aufgelöst hat.

2 Schokolade und Butter zu dem Sirup geben, mit einem Holzlöffel verrühren, dann den Topf vom Herd nehmen und die Masse glattrühren.

3 Süße Sahne und Vanillearoma unterrühren. Die Sauce warm zu Vanilleeis, Profiteroles, Birnenkompott oder Crêpes servieren.

Glänzende Schokoladensauce

Für 6 Personen
115 g Streuzucker
4 EL Wasser
175 g Haushaltschokolade, kleingehackt
25 g ungesalzene Butter
2 EL Weinbrand oder Orangensaft

Tip
Jede dieser Soßen eignet sich zu einem Schokoladenfondue mit Früchten und Dessertkeksen zum Dippen.

1 Streuzucker und Wasser in einem Topf mit schwerem Boden langsam erwärmen, bis der gesamte Zucker aufgelöst ist. Dabei gelegentlich mit einem Holzlöffel umrühren.

2 Die Schokolade hineingeben und unter Rühren schmelzen, die Butter auf gleiche Weise zufügen. Die Sauce nicht kochen lassen! Weinbrand oder Orangensaft unterrühren und warm servieren.

Schokoladenfudge-Sauce

Für 6 Personen
150 ml Double Cream
50 g Butter
175 g Haushaltschokolade, kleingehackt
2 EL Weinbrand

1 Die Sahne mit der Butter und dem Zucker in einer Schüssel über knapp siedendem Wasser erwärmen. Glattrühren und abkühlen lassen.

2 Die Schokolade zugeben. Über siedendem Wasser schmelzen, dabei umrühren und alles gut vermengen.

3 Nach und nach den Weinbrand unterrühren. Auf Zimmertemperatur abkühlen.

Schokoladen-Canache
Überzug für einen runden Kuchen (23 cm)
225 g Haushaltschokolade, kleingehackt
250 ml Double Cream

Schokolade mit der Sahne in einem Topf bei niedriger Hitze schmelzen. In eine Schüssel gießen, abkühlen lassen. Dann so lange schlagen, bis die Masse langsam fest wird.

Orangensauce mit weisser Schokolade

Für 6 Personen
150 ml Double Cream
50 g Butter
3 EL Streuzucker
175 g weiße Schokolade, kleingehackt
2 EL Orangenlikör
abgeriebene Schale von 1 Orange

Tip
Die Sauce zu Eis, heißen Waffeln oder Crêpes servieren.

1 Die Sahne in einen Topf mit schwerem Boden gießen. Die Butter in Würfel schneiden und zusammen mit dem Zucker zugeben. Unter gelegentlichem Rühren langsam erwärmen, bis die Butter geschmolzen ist.

2 Die Schokolade zur Sahne geben. Bei niedrigster Hitze unter Rühren schmelzen und gut vermengen.

3 Den Orangenlikör nach und nach zugeben und die Sauce auf Zimmertemperatur abkühlen.

Firmenanschriften

Australien
Chocolatier Australia
224 Waterdale Road, Ivanhoe,
Victoria 3079 Tel. 94 99 70 22

The Chocolate Box
761 Burke Road, Camberwell,
Victoria 3124 Tel. 98 13 13 77

Darren Taylor's Handmade
Chocolates Seet Art,
96 Oxford Street, Paddington,
New South Wales 2021 Tel. 93 61 66 17

Sweet William Chocolates
4 William Street, Paddington,
New South Wales 2021 Tel. 93 31 54 68

Simon Johnson
181 Harris Street, Pyrmont,
New South Wales 2009 Tel. 95 52 25 22

Haigh's Chocolates
Beehive Corner, 2 Rundle Mall,
Adelaide, South Australia
Tel. 23 12 844

Belgien
Charlemagne
Place Jaques Brel 8, 4040 Herstal
Tel. 64 66 44

Godiva
Wapenstilstandstraat 5, 1081 Brüssel
Tel. 42 21 711

Kim's Chocolates
Nieuwlandlaan 12, Industriezone B-615
3200 Aarschot
Tel. 55 15 80

Neuhaus
Postbox 2, 1602 Vlenzenbeek
Tel. 56 82 211

Pierre Colas
2 Rue Campagne, 4577 Modave
Tel. 64 80 893

Wittamer
12 Place du Grand Sablon, Grote Zavel
12, 1000 Brüssel Tel. 51 28 451

Deutschland
Confiserie Heinemann
Krefelder Straße 645
41066 Mönchengladbach
Tel. (02161) 6930

Dreimeister
Weststraße 47–49, 59457 Werl
Westönnen Tel. (02922) 8 20 45

Feodora
Vertriebszentrale Bremen
Postfach 105803, 28058 Bremen
Tel. (0421) 59 90 61

Bremer Chocolade-Fabrik Hachez
Westerstraße 32, 28199 Bremen
Tel. (0421) 59 50 64 62

Leysieffer
Benzstraße 9, 49076 Osnabrück
Tel. (0541) 91 420

Stollwerck
Stollwerckstraße 27–31, 51149 Köln
Tel. (02203) 17366

Van Houten
Am Stamgleis, 22844 Norderstedt
Tel. (040) 26020

Frankreich
Bonnat
8 Cours Senozan, 38500 Voiron
Tel. 05 28 09

Christian Constant
26 Rue du Bac, 75007 Paris
Tel. 03 30 00

Cluizel
La Fontaine au Chocolat
101 & 210 Rue Saint Honoré
75001 Paris Tel. 42 44 11 66

Fauchon
26–30 Place de la Madeleine
75008 Paris Tel. 47 42 60 11

Lalonde
59 Rue Saint Dizier, 54400 Nancy
Tel. 83 53 31 57

La Maison du Chocolat
225 Rue Faubourg Saint Honoré
75008 Paris Tel. 42 27 39 44

Le Roux
18 Rue du Port-Maria, 56170 Quiberon
Tel. 9750 06 83

Richart Design et Chocolat
258 Boulevard Saint-Germain,
75007 Paris Tel. 45 55 66 00

Chocolaterie Valrhona
BP 40, 26600 Tain L'Hermitage
Tel. 75 07 90 90

Weiss
18 Avenue Denfert-Rochereau
42000 Saint Étienne
Tel. 77 49 41 41

Grossbritannien
Ackermans
9 Goldhurst Terrace, Finchley Road
London, NW6 3HX
Tel. 624 2742

Charbonnel et Walker
1 The Royal Arcade, 28 Old Bond
Street, London, W1X 4BT
Tel. 491 0939

Gerard Ronay
3 Warple Way, London, W3 0RF
Tel. 730 818

Godiva
247 Regent Street, London, W1
Tel. 409 0963

Grania & Sarnia
6 Sterne Street, London, W12 8AD
Tel. 749 8274

Green & Black
Whole Earth Food, 269 Portobello
Road, London, W1 1LR
Tel. 229 7545

JB Confectionery
Unit 3, The Palmerston Centre
Oxford Road, Harrow, Middlesex
HA3 7RG Tel. 863 0011

Mortimer & Bennett
33 Turnham Green Terrace, London
W4 1RG Tel. 995 4145

Rococo Chocolates
321 Kings Road, London, SW3 5EP
Tel. 352 5857
Fax 352 7360

Sara Jayne
517 Old York Road, London, SW18 1TF
Tel. 874 8500

The Chocolate Society
Clay Pit Lane, Roecliffe, Near
Boroughbridge, N. Yorks, YO5 9LS
Tel. 322 230

The Cool Chile Company
P.O. Box 5702, London, W11 2GS
Tel. 229 9360

Town & Country Chocolates
52 Oxford Road, Denham, Uxbridge,
Middlesex, UB9 4DH
Tel. 256 166

Italien
Caffarel/Peyrano
Via Gianevello 41, 10062 Luserna
San Giovanni (TO), Piemont
Tel. 90 10 86

Maglio Arte Dolciaria
73024 Maglio, La Via Gioacchino
Toma 4 Tel. 25 723

Majani
Via Lunga 19/C, Crespellano (BO)
Tel. 51 96 91 57

Perugina
Nestlé Italiana
Via Pievaiola, San Sisto, PGIT
Tel. 52 761

Mexiko
Chocolatera de Jalisco
Av. Narianotero 1420, Apartado Postal
33121, 44510 Guadalajara, Halisco

Niederlande
Bensdorp
Heerenstraat 51, Postbus 4, 1400 AA
Bussum Tel. 69 74 911

Gerkens Cacao
Veerdijk 82, Postbus 82, 1530 AB
Wormer Tel. 69 74 911

Cacao De Zaan
Stationsstraat 76, Postbus 2, 1540 AA
Koog aan de Zaan
Tel. 62 83 601

Droste
PO Box 5, 8170 AA Vaassen
Tel. 57 82 00

Österreich
Altmann & Kühne
Graben 30, 1010 Wien
Tel. 53 30 927

Demels
14 Kohlmarkt, 1010 Wien
Tel. 53 51 717

Hotel Imperial
Kärntner Ring 16, 1051 Wien
Tel. 50 11 03 13, Fax 50 10 355

Mirabell Salzburger Confiserie
Hauptstraße 14–16, 5082 Grödig,
Tel. 46 20 110

Schweiz
Lindt & Sprüngli
Seestraße 204, 8802 Kilchberg
Tel. 71 62 233

Sprüngli
Bahnhofstraße 21, 8022 Zürich
Tel. 21 15 777

Spanien
Blanxart
Tambor del Bruc 13, 08970 Sant Joan
Despi, Barcelona Tel. 373 3761

Ludomar
Ciudad de la Asunción 58, 08030
Barcelona Tel. 203 662

Ramón Roca
Mercaders 6, 17004 Gerona
Tel. 203 662

Chocolates Valor
Pianista Gonzalo Soriano 13, Villajoyosa
Tel. 589 050

USA
Dilettante Chocolates
416 Broadway, Seattle, WA 98102
Tel. 328 1530

Fran's
2805 East Madison, Seattle, Washington,
WA 98122-4020
Tel. 322 0233

Ghirardelli
900 North Point Street, San Francisco,
CA 94109 Tel. 474 14 14

Joseph Schmidt Confections
3489 16th Street, San Francisco,
CA 9411 Tel. 861 8682

Richard Donnelly Fine Chocolates
1509 Mission Street, Santa Cruz,
CA 95060 Tel. 458 4214

Moonstruck Chocolatier
6663 SW BVTN Hillsdale Highway,
STE194, Portland, Oregon, OR9 7225
Tel. 283 8843

Danksagung

Folgenden Firmen, die uns ihre Schokoladenerzeugnisse für Aufnahmen zur Verfügung gestellt haben, danken wir:

Ackermans, Alfred Ritter, Bendicks (Mayfair) Ltd., Charbonnel et Walker, The Cool Chile Company, The Chocolate Society, Richard Donnelly, Feodora Chocolate, Ghirardelli Chocolate Company, Grania & Sarnia, Green & Black, The Jenks Group, JB Confectionery, Leonidas, Lessiters, Nestlé Rowntree Ltd., Parsons Trading Ltd., Perugina, Richart Design et Chocolat, Rococo, Ryne Quality Confectionery, Joseph Schmidt, Town & Country Chocolates, Trustin.

Wir danken auch Stefano Raimondi vom Italienischen Handelszentrum, Patrizia De Vito von der Associazione Industrie Dolciarie in Rom, Elaine Ashton von Grania & Sarnia, Dan Mortimer von Mortimer & Bennett, David Lyle von Town & Country Chocolates und John Bacon von JB Confectionery.

Christine Mc Fadden fühlt sich gegenüber Sophie Coe (†) und ihrem Mann Michael Coe für deren Buch *The True History of Chocolate* und Chantal Coaday für die Informationen in *The Chocolate Companion* zu besonderem Dank verpflichtet.

STICHWORTVERZEICHNIS

Bildnachweis

Für die Bereitstellung von Bildmaterial für unser Buch danken wir den folgenden Einrichtungen.

AKG, London: S. 9 (u. r.) *Kolumbus entdeckt die Neue Welt,* Bernhard Rode; S. 10 (u. r.) *Erste Landung auf Guanaja,* Holzstich; S. 21 (u.) Goethe in der Campagna, Johann Heinrich Wilhelm Tischbein; S. 32 (u.) *Heilpflanzen, Kakao* von FE Bilz; S. 6 (u. l.) und 61 (o. r.) Werbeplakat für Schokolade Vorsicht, Mutters Kakao!

Bridgeman Art Library: S. 6 (r.) *Cacao Van Houten,* Privit Livemont, Victoria and Albert, London; S. 18 (r.) *Das Schokoladenmädchen,* Jean-Étienne Liotard, Gemäldegalerie Dresden; S. 19 *Stilleben,* Philippe Rousseau, Musée des Beaux Arts, Reims, Peter Willi; S. 20 (o.) Kardinal Mazarin, Französische Schule, Musée Condé, Chantilly; S. 20 (u. l.) *Bildteppich Die Hochzeit Ludwigs des XIV.,* Gobelins, Mobelier National, Paris; S. 22 (u. r.) *Eine Tasse Schokolade,* Sir John Lavery, Whitford and Hughes, London; S. 23 (r.) Amerikanisches Werbeplakat für Schokolade; S. 32 (u.) *Kakaopflanzung auf der Insel Grenada,* O'Shea Gallery, London; S. 60 (u. l.) *Cacao Van Houten,* Privet Livemont, Victoria and Albert, London; S. 60 (u. r.) Eine Schachtel von Cadburys Pralinenmischung, etwa 1913.

Mansell Collection: S. 27 (u.).

Public Records Office: S. 6 (l.); S. 11 (oben); S. 27 (o.); S. 28 (o.); S. 30 (u. r.); S. 57 (u. r.).

Visual Arts Library: S. 8 (l.); S. 9 (l.); S. 10 *Moctezuma bietet Hernán Cortés Schokolade an,* PG Miguel, Artephot/Oronoz; S. 15 (o.) *Mexikaner bei der Zubereitung von Schokolade,* Codex Tuleda, Artephot/Oronoz; S. 20 (r.) *Ein Reiter und eine Dame beim Schokoladetrinken,* Bonnart, Vision; S. 25 (l.) *Stilleben: Schokoladegedeck,* Luis Melendez, Museo del Prado, Madrid, Artephot/Oronoz; S. 26 (u.) *Die Morgenschokolade,* Longhi; S. 27 (o. r.) *Das Frühstück,* François Boucher, Musée du Louvre, Artephot/Oronoz; S. 25 (o. l.) *Physiologie du Goût ou Méditations de Gastronomie Transcendante,* E. Baneste; S. 29 (u. r.) *Werbung für Chocolat Menier,* F. Bouisset, Artephot/Perrin; S. 16 (o. l.) *Cacao Van Houten,* Artephot/Perrin; S. 16 (o. r.) Werbeplakat für Schokolade, H. Gerbault; S. 48 (o. l.) Werbeplakat für die Compagnie Française des Chocolats et des Thés, Steilen, Artephot/Perrin; S. 49 (l.) Werbeplakat für Chocolat Capentier; S. 58 (u. r.) Chocolat Mondia, Artephot/Vision; S. 59 (l) *Porträt von Madame Du Barry,* Greuze, Artephot/Varga; S. 61 (u. r.) *Chocolat Masson,* Grasset, Artephot/Perrin.

Weitere Bilder wurden zur Verfügung gestellt mit freundlicher Genehmigung von Bendicks (Mayfair) Ltd.: S. 16 (u. l.). Cadburys Ltd.: S. 28 (u. l.); S. 42 (u.); S. 43 (u. l.); S. 60 (o. r.). Fran's: S. 62. Godiva: S. 37 (u. l.); S. 58 (o.). Nestlé Rowntree Ltd.: S. 1; S. 27 (u.); S. 34 (u. r.); S. 36 (o. r. und l.). Rococo: S. 17 (u. l.).

Literaturverzeichnis (Auswahl)

Bailleux, Nathalie; Bizeul, Hervé; Feltwell, John; Kopp, Régine; Kummer, Corby; Labanne, Pierre; Pauly, Cristina; Perrard, Odile; Schiaffino, Mariarosa; Bourin, Jeanne (Vorwort): *The Book of Chocolate.* Paris, New York: Flammarion, 1995.

Blythman, Joanna: *The Food We Eat.* London: Michael Joseph, 1996.

Coady, Chantal: Chocolate: *The Food of the Gods.* London: Pavilion Books, 1993.

Coady, Chantal: *The Chocolate Companion.* London: Quintet Publishing, 1995.

Coe, Sophie D. und Michael D.: *The True History of Chocolate.* London: Thames and Hudson, 1996.

Cox, Cat: *Chocolate Unwrapped: The Politics of Pleasure.* London: The Women's Environmental Network, 1993.

Gage, Thomas: *The English-American His Travail by Land and Sea, or a New Survey of the West Indies.* London, 1648.

Head, Brandon: *The Food of the Gods.* London: George Routledge & Sons, 1905.

McGee, Harold: *On Food and Cooking: The Science and Lore of the Kitchen.* London, Australien: George Allen & Unwin, 1984.

Montignac, Michel: *Dine Out and Lose Weight.* London: Artulen UK, 1991.

Richart Design et Chocolat: *Le Petit Livre Blanc du Chocolat.*

Sherr, Jeremy: *The Homoeopathic Proving of Chocolate.* Dynamis School.

Spicing up the Palate: Studies of Flavourings – Ancient and Modern. Proceedings of the Oxford Symposium on Food and Cookery 1992. Totnes, Devon: Prospect Books.

Stobart, Tom: *Herbs, Spices and Flavourings.* Penguin Books, 1977.

Trager, James: *The Food Chronology.* Ontario: Fitzhenry & Whiteside, 1995.

Waterhouse, Debra: *Why Women Need Chocolate.* London: Vermilion, 1995.

Whymper, R.: *Cocoa and Chocolate: Their Chemistry and Manufacture.* London: J. & A. Churchill, 1921.

Williams, C. Trevor: *Chocolate and Confectionery.* London, 1953.